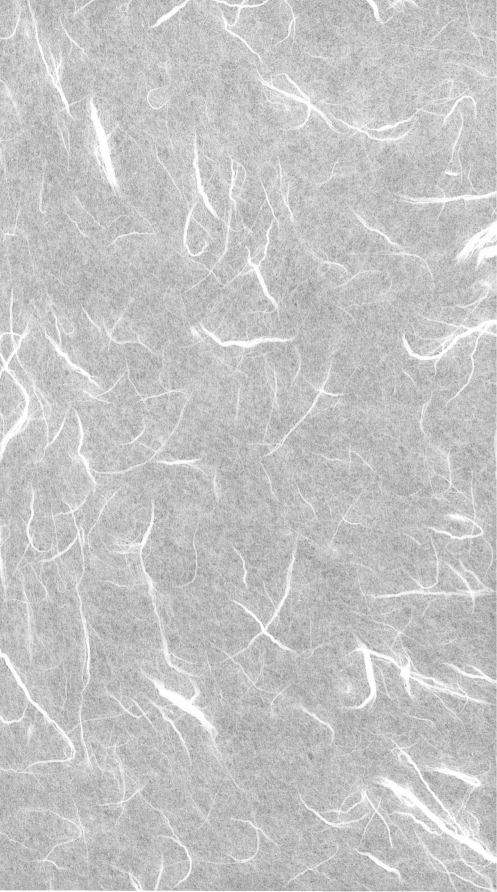

郑欣淼文集

故宫识珍

郑欣淼 著

北京出版集团
北京出版社

图书在版编目（CIP）数据

故宫识珍 / 郑欣淼著. — 北京：北京出版社，
2023.5

（郑欣淼文集）

ISBN 978 - 7 - 200 - 17239 - 3

Ⅰ. ①故… Ⅱ. ①郑… Ⅲ. ①故宫博物院—历史文物
—介绍—北京 Ⅳ. ①K870.4

中国版本图书馆 CIP 数据核字（2022）第 111550 号

郑欣淼文集

故宫识珍
GUGONG SHI ZHEN

郑欣淼 著

*

北 京 出 版 集 团
出版
北 京 出 版 社

（北京北三环中路 6 号）

邮政编码：100120

网　　址：www.bph.com.cn

北 京 出 版 集 团 总 发 行
新 华 书 店 经 销
北京雅昌艺术印刷有限公司印刷

*

170 毫米×240 毫米　　16 开本　　20.5 印张　　272 千字
2023 年 5 月第 1 版　　2023 年 5 月第 1 次印刷
ISBN 978 - 7 - 200 - 17239 - 3
定价：123.00 元

如有印装质量问题，由本社负责调换

质量监督电话：010 - 58572393
责任编辑电话：010 - 58572383

序言

　　故宫是一个文化整体，包括古建筑，包括文物藏品，也包括蕴藏其中的人和事。

　　在故宫文化整体中，文物藏品具有特殊意义。截至2010年底，故宫博物院的文物藏品已达1807558件，其中86％是清宫旧藏。故宫文物藏品丰富，是海内外收藏中国古代文物最多的博物馆；故宫及其藏品是中华文明的重要物证，包括了中华古代文化艺术的重要门类，反映了不同时代的文化成就与特色，表明中华文明是一条不曾中断的历史长河；故宫文物收藏、承袭的特殊历史以及与现代中华民族命运的关系，被赋予了国宝的意义。

　　关于故宫文物藏品的来龙去脉以及两岸故宫博物院文物藏品的状况，笔者2008年曾有《天府永藏——两岸故宫博物院文物藏品概述》（下文简称《天府永藏》）一书出版，2009年3月，台湾又出版了该书的繁体字本。《故宫识珍》也是一本有关故宫文物藏品的书，与《天府永藏》不同的是，它不是系统地论述故宫的藏品，而是通过故宫文物的征集收藏、陈列展示、对外交流等具体事件或活动来予以介绍。收入本书的97篇文章，都是以"物"为主线，"物"的背后有故事，从"物"中看历史，从"物"中谈人物，从对"物"的解析中得到启发。更因为对这些文物的介绍多是结合展览进行的，而展览一般都有鲜明的主旨、相关的系列展品和扎实的科研基础。因此，文物就不是一个个孤立的、静止的古董或古物，而是具体的、有灵气的生命体，向人们展示其丰富的内涵，文物真正成了文化珍宝。对文化珍宝自然要好好品鉴，不仅要"知"，更要能"识"。通过这些使人目不暇接的展览及与藏品有关的活动，相信读者既可看到故宫的陈列展览等业务工作，也有助于"识珍"，加深对这些文化珍宝的认识。

97篇文章，大致分为三编：

第一编，26篇，关于故宫藏品的概况及接收社会捐献的一些情况。《故宫博物院文物藏品概述》一文，是应澳门艺术博物馆之约而作，对于北京故宫文物藏品的状况，有了一个大概的介绍。两岸故宫博物院文物藏品孰多孰少以及精品的多寡，是两岸同胞乃至国际社会都不甚清楚而又很关注的一个问题。2005年发表于《光明日报》的《北京故宫与台北故宫文物藏品比较》一文，笔者第一次以丰富的资料、准确的数字对两个故宫博物院的藏品状况进行了比较和分析，得出了"北京故宫博物院不仅藏品远远多于台北故宫博物院，而且总体上精品也多于台北故宫博物院"的结论。笔者又强调："文物自有其本身的艺术价值和历史价值，是不可以互相替代的。两岸故宫博物院的收藏本来就是一个整体，有着很强的互补性，只有从整体上来看待，才能全面地认识中华文化的源远流长和丰富多彩。"

故宫博物院文物藏品过去从来没有系统地对外公布过，从2004年至2010年，故宫博物院开展了为期7年的文物清理工作，《故宫博物院藏品大系》与《故宫博物院藏品总目》就是文物清理工作的成果体现。《〈故宫博物院藏品大系〉总序》认为，这套丛书长达500余卷，是一项宏大的文化建设工程，是21世纪出版史上的一件盛事，它的出版，对于故宫文化内涵的发掘，对于故宫的整体保护，对于故宫学研究的深入，都会有所促进。故宫文化从一定意义上说是经典文化，对于经典故宫的诠释与宣传，需要多个方面的共同努力。故宫出版社经过长期的沉淀，在读者心目中树立了"故宫经典"的印象，成为品牌性图书，又在此基础上策划了"故宫经典"丛书。经典故宫借"故宫经典"丰富其内涵而得到不断发掘，"故宫经典"则赖经典故宫而声名更为广远。此套丛书现已出版30余种，在社会上引起很大反响，正如《经典故宫与"故宫经典"》一文所预期的那样。

新中国成立以来，故宫博物院藏品不断增多与充实，与社会各界人士的踊跃捐赠密不可分。在故宫博物院成立80周年之际，为了彰显捐献者的事迹，弘扬其精神，故宫博物院决定在景仁宫专设景仁榜，镌勒捐赠者的名姓，展出所捐精品。《景仁榜文》做了述说。张伯驹、马衡、孙瀛洲、周绍良、萧龙友、章乃器等捐献大家，故宫博物院都办过他们的捐献特展，以上都有专文予以介绍。

故宫博物院的中国古代书画收藏约15万件，为世所重，那么故宫博物院要不要收藏当代中国书画名家的作品？对此也是有争论的。《当代中国书画的收藏》一文提出，故宫意识到，作为世界文化遗产单位又是国家级博物馆的故宫博物院，其历史使命不仅要在已有的宫廷文物收藏的基础上开展各项工作，还要具有前瞻性的发展眼光，认识到当代的艺术精品在未来的历史和文化价值。所以，故宫博物院应在保持历代书画收藏的基础上，不断扩大当代书画的收藏，使藏品能够保持其发展的脉络，反映出历史延续的特点，这也将是故宫博物院在新世纪发展的契机。当然，故宫博物院的收藏，应有更高的标准，更高的门槛，它本身应是中国当代艺术发展水平的最高体现，同时通过征集、收藏活动，又应对中国当代艺术的发展起到积极的引导作用。从2006年以来，故宫博物院先后接收了吴冠中、范曾、刘国松（中国台湾）、饶宗颐（中国香港）、张仃、黄苗子、郁风、袁运甫等8位艺术家的作品。袁运甫先生作品展览的筹划是在2011年，2012年正式举办时，笔者已离职，对于其他各位名家的艺术造诣与艺术特色，本编中都有专文评介。

第二编，34篇，主要介绍在故宫所办的文物展览，以及在国内其他博物馆所办的一些故宫藏品展览。陈列展览是博物馆信息传播的最基本手段，是博物馆的重要业务工作，也是为公众服务的主要职能。以宫殿建筑为陈列展览场所，以丰富的皇家收藏为陈列展览的主要内容，以再现明清时期宫廷政治、生活场景为主旨的宫廷史迹原状陈列，是故宫博物院陈列展览的主要特色。故宫的展览由原状陈列、专题陈列及临时展览三个部分组成，珍贵的文物通过这些展览展现给公众。在这一编中，我很在意自己2000年所写的《我看"清代宫廷包装艺术展"》一文，它也是本书中唯一不是我在故宫工作10年间写的文章。当时我还在国家文物局工作。这个展览是故宫博物院与法国吉美博物馆合作举办的，我看了以后深受启发，最主要就是加深了对文物内涵的认识，拓宽了文物的概念。什么是文物？文物不只限于传统的铜瓷书画等，不应简单地按某一年代做界限，而要从其自身所具有的特殊价值来认识、衡量。宫廷精美的包装物，本身也是艺术品，反映了宫廷历史文化，就应当作文物看待。我认识到，这是个观念问题。这是我与故宫真正结缘的开始。后来我到故宫工作，提出故宫学并开展为期7年的文物大清理，追溯起来，都与看这一展览产生的感触以及由此生发的思考有关。这篇3000字的文章发表在《中国文物报》上，《人民日报》也刊用了，文字短了很多，但题目却长了：《古代文化的独特视角——我看"清代宫廷包装艺术展"》。

2004年以来，故宫博物院改陈后的珍宝馆、钟表馆以及新建立的陶瓷馆陆续开放，在展品选择、形式设计、电子展示等方面都有了新的创意和突破，也代表着故宫专题陈列的新水平，《故宫的珍宝馆》《故宫的钟表》《故宫的陶瓷馆》等文章对此做了详细说明。2011年故宫举办了"兰亭特展"，展品丰富，准备充分，在海内外引起强烈反响，故宫博物院总结经验，编写了《兰亭展事纪实》一书，《兰亭大展在故宫展览史上的意义》一文，就充分论述了这次展览的里程碑意义。在这10年中，2005年的"盛世文治——清宫典籍文化展"、2007年的"天禄珍藏——清宫内府本三百年特展"、2008年北京奥运会期间的"天朝衣冠——故宫博物院藏清代宫廷服饰精品展"、2010年故宫博物院85周年院庆时的"明永乐宣德文物特展"等都很重要，均有专文评述。

重视在国内兄弟博物馆展出故宫文物精品，让更多的人看到祖国的文化瑰宝，是故宫博物院的传统。故宫博物院每年都有多项在京外博物馆举办的展览，或主办，或参展，这几年比较重要的有两次：一次是2002年底在上海博物馆，与辽宁省博物馆、上海博物馆合办的"晋唐宋元书画国宝展"，包括《伯远帖》在内的22件故宫国宝级文物首次离开紫禁城外展，《赫赫巨帙 沪上腾光》一文记述了此次盛会。另一次是2007年在浙江湖州举办的"归去来兮——赵孟頫书画珍品回家展"。赵孟頫是湖州人，故宫参展的有《秋郊饮马图》《水村图》《行书洛神赋》等曾为清内府收藏且代表了赵氏书画创作各个方面的作品。《归去来兮赵孟頫》一文对此次展览做了解说。

这一编还有约10篇文章，不属于陈列展览方面，而是有关故宫文物藏品的介绍，《故宫古琴》《服饰里的文章》《康乾玺印》《故宫的联匾》《古陶瓷之韵》《清宫医事》等从题目就知道所谈的内容了。故宫文物与故宫古建筑有着密切关系。故宫至今仍有一批佛堂道殿，保留着清代的原貌。例如梵华楼，建筑完好，佛堂文物陈列齐整，共计1058件，包括造像、唐卡、法器、佛塔等诸多文物。故宫博物院出版的《梵华楼》一书，是集建筑与文物于一体，借鉴考古学方法完成的一部考察报告。《六品佛楼梵华楼》论述了梵华楼于六品佛楼研究的重要意义及本书的学术价值。

第三编，37篇，有关故宫博物院在海外所办展览与引进海外的一些展览。改革开放以来，故宫博物院对外开放交流的步子越来越大，其中最主要的是到海外办展览，特别是进入21世纪后，在外办展频率不仅大幅度增长，而且办展水平也有很大提高；尤为重要的是，与世界五大著名博物馆签订合作交流协议，开始有计划地引进国外的展览，在中华文化走出去的同时，让国人也可以在故宫看到不同国家、不同民族的文化瑰宝，看到世界文化的多元性。

这些年故宫在国外所办展览，影响比较大的有4次：一是2005年在英国伦敦皇家艺术学院举办的"盛世华章——中国宫廷艺术展"展览。中国国家主席胡锦涛和英国女王伊丽莎白二世共同出席展览开幕式并为之剪彩，随后参观了全部展览。1935年，故宫的700余件文物赴英国伦敦，参加在皇家艺术学院伯灵顿宫举办的"伦敦中国艺术国际博览会"，这是中国文物第一次远赴英国展览，也揭开了故宫博物院对外文化交流的第一页。《故宫对外交流的新篇章》论述了相隔70年在同一地点所举办的文物展的新特点及不寻常的意义。二是2011年在法国卢浮宫举办的"重扉轻启——明清宫廷生活文物展"，这是卢浮宫与故宫对等交换的展览。故宫在卢浮宫首次办展览，也是东方文明与艺术穿越时空的交往，具有重要而深远的意义。《鲜活的明清宫廷生活》一文，对此做了阐述。三是2010年至2011年在美国数个博物馆巡回展出的"乾隆花园古典家具与内装修设计展"，此展在美引起很大反响，所选文物种类虽多，但多是一般意义上所谓的"精品"，甚至还有建筑构件、花园中的山石等，这些文物的组合，很好地反映了乾隆花园的精美景致和乾隆皇帝的思想、情趣以及追求，收到很好的效果。它说明必须重视文物背后的故事，重视故宫文化的整体性。《乾隆花园的魅力》一文对这个展览的背景做了全面介绍。四是2012年初在日本东京国立博物馆举办的"国宝观澜——故宫博物院文物精华展"，这是名副其实的精华展，特别是北宋张择端的《清明上河图》的展出，在深受中华文化影响的日本引起轰动。《清明上河图》的出国，这是第一次恐怕也是最后一次。《国宝多波澜》对展览的重要性有充分的说明。

故宫博物院在港澳台的展览，10年中各具特色。从1999年底澳门回归祖国，故宫博物院与澳门艺术博物馆合作，举办了"盛世风华"

故宫文物展，此后坚持不辍，至2011年已办了近20个展览，如"妙谛心传""日升月恒""邃古来今""永乐文渊""天下家国""钧乐天听""九九归一""玉貌清明""斗色争妍"等等，从这一连串深蕴传统文化内涵的展览名称中，就可见展览的多姿多彩，这些展览不仅在澳门举办引起反响，而且在中国香港及东南亚地区产生了重大影响，并波及欧洲，成为了解中国历史文化的一个途径。本编中有12篇文章谈在澳门举办的这些展览。在香港回归祖国10周年时所办的"国之重宝——故宫博物院藏晋唐宋元书画展"在香港展出，这也是送给特区的一份文化大礼，《国之重宝在香江》介绍了这次展览的重要性。两岸故宫博物院的文化交往，开始于台北故宫博物院，因为雍正展向北京故宫博物院商借文物，《"雍正——清世宗文物大展"序言》一文指出，两岸故宫博物院的交流与合作，不仅是珍贵文物的重新聚首，更是两岸民众对中华民族共同的灿烂文化和悠久历史的深情拥抱，也是两岸故宫博物院同人对于共同历史担当的体认和践行。

故宫这10年间对外交流中的一个重大变化，是不只把更多的故宫文物展览送到国外，而且把国外重要博物馆的展览也引进故宫，这既是故宫博物院胸怀眼界的不断开阔，也是跻身于世界大博物馆之列的体现。故宫博物院先后与纽约大都会艺术博物馆、法国卢浮宫、英国大英博物馆、俄罗斯艾尔米塔什博物馆、日本东京国立博物馆、德国德累斯顿国家艺术收藏馆等建立了长期的战略合作关系，而且引进了一批国外的重要展览，如凡尔赛宫的"'太阳王'路易十四——法国凡尔赛宫珍品特展"、卢浮宫的"卢浮宫·拿破仑一世"展、大英博物馆的"英国与世界——1714—1830"展、西班牙的"西班牙骑士文化与艺术——马德里皇家博物馆珍品展"、"克里姆林宫珍品展"、"瑞典藏中国陶瓷展"等，还和德累斯顿国家艺术收藏馆合作举办了"白鹰之光——萨克森-波兰宫廷文物精品展"等。对于上述展览活动，笔者都有专文予以介绍或阐述。

"瑰宝聚集，来之不易；沧海桑田，文明永续。"这是我在

《〈故宫博物院藏品大系〉总序》文末的一句话。我也相信，对故宫文物藏品价值意义的认识的不断加深，必将激励人们更好地去保护故宫与故宫文物，更好地传承、弘扬优秀的中华传统文化。

郑欣淼

二〇一三年一月于御史衙门

目录

CONTENTS

第二编

第三编

第一编

故宫及其藏品是中华文明的重要物证，包括了中华古代文化艺术的重要门类，反映了不同时代的文化成就与特色，表明中华文明是一条不曾中断的历史长河；故宫文物收藏、承袭的特殊历史以及与现代中华民族命运的关系，被赋予了国宝的意义。

故宫博物院文物藏品概述

故宫博物院是在明、清皇宫（紫禁城）及其收藏的基础上建立起来的。故宫博物院的文物分为两部分：一是紫禁城古建筑，它是全国重点文物保护单位、世界文化遗产，为不可移动的文物；二是其中珍藏的各种文物，为可移动文物。紫禁城与皇宫珍藏是不可分的，二者的结合构成了故宫无与伦比的价值及故宫博物院的丰富内涵与崇高地位。

一　故宫博物院文物藏品的来源

故宫博物院现有文物藏品即可移动文物150多万件（套，下同），主要由两部分组成，其中130多万件是清宫旧藏和遗存，占藏品总数的85％；另一部分是1949年以来征集、充实的文物藏品。

（一）清宫旧藏

故宫博物院的清宫旧藏，其来源主要有以下三个方面：

1. 历代皇家收藏的承袭

中国历代宫廷都收藏有许多珍贵文物，到宋徽宗时，收藏尤为丰富。《宣和书谱》《宣和画谱》《宣和博古图录》，就是记载宋朝宣和内府收藏的书、画、鼎、彝等珍品的目录。清代帝王重视文物收藏，特别是乾隆皇帝，更使宫廷收藏达到了极盛，清宫编有《西清古鉴》，《西清续鉴》甲、乙编及《宁寿鉴古》，均为清宫所藏古代铜器的著录；另有《石渠宝笈》《秘殿珠林》，为当时宫廷所收藏各类书画的著录。见于著录中的很多古代文物早已散失，但也有不少几经聚散，历尽沧桑，保存了下来。例如晋王珣《伯远帖》、隋展子虔《游春图》、唐韩滉《五牛图》、五代顾闳中《韩熙载夜宴图》等著名书画，都曾载在《宣和书谱》、《宣和画谱》或《石渠宝笈》中，现仍藏在北京故宫。

2. 清宫的征集

清代除承袭前朝宫廷收藏外，又着力各方搜求，其主要途径有三个：其一为进呈物品。专制时代帝王一家天下，逢年过节、万寿大典或外出巡幸，臣工往往多有进献，其中又以进书画、文玩较为讨喜。大约清宫书画，臣工所献占一大部分。书画如此，其他珍宝也进献不少。除过国内进献外，还有藩属国贡品、外国礼品等。这些所进之物，往往与重大的政治事件有密切关系。其二为多方征求。例如访书。为了丰富、充实清宫藏书，清朝诸帝不断广搜博采天下遗书。其三为查抄没收物品。明珠为康熙时的权相，喜收藏，好书画，乾隆五十五年（1790年），明珠的孙子、驻伊犁领队大臣承安因罪革职，乾隆帝即命将其家产严密查抄。明珠父子藏书数万卷，宋元版及名贵抄本尤多。明珠次子、承安之父揆叙的藏书处所为"谦牧堂"。嘉庆二年（1797年）重辑《天禄琳琅书目续编》时，原"谦牧堂"藏书便是入选的重要对象。又如高士奇、毕沅，都身居高位又精鉴赏，家藏书画古籍甚富，后也均被抄没入内府。

3. 清宫制作

为了满足皇帝对宫廷日用器皿及各种工艺品的需要，清宫内务府设有造办处，从全国各地选拔技艺高超的工匠，在宫廷内造作各种物件，均不惜工本，精益求精。故宫遗留至今的很多精美绝伦的工艺品，如玉器、珐琅器、钟表、文玩等，都是当年造办处制造的。造办处的档案保存至今，故宫所藏清代工艺美术品，有许多仍可以在档案册中找到作者是何人，是何时开始设计画样、做模型，何时完成以及陈设地点在何处，等。瓷器几乎全由景德镇官窑烧造，有时也用民窑代烧，要求质量极高，尤其是某些观赏瓷器，经反复筛选，方能进呈宫廷。

此外，故宫博物院还保存了大量清宫衣食住行的用品，当时并不是收藏品，而是实用之物，但在今天看来，同样是宫廷历史的见证，具有重要的历史价值、文物价值。又由于是皇家日常生活用品，一般制作十分讲究，也有着相当的艺术价值。这批物品种类繁多，数量庞大，例如宫灯、乐器、武备仪仗、家具、戏衣道具、服饰衣料以及金银器、锡器、铜器、梳妆具、玩具、地毯、药材、药具等等，都是清宫典制及文化娱乐活动的反映，同样具有文物的意义。

（二）中华人民共和国成立后的充实和完善

中华人民共和国成立后，南迁文物中的绝大多数由故宫博物院南京分院运回北京故宫。为了进一步充实和完善故宫的院藏，从中央政府到社会各界都对此给予了高度的重视和积极的支持，使故宫博物院的文物藏品不断丰富和完善，这部分藏品的入藏主要有以下三个途径：

1. 政府拨交

20世纪五六十年代，故宫博物院接收政府部门和各地博物馆拨交的文物约16万件，其中一级品700余件。由国家有关部门拨交给北京故宫的文物中，有许多是原清宫旧藏，后来流失出去的，如当年溥仪抵押给盐业银行的玉器、瓷器、珐琅器、金印、金编钟等，就是由国家文物局于1953年拨交给北京故宫，并由故宫博物院工作人员到储藏地点收运回故宫的。此外，文化部于1952年向全国发出收回故宫文物的通知，通知要求：

为了保存这些古代最优秀的文化遗产，经报请政务院文教委员会批准，凡在各地"三反""五反"运动中发现的故宫古物，其已判决没收和已由当地政府收回的，均应及时送缴中央，拨还故宫博物院集中保管。

在国家文物局和全国各地博物馆的支持下，众多的国家级珍贵文物调拨到北京故宫，使得故宫藏品更加丰富、系统。

2. 文物收购

从20世纪50年代以来，故宫博物院确定了以清宫流失出去的珍贵文物为主，兼及中国历代艺术珍品的文物收购方针，国家在资金上给予支持，购回了大量珍贵文物。收购的途径主要有文物商店、古玩铺、文物收藏者和拍卖公司等。20世纪50年代至60年代初，是北京故宫博物院购藏文物的高峰期。截至2006年12月底，共购得文物53971件，其中一级文物1764件。从内地购买的文物，品类众多，极大地丰富了北京故宫博物院的藏品。

3. 接受捐赠

截至2007年底，故宫博物院共接受捐赠文物、文物资料及图书约33900件，捐赠人员728人次。捐赠者中，有国家党政领导人，有专家、学者、艺术家及知名人士，有港澳台同胞，有海外华侨、华人和国际友人，以及北京故宫博物院的领导及专家等。

二 故宫博物院文物藏品概况

故宫博物院的文物藏品，依据不同质地、形式和管理的需要，分为绘画、法书、碑帖、铭刻、雕塑、铜器、陶瓷、织绣、玉石器、金银器、珍宝、漆器、珐琅、雕刻工艺、其他工艺、文具、生活用具、钟表仪器、帝后玺册、宗教文物、武备仪仗、善本文献、外国文物、其他文物和古建文物，共25大类69小项。下面分11个方面加以介绍：

（一）古书画

书法艺术是伟大的华夏文化所孕育的一种独特的艺术种类，最典型地体现了东方艺术之美。中国传统的绘画艺术具有悠久的历史和鲜明的民族特色。中国书画是中华民族文明史所产生的艺术结晶之一，也是中华民族文明史的一种物化见证。因此，它们的全部历史遗存，就成了中华民族珍贵文物的组成部分。

故宫博物院古书画的收藏约14万件，创作时间上起西晋，下迄清末，跨越近17个世纪。可以说荟萃了中国法书墨迹及绘画作品的精华，有一批名珍巨品，完整地反映了中国书法史、绘画史的发展历程。

绘画质地以纸绢本水墨、设色画为大宗，其他尚有壁画、油画、版画、玻璃画和唐卡等品种。绘画装裱的形式主要有手卷、立轴、屏条、横披、镜片、贴落、屏风、册页、成扇、扇面、扇页等。较贵重的画作多以绫绢、织锦、缂丝作为裱工材料，再装以硬木、陶瓷、象牙、犀角乃至金玉质的轴头、别子，裹以丝织画套、包袱，袭以杉木、楠木、花梨、紫檀的册页封面或画盒。古画的创作题材十分丰富和齐全，计有山水、人物、风俗、花卉、翎毛、走兽、楼台（界画）等画科，较为系统地覆盖了众多风格流派。

法书书体则篆、隶、真、行、今草、章草毕具。除一般意义上的书法艺术作品之外，尚有尺牍、写经、稿本、抄本、奏折、公文、题跋等手写文献。装裱形式丰富多样，有立轴、屏条、横披、斗方、贴落、匾额、楹联，也有手卷、册页、成扇、扇面、扇页、扇册等等；质地有纸本、笺本、绢本、绫本之分；墨色有墨笔、朱笔、泥金、泥银之别。

故宫博物院还藏有碑帖类文物1000余件。原刻石的刊刻时间自秦始，传拓时间自北宋始。碑和帖之外，尚有少量铜器拓本、古陶砖瓦玉器拓本、画像石拓本、线刻画拓本等杂项。碑帖的形式，有整纸未裱的单张，有整幅立轴、剪裱后装成的册页，还有手卷。北京故宫的一大批碑拓珍品，都是存世稀少、传拓时代极早、拓工精良的原石拓本。在国务院2008年公布的首批入选《国家珍贵古籍名录》的碑帖部分中，全国共76种，其中故宫博物院就达30种。

（二）青铜器

故宫博物院的青铜藏品以清宫旧藏为主，辅以历年收购、私人捐献及考古发掘之器，计藏15000余件，其中先秦铜器约10000件，有铭文的1600余件，这三个数量均占中外传世与出土中国青铜器数量总和的1/10以上。另外有历代货币10000余枚、印押10000余件，还有一些仿古彝和古金属。是举世皆知的中国古代青铜器藏品最为丰富的博物馆。

故宫青铜藏品的最大特色是时代序列完整和器类齐全。这些藏品多数为传世品，但借助于近代考古学对发掘品研究的经验，故宫先秦青铜器已可分出商代前期、后期，西周早、中、晚期，春秋前期、后期，战国前期、后期等，秦以后铜器可分出秦、汉、魏晋南北朝、唐宋、元明清等。藏品按用途可分为礼器、乐器、兵器、杂器等。另外，故宫收藏的秦汉青铜生活用品和唐宋以来的仿先秦青铜礼器，都有一定规模。

（三）古陶瓷

故宫博物院收藏古陶瓷器共35万多件（另有近10万件南迁的瓷器暂存南京），其收藏量居世界博物馆之首。其中清宫旧藏陶瓷器的数量有32万多件，藏品囊括的文化内涵广博，有汉魏六朝的陶器、青瓷、黑瓷，唐代南方青瓷、北方白瓷的代表名品，宋代的各大名窑瓷器，元代的枢府釉、蓝釉和青花、釉里红器，明清两代的御窑瓷器，反映中国古陶瓷上千年的发展历史。其中，明清御窑瓷器和宫廷原状陈设用瓷是清宫旧藏的重要特色。

此外，故宫博物院还收藏有全国各地窑址的考古调查资料和考古发掘品，共收藏有200多个古窑址的36000余件标本，这在中外博物馆都是独有的。从20世纪30年代陈万里先生调查龙泉窑开始，到1949年以后古窑址的科学考古工作在全国许多省市陆续开展，故宫博物院不间断地派出专家到全国各省市区的古窑址进行调查，这一工作现仍在继续进行，不仅为故宫博物院收集了大量瓷器实物资料，而且影响着中国古陶瓷的研究方向。

（四）玉器

故宫博物院藏有玉器28000余件（不包括许多因附于其他器物而作为附件收藏的玉器），涵盖中国古代玉器发展史的史前时期、商周、春秋至南北朝、唐至明清等各个阶段的作品，数量大，品种多，且精品亦多，是世界上收藏中国古代玉器最精美、最全面的博物馆。这些玉器来源于清宫遗存及建院后的征集，其中清宫遗存数量最大，占到80％。清代宫廷玉器除台北故宫博物院有一定数量收藏，以及有少量流出宫外，绝大多数宫廷玉器都收藏于故宫，论数量之多，种类之全，制作之精，品质之优，在国内外博物馆当为首位。清代宫廷的大型用玉也主要藏于故宫。有大玉山、玉组磬、大玉瓮、大玉瓶、玉屏风等，有些大型玉器是世所罕见的。

（五）铭刻文物

铭刻类文物包括刻石、画像石与画像砖、墓志、甲骨、玺印封泥等5个方面。刻石文物，许多都具有重要的历史价值，其中最为重要的是10面石鼓，是人所共知的国宝。除石鼓外，故宫博物院所藏其他刻石类文物553件，包括我国历史上各时期的碑刻、石经（幢）、塔铭、造像（座）、黄肠石、石棺、井栏、墓镇等石刻题记。有重要价值的刻石不少，其中有些被列为国家一级文物。

故宫博物院所藏画像石与画像砖共335件，涵盖了各主要出土地点，特别是陕北与晋西南出土者，不仅数量较多，内涵也相当丰富。

故宫博物院藏墓志类文物包括石刻墓志与高昌砖志两部分，共390件，其中石刻墓志265件，高昌砖志125件。石刻墓志包括西晋、隋、唐、宋、元、明、清之物，是研究当时职官、地理、历史事件最直接的材料，为文献研究的重要补充与第一手资料。高昌砖志为高昌国至唐、五代时期高昌地区特有砖质墓志，内容时间跨度在6世纪前叶至8世纪初，不仅是墓志研究的重要内容，同时也是珍贵的书法遗存。

故宫博物院所藏甲骨为殷商占卜记事的有字甲骨，皆是19世纪末以来出自殷墟，即今河南省安阳市西北2.5公里的小屯村。所藏约4000片，其中一部分分别著录于《殷虚书契续编》《卜辞通纂》《殷契佚存》《殷契拾掇》《殷契拾掇二篇》《甲骨文合集》等书。

除过明清帝后玺印，故宫博物院所藏玺印与封泥文物总计21436件。其中玺印类文物为自战国至民国各个时代的多种质地与形制的官、私玺印；封泥类文物为封缄物、泥质戳记。故宫博物院收藏的玺印，从战国迄于近现代，各个历史时期的印章十分全面，品类之多，内容之丰富，收藏之全，举世瞩目。故宫博物院藏封泥类文物345件，其中300件属官印，其余属私印。时代为两汉、魏晋、南北朝时期。在玺印学分期断代方面，这正是一个相对独立的时期。故宫博物院藏封泥类文物涉及这一时期的王国、侯国等封爵内容，中央多个机构职官，地方行政州、郡、县、乡职官，将军名号与武职属官，国家特设官与颁赐少数民族职官，姓名私印和宗教印，等等。

（六）其他工艺类文物

其他工艺类文物，是指古书画、碑帖、陶瓷器、青铜器、玉器之外，诸如漆器、珐琅、玻璃、竹木牙角雕刻，以及笔墨纸砚等文物，也称"杂项"。故宫博物院收藏其他工艺类文物（包括陶俑）约13万件，可细分为16种。

漆器17707件，其中清宫遗存16000余件，其余为建院后的征集。年代上起战国，下至近代。此外还有一些漆器的家具、生活用器、包装箱盒等，根据性质或功用分别保管，没有归列其中。

珐琅器是中西文化交流的产物，它虽出现的年代较晚，却一直属于宫廷御用品，民间很少流传。故宫博物院所藏金属胎珐琅器6155件（不包括瓷胎、玻璃胎、宜兴胎），其中清宫遗存5700余件，建院后的征集400余件。年代上起元代，下至民国，跨越600余年，几乎贯穿了珐琅工艺在我国的整个发展历程。此外还有佛塔、供器、屏风等，仍保持在历史上的原来位置，作为宫廷原状陈列品进行保管。故宫博物院珐琅器总体数量之大、品种之多绝无仅有，而每个时期、每个品种又都有着丰富的精品藏量。

笔、墨、纸、砚是中国人民创造的传统的书写工具，在长期的发展过程中，形制与功用性能逐步得到完善，成为具有特定属性的工艺产品。故宫博物院收藏的各类古代文具多达8万余件，包括笔、墨、纸、砚、图章料、文杂6类，大部分是明清宫廷的遗存。收藏的4000余支毛笔，基本是清宫为使用而储备的遗存，少量为清宫收藏的明代作品。藏墨多达50000余件，年代上起明宣德下至民国，以清代墨品为主。包括宫廷御墨、文人定制墨、墨肆市售墨等类别，还有朱墨、彩墨之分别，汇集了程君房、方于鲁、曹素功、汪节庵、汪近圣、胡开文等明清著名制墨家的作品。纸绢收藏数量有10000余件，除宋代藏经纸、明代蜡印故笺、明代竹纸等外，主要为清代制作的宫廷纸绢。有粉笺、蜡笺、粉蜡笺及明花与暗纹之分，分别以人物故事、云龙花鸟、博古图等装饰纹样，代表了清代各类艺术加工纸制作的最高水平。藏砚约4000件，最为著名的歙、端砚数量较大，还有部分澄泥、洮河、松花江、菊花石、陶瓷、金属砚。此外，故宫还有"文杂"约1300件，"文杂"是指使用笔、墨、纸、砚过程中所需的辅助品，包括笔架、笔筒、镇纸、水盂、印泥盒、臂搁、仿圈、墨盒等，以及套装形式的组合文具。

故宫博物院庋藏着上万件竹、木、牙、角雕刻品，其来源主要有三方面：一是明清皇家御用作坊征调著名工匠，按照皇室要求制作的御用品；二是各地官员向皇帝进献的贡品，亦多出自名家之手；三是1949年以来征集的流散于民间的雕刻品，其中不乏精品。

故宫博物院如意的收藏总数在3000柄以上，具有数量众多、品种齐全、工艺精湛等特点。故宫收藏的如意承继清宫旧藏，以其丰富的造型、繁复的装饰及精湛的工艺，成为一件件精美绝伦的工艺品。

故宫博物院有团扇、折扇等多达6964件，另有制扇材料443件，都是清宫旧藏，为明清两代遗存。其中多为名人书画及帝后书画。

故宫博物院收藏有各种质地的鼻烟壶2000余件。鼻烟壶是随着满族人吸闻鼻烟的习俗应运而生的，是宫廷生活用品，也是玩赏品。清代宫廷造办处制作了大量质地各异、造型奇特的鼻烟壶。鼻烟壶按其质地的不同大致可分为5类，即玻璃鼻烟壶、金属胎珐琅鼻烟壶、玉石鼻烟壶、瓷鼻烟壶、有机材质鼻烟壶。

石器1395件，其时代从新石器时代直至清代末期。其中收购的安徽含山凌家滩出土的十几件石斧、石凿、石环等，以及安徽潜山永岗村出土的三孔、五孔及十一孔石刀等，尤其是十一孔石刀，虽断为两截，但作为早期石器仍十分难得，这些文物均有明确的出土地点和科学的考古发掘记录。

陶俑4000余件，主要通过国家拨交、私人收藏家捐献、兄弟博物馆考古发掘品交流等方式聚合而成。具有数量多、体系完备和题材多样的特点。

玻璃器4010件，其中清宫遗存3400多件，其余为1949年以来的征集。年代上起战国，下至清代末期。其中绝大部分是清宫玻璃厂烧造的玻璃器，即官造玻璃器，同时还兼有少量民间作品及外国玻璃器。其中清宫官造玻璃器无论数量还是质量，在中外博物馆中都首屈一指。特别是康雍乾三朝的玻璃器，更是精美绝伦，代表着清代玻璃工艺的最高水平，具有非常高的观赏性和研究价值。

金器约2200件，主要为清宫遗存。分为礼器、祭器、册、宝、生活用具、金币、首饰、宗教用品等，数量多，品种全，是清代金器作品的主要集合地。这些金器，包含了清代制金的各种工艺，主要有铸造、錾花、锤揲、累丝、透空等，还有以金为胎，外包珐琅图案的金胎器皿。此外，还藏有银器7000余件，铜器2100余件，锡器500余件。

故宫博物院珍藏有1400余件各式珠宝盆景，都是传世作品，大多使用玉石、翡翠、玛瑙、珍珠、象牙、蜜蜡等多种珍贵的材质，仿制出生动自然、惟妙惟肖的各种花卉、果实、景观等，再配以珐琅、玉石、陶瓷、漆器等制成的花盆式容器，就构成了雍容华美带有吉祥含义的宫廷陈设。它们被放置在各宫室内，有着天然盆景一般的生机与春意，却永不凋谢，突出反映了宫廷生活追求富丽而高雅的趣味与审美取向，亦代表了当时的高超工艺水平。

故宫博物院收藏的500余件匏器，大部分是清代皇宫遗留，多有款识，数量以康熙与乾隆朝为多，质量也以这两朝所制为精。此外，嘉庆、道光等时期，也有一些佳品留存。匏器的种类则以范制为主，还有轧花、刻花、勒扎、本长等，品类齐全，形式新颖，纹饰丰富。

（七）宫廷类文物

故宫博物院宫廷类文物品类众多，遗存丰富，概括来讲有16类之多。有明清帝后玺印、卤簿仪仗文物、宫廷服饰类文物、清代以前乐器及清宫典制乐器、其他清宫典制文物、武备兵器、明清家具、戏衣道具、中外钟表、天文地理仪器、织绣书画、地毯文物、寝居类铺垫帷幔文物、医药文物、清宫日常生活用品文物、各类外国文物等，总计有20余万件。其中较为典型的是代表皇权的清帝"二十五宝"。清代以前，代表皇权的皇帝御宝基本不存，而清帝"二十五宝"却如数完好地保存至今。它们每一方都有其特定的用途，涉及皇权正统延续、皇位继承、神灵祭祀、报本尊亲、任命官员、民族事务处理、藩属及邦交、军事征伐、文教兴化等。清代皇帝依靠这些御宝，得以发布各种文告，指令王朝的各个机构有效地运转，维系封建国家的延续。

宫廷类文物较为全面地展示了清宫生活的各个方面，为我们研究古代宫廷的生活提供了大量丰富而珍贵的实物资料。

（八）宗教类文物

故宫博物院宗教类文物十分丰富，可分道教、萨满教、佛教文物三大类。

道教文物500多件，存于钦安殿、天穹宝殿两处殿堂，包括供奉道教的神像、供器、法器、经书。道教文物中有部分明代文物，大部分为清代文物，种类齐全，保存完好，是研究明清两代宫廷道教文化的重要实物。

萨满教文物存于坤宁宫西暖阁，有萨满祭祀仪式所用布偶像、七仙女神像、五仙神像、铁箍台鼓、拍板、腰铃、铁神刀、三弦、琵琶等几十件，是清宫萨满教祭祀活动的珍贵遗物，对研究满族萨满教信仰以及礼仪实践意义很大。

故宫博物院宗教文物中主要是佛教文物，又以藏传佛教文物为主，占宗教文物总数的90%以上，其中有藏传佛教造像2万多尊，有金铜、石、木、泥等各种质地，而以金铜造像时代最早，最有代表性。另外还有供器、法器与法衣计7000多件，品类相当丰富。

故宫博物院还藏有各类汉地佛教造像约3500件。从质地上划分为石、铜、铁、陶、瓷、琉璃、木等，时间上起自佛教艺术初传华夏的2世纪至3世纪，止于清末。题材丰富，时代齐备。

故宫博物院现藏佛、道经籍计有2000余种6400余部54000余册，包括历代写本、刻本、墨拓本、朱拓本。汉文之外，还有满文、藏文等文字的写经。

（九）文献档案类文物

由于业务及机构的调整，故宫博物院明清档案部1980年划归国家档案局，改称中国第一历史档案馆，收藏的明清档案按当时统计即有800万件。目前北京故宫收藏的文献类文物有舆图、清内务府陈设档、"样式雷"建筑图档、帝后服饰和器物小样、清宫照片、书版等，其中以书版为大宗，约有20万件，其中有乾隆年镌刻的满文《大藏经》48211块、康熙年刊刻的蒙文《甘珠尔》约18000块，雍正年刊刻的《律历渊源》《朱批谕旨》，乾隆年刊刻的《十三经注疏》《钦定二十四史》等，大多保存完好，十分稀有珍贵。其中还有近200块佛像画经版，多为《大藏经》中的佛像插图，雕刻刀法娴熟，线条细腻流畅，人物逼真，堪称版画佳品。

（十）古籍善本

故宫博物院古籍特藏相当丰富，有33万余册，不仅数量庞大，而且品类丰富。其中善本古籍约20万册，收入《中国古籍善本书目》者有2600多种10余万册。其中有一批古籍分别编入《全国满文资料联合目录》《全国中医图书联合目录》《中国地方志联合目录》《中国丛书综录》等。

故宫博物院典籍贮藏有以下特点：

第一，明、清内府写本书及原宫中遗存的抄本书。主要包括内府从不发刻之书，呈请皇帝御览之书，皇帝御笔和臣工奉敕精写的各种释道经文、疏论、著述等，各馆在编书过程中形成的稿本、修改本、清本、呈览本和付刻底本等，升平署剧本，内外大臣编进、采集和清宫旧藏的各种抄本书。

第二，少数民族文字古籍图书。故宫博物院所藏满、蒙、藏等少数民族文字的图书近2000种25000多册。其中大部分是善本，稀有珍本近百种。大都是清代内府修书的重要组成部分，包括武英殿刻本、精写本和抄、稿本，也有采进的抄本和京师三槐堂、聚珍堂、二酉堂等书坊刻本。其内容广泛，经史子集皆有，尤以满文字书、实录、圣训、方略、典则、天算、佛经和文学艺术类图书最为突出。

第三，三部重要佛经。清乾隆三十五年（1770年）内府泥金藏文写本《甘珠尔》、《清文翻译全藏经》、浙江巡抚都御史李馥雍正元年（1723年）印本《嘉兴藏》。三部佛经体现了清代印刷及书籍制作的高峰。

（十一）古建筑文物

故宫是明清两代的皇宫，是中国古代宫殿发展的集大成者，是中国古代建筑史中最辉煌的篇章之一，也是最有代表性的中华文明的象征物。作为世界文化遗产的故宫还保存了大量古建筑文物资料和构件。主要有烫样、金砖、玻璃画、宝匣、琉璃构件、匾额楹联等，共有3000余件。这些古建筑文物凝聚了古代建筑独特的艺术形式、建筑美感，也反映了封建帝王对建筑的需求以及审美情趣。其精巧的制作工艺，也显示出古代匠师的智慧和技艺，更是研究古代建筑设计思想、建筑准绳、建筑艺术发展的实物资料，是建筑艺术这门非物质文化遗产的组成部分。

三　故宫文物藏品的价值与意义

（一）故宫藏品的国宝意义

中国皇室收藏有着悠久的历史。皇室收藏文物，不仅因其是稀有的珍宝或具有重要价值的艺术品，而且更因为这些文物所寓有的某种至高德行的含义，因此它的聚集可被视为天命所归的象征，它的流散也意味着该王朝不再具有天命。因此，新的王朝接收前朝的旧藏，表示着它继承前朝的天命。清代皇室收藏为历代之顶峰，也是历代皇室收藏的总结。在反对帝制复辟背景下成立的故宫博物院，把清宫藏品视为文化传统的结晶、整个民族的瑰宝，把对它及故宫博物院的维护与坚持民主共和政体等同起来；在以后艰苦卓绝的文物南迁中，故宫藏品的国宝形象进一步得到提升和加强，务必尽力保护国宝成了民众的共识。在故宫列入《世界遗产名录》后，随着人们对故宫古建筑价值以及故宫作为文化整体的意义的深刻认识，国宝不只是故宫的一件件具体的文物，整个故宫就是一个巍然挺立、价值无比的国宝，是民族文化传统最有代表性的象征。

（二）故宫是一部浓缩的中华五千年文明史

故宫博物院的中国古代艺术品收藏显示了中华民族五千年文明史是一条绵延不断的历史长河，这是中华文明对世界文明的伟大贡献。在故宫150万件文物中，论时代，上自新石器时代，下至宋元明清直至近现代；论范围，囊括了古代中国各个地域的文明精华，包容了古代汉族和许多少数民族的艺术精粹；论类别，共有25大类69小项。中华民族绵延不断的历史文化在故宫博物院的各类文物藏品里均得到了充分的印证。这是国外任何一座博物馆所不具备的。世界四大古老文明中，与古埃及、古印度、古巴比伦等相比，中华文明的起源不能算是最早的，但中华文明是唯一的未曾中断过的文明，今天生活在这片土地上的人就是那创造古老文明的先民的后裔，在这片土地上是同一种文明按照自己的逻辑演进、发展，并一直延续下来。其他的古老文明数千年前就相继干涸了，这些国家的博物馆和收藏这些国家文物的西方博物馆所展现的文明历史是中断了的，而不是延续的。

（三）故宫是世界上最丰富、最重要的中国古代艺术品的宝库

故宫博物院的藏品包括了中国古代艺术品的所有门类，具有品级上、种类上、数量上的优势，许多藏品在中国文化史、艺术史上占有

重要的地位。故宫庋藏的各主要类别文物，其本身就完整地记录了该类文物从萌生、发展到辉煌的文化链。以书法为例，故宫的藏品涵盖了从契刻到书写进而发展成为一门独立的书法艺术的历程，藏品从甲骨文、钟鼎文直至晋朝开始形成书画艺术，此后，历朝历代的名家流派，几乎一应俱全。再以陶瓷为例，从原始时期的黑陶、彩陶，直到两宋的五大名窑，元青花瓷，明代白瓷、釉里红、斗彩等，清代的粉彩和珐琅彩等。其他如玉器、铜器和许多工艺品等，也是如此。为了这条历史文化长河永远奔腾流淌、润泽后代，故宫还在收藏现当代的艺术精品。

（四）两岸故宫博物院同根同源，承担着弘扬中华优秀传统文化的共同责任

故宫南迁文物中的一部分在1949年前后被运到了台湾，这部分文物大约有60万件。这批运台的故宫文物同样以清宫旧藏为主，是故宫博物院文物藏品的重要组成部分。1965年，台北故宫博物院在台北外双溪成立，由此形成了两岸两座故宫博物院的状况。两座故宫博物院拥有一段共同的院史，在文物藏品上均以清宫旧藏为主，可以说收藏着中华传统文化中最经典、最优秀的部分，在收藏和保护方面共同肩负着巨大的责任和光荣的历史使命。2009年以来，两院共同努力，在交流合作方面开拓了新的历史篇章，这不仅是故宫学学术研究的客观需要，也是两岸故宫博物院在继承和弘扬中华优秀传统文化上的共同责任和担当。

（原载《九九归一——庆祝澳门回归祖国十周年故宫珍宝展》图录，2009年）

《故宫博物院藏品大系》总序

故宫博物院既是明清紫禁城建筑群与宫廷史迹的保护管理机构，也是以明清皇室旧藏文物为基础的中国古代文化艺术品的收藏、展示和研究机构。故宫博物院以其颇具皇家文化特色的文物藏品在中国以及世界博物馆界占有特殊的重要地位。

一　故宫博物院藏品的来源

故宫博物院的文物藏品品类丰富，体系完备，可划分为陶瓷、绘画、法书、碑帖、青铜、玉石、珍宝、漆器、珐琅、雕塑、铭刻、家具、古籍善本、文房用具、帝后玺册、钟表仪器、武备仪仗、宗教文物等，共25大类69小项，计180多万件，截至2010年底，故宫博物院的珍贵文物（一、二、三级）占全国国有文博单位馆藏珍贵文物的41.98％。

在故宫博物院的180多万件文物藏品中，有155万多件是清宫旧藏和遗存，占藏品总数的86％，其余24万多件藏品为建院以来的新收藏，占藏品总数的14％。清宫旧藏和遗存主要来自以下4个方面：

（一）历代皇家收藏的承袭

中国历代宫廷都收藏有许多珍贵文物，到宋徽宗时，收藏尤为丰富。《宣和书谱》《宣和画谱》《宣和博古图录》，就是记载宋朝宣和内府收藏的书、画、鼎、彝等珍品的目录。清代帝王重视文物收藏，特别是乾隆皇帝，更使宫廷收藏达到了极盛，《西清古鉴》《西清续鉴》《宁寿鉴古》《石渠宝笈》《秘殿珠林》《天禄琳琅》《四库全书总目》等，是清乾隆时期编辑的宫中所藏古铜器、书画、图书的目录。见于著录中的很多古代文物早已散失，但也有不少珍品几经聚散，历尽沧桑，保存到今天。例如，晋王珣《伯远帖》、隋展子虔《游春图》、唐韩滉《五牛图》、五代顾闳中《韩熙载夜宴图》等著名书画，都曾载在《宣和书谱》、《宣和画谱》或《石渠宝笈》中，现仍藏在故宫。这部分藏品是中国皇家收藏传统的延续。

（二）宫廷制作

为了满足皇室对宫廷日用器皿及各种工艺品的需要，清宫内务府一直设有造办处，从全国各地选拔技艺高超的工匠，在宫廷内造作各种物件，均不惜工本，精益求精。乾隆二十年（1755年）前，造办处曾设立有匣作、裱作、画作、广木作、穿珠作、皮作、绣作、镀金作、银作、玉作、累丝作、錾花作、镶嵌作、牙作、砚作、铜作、做钟处、玻璃厂、舆图房、弓作、鞍甲作、珐琅作、画院处、木作、漆作等38项，后将一些活计相近的合并，共为15作，后又有所调整。这是一个规模很大的综合性的手工业工场，常年按照御旨制作独有清代皇家风范的艺术品、工艺品和各种精美的日用品。还有些器物由造办处设计画样，或拨蜡样，或做木样交苏州、扬州、南京以及浙江、江西、广东等处，由当地最优秀的匠人制作。遗留至今的很多精美绝伦的工艺品，如玉器、珐琅器、钟表、文玩等，其中不少都是当年造办处制造的。造办处的档案保存至今，故宫所藏清代工艺美术品有许多仍可以在档册中找到作者是何人，是何时开始设计画样、做模型，何时完成以及陈设地点在何处等。

（三）进呈及查抄没收物品

专制时代帝王一家天下，逢年过节、万寿大典或外出巡幸，臣工往往多有贡献，其中又以进书画、文玩较为讨喜。乾隆皇帝在《石渠宝笈续编·序文》中说：

> 自乙丑至今癸丑，凡四十八年之间，每遇慈宫大庆、朝廷盛典，臣工所献古今书画之类及几暇涉笔者又不知其凡几。（《石渠宝笈三编》）

嘉庆皇帝的上谕中也说：

> 朕自丙辰受玺以来，几暇怡情，惟以翰墨为事，阅时既久，……至内外臣工，祝嘏抒诚，所献古今书画亦复不少。

清宫书画，臣工所献占一大部分。书画如此，其他珍宝也进献不少。除国内进献外，还有藩属国贡品、外国礼品等。这些所进之物，往往与重大的政治事件有密切关系。查抄没收物品也是重要来源。如康熙初期权臣明珠及其子揆叙藏书数万卷，宋元版及名贵抄本尤多。揆叙的藏书处所为"谦牧堂"。揆叙去世后，因罪被追夺官位，其子承安后亦获罪而被抄家，家藏古书名画等尽入内府。嘉庆二年（1797年）重辑《天禄琳琅书目续编》时，原"谦牧堂"藏书便是入选的重要对象。又如高士奇、毕沅，都身居高位又精鉴赏，家藏书画古籍甚富，后也均被抄没入内府。

（四）清宫编刻书籍

清宫藏书是以明代皇宫秘笈为基础，又经过数百年的搜求，加上清宫的编纂刊刻、抄写各类图籍，其收藏之富，超越以前各代。在清代，特别是清前期，清内务府主持编纂、刊行和抄写了许多大部头的图书。这些图书不仅在中国图书史上占有极为重要的位置，同时也成为清宫藏书的重要来源。康熙时把武英殿作为清代内府专门的修、刻书机构。康、雍、乾三朝，内府编刊了大量图书。由于康、乾二帝崇尚书法，内府抄写书籍亦极为盛行，其抄写之精、装帧之美、数量之大，均可与内府刊本书相媲美。这些内府刊本与内府抄本，都成为尔后故宫博物院的文物藏品。

故宫保存了大量清宫衣食住行的用品，当时并不是收藏品，而是实用之物，但在今天看来，同样是宫廷历史的见证，具有重要的历史价值、文物价值；又由于是皇室日常生活用品，制作都十分讲究，也有着相当高的艺术价值。这批物品种类繁多，数量庞大，例如宫灯、乐器、车马轿舆、家具、戏衣道具、服饰衣料、地毯以及金银器、锡器、铜器，甚至梳妆具、玩具、茶叶、药材、药具等等，都是清宫典制及文化娱乐活动的反映，具有文物的意义。

清宫旧藏，至乾隆年间最为丰盛，尔后随着国力衰败，外患频仍，收藏日渐式微，特别是近代以来，清宫文物珍藏更是多次遭到劫掠或毁损，比较大的厄难有三次：第一次是1860年英法联军对圆明园的野蛮劫掠和焚毁；第二次是1900年八国联军对皇室财宝的抢劫与破坏；第三次是清逊帝溥仪"小朝廷"时期对宫廷文物的盗运，以及1923年建福宫花园大量文物珍宝付之一炬。1924年底驱逐溥仪出宫后，清室善后委员会及以后成立的故宫博物院，对清宫物品进行了初步点查，整理出版《故宫物品点查报告》，共6编28册，计有文物94000余号117万件之多。这些文物就成为于1925年成立的故宫博物院的藏品。当然，清宫旧藏及遗存的数量远不止这些，当时有些殿堂尚未清点，清点过的一些物品，因计算方法的原因与实际数量亦有不小出入。文物的清理也就成了故宫博物院一项多次进行的工作。据估计，当年故宫博物院成立时，清宫旧藏及遗存在千万件左右。

为防止日本侵略者的掠夺，1933年，故宫博物院的文物迁移到中国南方，抗日战争中又转运西南。在20世纪40年代末，其中1/4运往中国台湾，共约60万件，其中书画器物约5万件，典籍近17万册，文献档案约38万件，1965年在台北成立了故宫博物院。

中华人民共和国成立后，在各方支持下，故宫博物院努力充实文物藏品，经过数十年积累，古老的皇宫不仅重现昔日收藏颇丰的盛况，而且补充了更多的过去皇宫所没有的精美艺术品，使故宫博物院成为世界上收藏中国文化艺术品最为宏富的宝库。

充实文物的渠道主要有以下三个方面：

1. 政府拨交

20世纪五六十年代，故宫博物院接收政府部门和各地博物馆拨交的文物达16万件，有许多是原清宫旧藏后来流失出去的。如当年溥仪抵押给盐业银行的玉器、瓷器、珐琅器、金印、金编钟等。20世纪50年代初，中央政府先后从香港购回著名的"三希"中王珣《伯远帖》、王献之《中秋帖》，以及韩滉《五牛图》、顾闳中《韩熙载夜宴图》、董源《潇湘图》、赵佶《祥龙石图》等一大批瑰宝，交故宫存藏。在国家文物局和全国各地博物馆的支持下，众多的国宝级珍贵文物调拨到故宫博物院，使得故宫藏品更加丰富、系统。

2. 文物征购

从20世纪50年代以来，故宫博物院确定了以清宫流失出去的珍贵文物为主，兼及中国历代艺术珍品的文物收购方针，国家在资金上给予支持，购回了大量珍贵文物。收购的途径主要有文物商店、古玩铺、文物收藏者和拍卖公司等。20世纪50年代至60年代初，是故宫博物院购藏文物的高峰期。当时社会上流散文物较多，琉璃厂一带的古董店得到一件珍贵文物后，首先是送故宫博物院，这就为故宫博物院创造了一个大量购进珍贵文物的极好机会。截至2006年12月底，共购得文物53971件，其中一级文物1764件。这些文物品类众多，特别是书画珍品，如隋人书《出师颂》，以及唐代周昉、颜真卿，宋代王诜、刘松年、马和之、夏圭、马远、张先、欧阳修、苏轼、米芾，元代顾安、钱选、赵孟頫、遁贤，明代吴伟、唐寅、沈周、董其昌、祝允明，清代原济、赵之谦等名家的作品。

　　3. 接受捐赠

　　截至2006年12月底，故宫博物院共接受捐赠文物及文物资料约33900件，捐赠人员696人次。捐赠者中，有党政军领导人，有社会各方面专家、学者、艺术家，有港澳台同胞、海外华侨和国际友人，有故宫博物院的领导、专家等。毛泽东主席先后将友人赠送的王船山手迹《双鹤瑞舞赋》、钱东壁临写的《兰亭十三跋》以及张伯驹赠他的唐李白《上阳台帖》，转交故宫。张伯驹捐献的有西晋陆机《平复帖》、隋展子虔《游春图》、唐杜牧《张好好诗》、宋黄庭坚《诸上座帖》、宋蔡襄《自书诗册》、宋范仲淹《道服赞卷》、元赵孟頫《千字文卷》等法书巨迹。孙瀛洲捐献各类文物精品3000余件，以陶瓷珍品最为重要。郑振铎捐赠文物657件，尤多雕塑精品。陈叔通捐献的《百家画梅》，凡102家109幅，有唐寅、陈录、王綦、邵弥、原济及扬州八怪等明清诸家的杰作。新加坡华侨韩槐准捐献了他毕生搜集到的中国古代外销瓷器，充实了故宫陶瓷藏品中的缺门。香港叶义捐献的80件犀角雕刻品，全是明清犀角雕刻精品。

　　故宫博物院遵照国家的决定，业务及机构也先后做了一些调整。这主要在两个部门，一是档案馆划出故宫，二是图书馆职能的变化。明清档案在故宫的文物藏品中占有重要位置。1955年2月，故宫档案馆移交国家档案局；1969年底，又交归故宫博物院。1980年4月，藏品已达800万件的故宫博物院明清档案部再次划归国家档案局，改称中国第一历史档案馆。故宫博物院图书馆长期以来是个重要的业务部门。1949年以后，由于业务工作指导思想的变化，先后将一批宋元善本、明清旧籍和清代殿本书中的"重复本"15万余册拨交给北京图书馆（1998年改名中国国家图书馆）、中国人民大学图书馆、沈阳故宫图书馆等16家单位。其中仅1958年拨给北京图书馆宋、元、明善本书即有69510册。至此，清代宫中藏书再一次分散于全国各地。

故宫博物院原有数量不多的宋元版书虽已拨交给国家图书馆，但现存的明清抄、刻本，品种及数量众多，包括内府修书各馆在编纂过程中产生的稿本，呈请皇帝御览、待刻之书的定本，从未发刻的清代满、蒙、汉文典籍，为便于皇帝阅览或携带而重抄的各式书册，以及为宫内外殿堂陈设而特制的各种赏玩性书册，此外还有翰林学士、词臣自撰的未刊行书籍，各地藏书家进呈之书，一大批宫中戏本和档案，帝后服饰和器物小样，建筑图样和烫样、舆图等特藏文献，以上共计19.5万册（件）。另有23万块精美的武英殿"殿本"的原刻书版。这些构成了故宫善本特藏的特色。

从1949年至1980年间，故宫博物院藏品的充实得到社会各界的支持，同时也先后把大量宫廷藏品及珍贵文物调拨给不少博物馆、图书馆及其他机构。例如，故宫博物院曾把包括《乾隆南巡图》卷、"虢季子白盘"等在内的3781件珍贵文物拨给了中国历史博物馆（1969年和中国革命博物馆合并为中国革命历史博物馆，2003年改称中国国家博物馆）。把一部分官窑瓷器赠给了一些古窑址博物馆。在一些寺院和我驻外使馆等，都有调去或借用的故宫文物。也有一些清宫文物赠送国外博物馆，例如1957年赠给苏联国家博物馆清代瓷器、玉器、漆器、珐琅、织绣等文物550件。此外，南迁文物尚有10万余件滞留在南京博物院。

二　故宫博物院藏品的价值

故宫的文物藏品丰富多彩，品质精美，具有很强的经典性、系统性与完整性，有着非常重要的历史、文化价值。

故宫文物具有国宝的意义。中国皇室收藏有着悠久的历史。皇室收藏具有强烈的政治与文化的象征意义。皇室收藏文物，不仅因其是稀有的珍宝或有重要价值的艺术品，而是更由于这些文物寓有的某种至高德行的含义，而认为它的聚集可被视为天命所归的象征。因此，新的王朝接收前朝的旧藏，表示着它继承前朝的天命。清代皇室收藏为历代之顶峰，也是历代皇室收藏的总结。在反对帝制复辟背景下成立的故宫博物院，把清宫藏品视为文化传统的结晶、整个民族的瑰宝，把对它及故宫博物院的维护与坚持民主共和政体等同起来。在以后艰苦卓绝的文物南迁中，故宫博物院藏品的国宝形象进一步得到提升和加强。文物南迁，开始也有许多人反对，但大家最后认识到失去的领土可以收复，而几千年的文明，作为文化传统的结晶，得之不易，能否保存下去，关乎民族根基的坚持与民族精神的传扬。最终，民众达成了尽力保护国宝的共识。在故宫被列入《世界遗产名录》后，随着人们对故宫价值以及故宫作为文化整体的意义的深刻认识，国宝不只是故宫的一件件具体的文物，整个故宫就是一个巍然挺立、价值无比的国宝，是民族文化传统最有代表性的象征。

故宫是世界上最丰富、最重要的中国古代艺术品的宝库。在故宫博物院180多万件文物中，论时代，上自新石器时代，下至宋元明清直至近现代；论范围，囊括了古代中国各个地域的文明精华，包容了古代汉族和许多少数民族的艺术精粹；论类别，包含了中国古代艺术品的所有门类。故宫庋藏的各主要类别文物，其本身就完整地记录了该类文物从萌生、发展到辉煌的文化链。以书法为例，故宫的藏品涵盖了从契刻到书写进而发展成为一门独立的书法艺术的历程，藏品从甲骨文、钟鼎文，直至晋朝开始形成书画艺术，此后，历朝各代的名家流派，几乎一应俱全。再以陶瓷为例，从新石器时代的黑陶、彩陶，直到两宋的五大名窑，元青花瓷，明代白瓷、釉里红、斗彩等，清代的粉彩和珐琅彩等；其他如玉器、铜器和许多工艺品等，也是如此。为了这条历史文化长河永远奔腾流淌、润泽后代，故宫还在收藏现当代的艺术精品。因此，故宫是一部浓缩的中华五千年文明史。中华民族绵延不断的历史文化在故宫博物院的各类文物藏品里均得到了充分的印证。

　　故宫藏品与故宫古建筑都是旷世之宝。故宫藏品的一个重要特点是与故宫古建筑的不可分割，二者的结合构成了故宫无与伦比的价值以及故宫博物院的丰富内涵与崇高地位。故宫是世界文化遗产，因此故宫的文物藏品也是世界文化遗产故宫的重要组成部分，它不仅是中国的，同时也是全人类的共同财富。

　　故宫是明清两代皇宫，在长达491年的历史时期，它是封建国家的政治中枢和24位皇帝的居所。保存至今的大量宫廷旧藏以及遗存，不仅与故宫不可分割，而且与中国历史尤其是明清两代的宫廷历史紧密相连。文物藏品、古建筑以及历史上宫廷发生的人和事，三者是一个文化整体，从而形成了一个新的学科——故宫学。从故宫学的视野看待故宫的文物藏品，它们不仅在文化史、艺术史上占有特殊地位，而且见证了王朝的治乱兴衰，具有重要的历史价值。

三　出版《故宫博物院藏品大系》的意义

　　整理和出版《故宫博物院藏品大系》具有多方面的意义。

　　文物藏品是博物馆赖以存在和开展业务的基础，藏品质量的高低和数量的多少是衡量一个博物馆地位及其作用的主要条件。故宫曾进行过多次文物清理，由于宫廷藏品的数量庞大、种类复杂，长期以来，一些底数还不很清楚。只有彻底弄清故宫博物院藏品的种类和确切数量，才能有效实施保护，才能对它的内涵、特点和价值有更为全面、准确的认识，这是博物院的基础建设，是一项重要的业务工作。基于以上认识，故宫博物院多年来坚持清理文物藏品的工作，并制定实施了《故宫博物院2004—2010年文物清理工作规划》，取得了显著的成绩。《故宫博物院藏品总目》及《故宫博物院藏品大系》就是文物清理工作的成果体现，是几代故宫人努力的结果，对于让世人了解故宫藏品的奥妙及全貌，更好地为人们的鉴赏、研究等不同需要服务，发挥博物馆的社会教育功能，具有积极的作用。

故宫博物院曾整理出版了《故宫博物院藏文物珍品全集》（60卷），以及书画、陶瓷、青铜器、玉器、建筑等多种图录，但出版面世的文物数量仍然相当少，绝大多数不为世人所知。人们难以欣赏到中华文物精粹的灿烂与辉煌，专家学者难以充分利用故宫博物院的藏品资源进行研究，故宫博物院大量藏品的重要历史价值、科学价值和艺术价值，难以得到有效的发挥。出版《故宫博物院藏品大系》，可使大量"养在深闺人未识"的文物藏品，以先进的制版印刷工艺、高品质的图书形式，系统、完整地呈现在人们的眼前，真正成为社会公众共享的文化资源。

如前所述，60万件故宫文物被运往中国台湾，并出现了北京、台北两个故宫博物院同时存在的现状。两岸故宫的文物都主要来自清宫旧藏，同根同源，具有很强的互补性，应该把它们作为一个整体来看待。《故宫博物院藏品大系》的出版，不仅有助于人们对两岸故宫藏品状况的了解，有助于人们对故宫文化整体的深刻认识，尤为重要的是，它会使人们更为全面地领略中华文明的源远流长、光辉灿烂以及一脉相承。

瑰宝聚集，来之不易；沧海桑田，文明永续。《故宫博物院藏品大系》的出版，是一项重大的文化建设工程，是21世纪出版史上的一件盛事。我们相信，这套丛书的出版，对于故宫文化内涵的发掘、对于故宫的整体保护、对于故宫学研究的深入，都会有所促进。

（《故宫博物院藏品大系》序言，紫禁城出版社，2008年）

经典故宫与"故宫经典"

　　故宫文化，从一定意义上说是经典文化。从故宫的地位、作用及其内涵看，故宫文化是以皇帝、皇宫、皇权为核心的帝王文化、皇家文化，或者说是宫廷文化。皇帝是历史的产物，在漫长的中国封建社会里，皇帝是国家的象征，是专制主义中央集权的核心。同样，以皇帝为核心的宫廷是国家的中心。故宫文化不是局部的，也不是地方性的，无疑属于大传统，是上层的、主流的，属于中国传统文化中最为堂皇的部分，但是它又和民间的文化传统有着千丝万缕的关系。

　　故宫文化具有独特性、丰富性、整体性以及象征性的特点。从物质层面看，故宫只是一座古建筑群，但它不是一般的古建筑，而是皇宫。中国历来讲究器以载道，故宫及其皇家收藏凝聚了传统的特别是辉煌时期的中国文化，是几千年中国的器用典章、国家制度、意识形态、科学技术以及学术、艺术等积累的结晶，既是中国传统文化精神的物质载体，也成为中国传统文化最有代表性的象征物，就像金字塔之于古埃及、雅典卫城神庙之于古希腊一样。因此，从这个意义上说，故宫文化是经典文化。

　　经典具有权威性。故宫体现了中华文明的精华，它的地位和价值是不可替代的。经典具有不朽性。故宫属于历史遗产，它是中华5000年历史文化的沉淀，蕴含着中华民族生生不已的创造和精神，具有不竭的历史生命。经典具有传统性。传统的本质是主体活动的延承，故宫所代表的中国历史文化与当代中国是一脉相承的，中国传统文化与今天的文化建设是相连的。对于任何一个民族、一个国家来说，经典文化永远都是其生命的依托、精神的支撑和创新的源泉，都是其得以存续和赓延的筋络与血脉。

对于经典故宫的诠释与宣传，有着多种的形式。对故宫进行形象的数字化宣传，拍摄类似《故宫》纪录片等影像作品，这是大众传媒的努力；而以精美的图书展现故宫的内蕴，则是许多出版社的追求。

多年来，紫禁城出版社出版了不少好的图书。同时，海内外其他出版社也出版了许多故宫博物院编写的好书。这些图书经过10余年、20年的沉淀，在读者心目中树立了"故宫经典"的印象，成为品牌性图书。它们的影响并没有随着时间推移而消失，而是历久弥新，成为读者心中的故宫经典图书。

于是，现在就有了紫禁城出版社的"故宫经典"丛书。《国宝》《紫禁城宫殿》《清代宫廷生活》《紫禁城宫殿建筑装饰——内檐装修图典》《清代宫廷包装艺术》等享誉已久的图书，又以新的面目展示给读者。而且，故宫博物院正在出版和将要出版一系列经典图书。随着这些图书的编辑出版，将更加有助于读者对故宫的了解和对中国传统文化的认识。

"故宫经典"丛书的策划，这无疑是个好的创意和思路。我希望这套丛书不断出下去，而且越出越好。经典故宫借"故宫经典"使其丰厚蕴含得到不断发掘，"故宫经典"则赖经典故宫而声名更为广远。

（"故宫经典"序言，紫禁城出版社，2007年）

北京故宫与台北故宫文物藏品比较

　　"两岸故宫藏品，比起来哪家的多？哪家的精品多？"这是两岸同胞乃至国际社会都不甚清楚而又很关注的一个问题。可以肯定地说，北京故宫博物院不仅藏品远远多于台北故宫博物院，而且总体上精品也多于台北故宫博物院。在比较前，我想首先说明三个情况：

　　一是故宫博物院成立之前，清逊帝溥仪将1200余件书画精品、古籍善本和大量珍宝盗运出宫。新中国成立后，其中相当部分重新回到了北京故宫博物院，如《清明上河图》《韩熙载夜宴图》《五牛图》《伯远帖》《中秋帖》等。

　　二是1933年故宫南迁文物共13491箱，部分文物南迁后，北平故宫博物院本院所留文物相当多，也有不少珍品，沦陷期间还在继续清点未曾登记的文物，并征集了一批珍贵文物。南京政府曾下令马衡院长选择留平文物菁华装箱，分批空运南京，马院长虽将珍品编目造册报南京，但以各种理由推延装箱，后来一箱也未运走。南迁文物后来运台2972箱，占南迁箱件数的22%，当然多是精品。其实留下的78%中精品也相当多。国民党向台湾运文物，因战争形势突变只运了3次，第3次拟搬运1700箱，由于运输舰舱位余地有限，加之仅有24小时装船时间，结果只运出972箱，另728箱也留在了内地。

　　三是两岸故宫博物院文物藏品构成上稍有不同。运台故宫文物约60万件，其中清宫档案文献38万件册，善本书籍近16万册，器物书画

5万余件，加上抵台后征集的文物，总计65万余件。北京故宫博物院原有明清档案800万件，善本特藏50多万册（件、块），器物书画100万件，总计达960万件。1980年明清档案划出，成立中国第一历史档案馆；又将包括部分宋元版书在内的14万册宫廷藏书拨交国家图书馆及一些省市和大学图书馆。现北京故宫博物院有藏品180余万件，其中1949年后征集24万多件，80%以上仍为清宫旧藏。

我们再从几大项文物来具体比较。

1. 书画收藏

台北故宫博物院藏有书画总计9120件，据介绍其中一半为优等和次等，元以前绘画574件（不包括南薰殿宋以前帝后像），元以前书法155件。北京故宫博物院有书画15万件左右，约占世界公立博物馆所藏中国古代书画的1/4，其中约1/3具有较高的学术价值和欣赏价值，有近420件元以前的绘画，310件元以前的书法。元以前书画总收藏量，北京故宫博物院低于台北故宫博物院。但相对严格的鉴定工作，使得北京故宫博物院早期（元以前）书画中，很少有早期和晚期（明清）之争。在绘画的时代方面，北京故宫博物院的早期藏品反映了各个历史时期的绘画面貌，特别是东晋顾恺之的两件北宋摹本《列女图》卷和《洛神赋图》卷真实地反映了汉魏六朝时期的绘画风格。就唐、五代、两宋绘画而言，台北故宫博物院在数量上较北京故宫要多，但北京故宫博物院元代绘画众多的收藏量和完善的品质堪称世界之冠。就宋代绘画而言，台北故宫博物院的山水画珍品多于北京故宫博物院，但北京故宫博物院的人物画珍品则占有重要地位。北京故宫博物院绘画藏品种类较全面，除卷轴画外，还藏有版画、年画、清宫油画、玻璃画、屏风画、贴落等，这些是台北故宫博物院所缺乏的。此外北京故宫博物院还有10件唐宋壁画、7件唐五代敦煌纸绢画、1铺元代大幅壁画等。北京故宫博物院庋藏的明清大幅宫廷书画也是台北故宫博物院所缺少的，因为这些在文物南迁时有一定运输难度。由于台北故宫博物院主要接收的是清宫旧藏历代书画，而18世纪、19世纪的"扬州八怪""京江画派",清初的"金陵诸家""四僧"等许多流派的绘画和书法为清宫所缺,如今已是国之重宝。北京故宫博物院于20世纪60年代初已将上述几个时期书画收藏齐备。在书法方面,台北故宫博物院的收藏量和品质不如北京故宫博物院。北京故宫博物院有4万多通明清尺牍,其中蕴含着巨大的文献价值和艺术价值,远胜台北故宫博物院在这方面的收藏。在碑帖方面,北京故宫博物院的碑帖善本占全国大多数。目前尚没有见到文物南迁中有关碑帖的记录。

2. 陶瓷类文物

北京故宫博物院有35万件,一级品1100多件,二级品约5.6万件,还有20世纪以来在全国110多个窑口所采集的3万余片陶瓷标本。台北故宫博物院有25248件清宫旧藏瓷器,宋代五大名窑瓷器及明代官窑瓷器收藏均占优势,著名的清代康雍乾三朝珐琅彩瓷器绝大多数都藏在台北故宫博物院。但北京故宫博物院的收藏数量是台北故宫博物院无法比拟的,特别是在新石器时代彩陶、三国两晋南北朝隋唐五代瓷器、清代嘉庆至宣统官窑瓷器、历代民窑瓷器以及古陶瓷窑址标本、实物资料收藏方面,北京故宫博物院均占有明显优势。北京故宫博物院在历代官窑瓷器收藏方面,无论数量还是质量,也都相当可观,不容忽视。在古陶瓷收藏方面,两岸故宫博物院各有千秋。

3. 青铜器方面

北京故宫博物院藏历代铜器1.5万余件,其中先秦青铜器约1万件,有铭文的1600余件,这三个数量均占中外传世与出土数量总和的1/10以上,是国内外收藏中国青铜器数量最多的博物馆。另外有历代货币1万余枚、铜镜4000面、印押1万余件。台北故宫博物院收藏有5615件青铜器,先秦有铭文的约500件。两岸故宫青铜器都以传世品为主,台北故宫博物院藏品的总量和精品数量都较少,但毛公鼎、散氏盘、宗周钟等重器则十分有名。

4. 工艺类藏品方面

北京故宫博物院藏有玉器28461件，数量上多于台北故宫博物院的11445件，而且又征集了考古发掘出土的珍贵玉器数百件，其中安徽凌家滩遗址与六安杨公乡战国墓出土的一些玉器，为世所罕见，目前仅北京故宫博物院有收藏。另外，北京故宫博物院的"大禹治水"玉山重逾万斤，还有重量数千斤的几件玉山，是台北故宫博物院所不能及的。漆器、珐琅、玻璃、金银器、竹木牙角雕刻，以及笔墨纸砚等"杂项"，台北故宫博物院总计7605件，北京故宫博物院则有101355件。漆器总体上台北故宫博物院精品较少；金属珐琅器，两岸所藏特点相近，但北京故宫博物院的一些大型金属珐琅制品则是台北故宫博物院所没有的；从台北故宫博物院出版的有关如意、文玩等出版物所选文物看，其工艺水平明显逊于北京故宫博物院藏品。另外，北京故宫博物院还藏盆景1442件，匏器590件，而台北故宫博物院无此类收藏。

5. 宫廷类文物收藏

北京故宫博物院具极大优势，从代表皇权的典制文物到皇家日常生活用品文物，无所不藏。例如清代玉玺"二十五宝"、卤簿仪仗等为台北故宫博物院所无，帝后冠服也最为齐全；反映清代科技发展水平以及中外文化交流的天文仪器、钟表亦为北京故宫博物院特藏。清代皇帝稽古右文，重视文玩鉴赏，其鉴赏所用的印章，绝大部分藏在北京故宫博物院。清代皇家信仰多种宗教，以本民族传统的萨满教、道教与藏传佛教为主。北京故宫博物院收藏有大量萨满教与藏传佛教的法器、祭器、造像、唐卡等，还完整地保持了宫廷中一些藏传佛教及道教殿堂的原状。

6. 图书典籍方面

台北故宫博物院所藏图书版本时代早（宋、元、明版较多）、卷帙完整、书品好者居多，如文渊阁《四库全书》、摛藻堂《四库全书荟要》《宛委别藏》及部分《天禄琳琅》藏书等，多是独有的巨帙或孤善之品，相当珍贵。北京故宫博物院所存数量不多的宋元版书多已拨交国家图书馆，但现存的明清抄、刻本，品种、数量众多，包括内府修书各馆在编纂过程中产生的稿本，呈请皇帝御览、待刻之书的定本，从未发刻的清代满、蒙、汉文典籍，为便于皇帝阅览或携带而重抄的各式书册，以及为宫内外殿堂陈设而特制的各种赏玩性书册。此外还有翰林学士、词臣自撰的未刊行书籍，各地藏书家进呈之书，一大批宫中戏本和档案，帝后服饰和器物小样、"样式雷"建筑图样、舆图等特藏文献等等，以上共约19.5万册（件）。另有20余万块精美的武英殿"殿本"的原刻书版。这些构成了北京故宫博物院善本特藏的特色。

北京故宫博物院的藏品，除了所存旧藏外，有近1/5是新中国成立以来在中央政府的直接领导和各省市积极支持下征集、购买的散佚清宫文物及社会各界人士的捐赠。中华人民共和国成立初期，国家就毅然花50多万港币从香港买回著名的"三希"中的"两希"——《伯远帖》和《中秋帖》。当时中国台湾也想买，但经费没有落实，他们至今引为憾事。迄今为止，先后有600多人向北京故宫捐献文物。毛主席三次将友人送自己的文物转送故宫保存。张伯驹、朱翼庵、孙瀛洲等人的无私捐赠，彪炳千秋。新征集的文物，许多在价值上比清宫旧藏毫不逊色。这使故宫很快成为名副其实的中国历代文化艺术的巨大宝库，成为最有代表性的中华文明的象征。

由于多种原因，许多人对北京故宫博物院文物藏品状况不很清楚，有人以为好东西都到了中国台湾，有的甚至说："台北有文物没有故宫，北京有故宫没有文物。"这显然是误解。当然，文物自有其本身的艺术价值和历史价值，是不可以互相替代的。两岸故宫博物院的收藏本来就是一个整体，有着很强的互补性，只有从整体上来看待，才能全面地认识中华文化的源远流长和丰富多彩。

（原载《光明日报》，2005年1月14日）

两岸故宫　同根同源

　　海峡两岸有两个故宫博物院，其院中藏品都来自清宫旧藏，同根同源。北京故宫博物院经过7年认真细致的清点，完成了故宫博物院历史上第五次藏品清理工作，可以确认，北京故宫博物院现有文物藏品180余万件。其中，清宫旧藏和遗存，占藏品总数的86%以上。台北故宫博物院现有文物藏品65万件，清宫旧藏及遗存占92%。正是这个原因，海峡两岸远隔千山万水，都冠名为故宫博物院。

　　2003年，我们提出"故宫学"，它是以故宫极其丰富的收藏为研究对象的一门学科。故宫学研究，主要包括紫禁城宫殿建筑群、文物典藏、宫廷历史文化遗存、明清档案、清宫典籍以及故宫博物院历史6个方面，有着丰富深邃的学科内涵。故宫文化，是以皇帝、皇权、皇宫为核心的皇家文化。从反映皇家文化的特点来划分，故宫学有狭义、广义之分。狭义的故宫学是一门知识和学问的集合，广义的故宫学则是人文科学的一门独立学科。

　　从故宫学的视野来看故宫与故宫文物，就能认识到故宫文化的经典性。从物质层面看，故宫只是一座古建筑群，但它不是一般的古建筑群，而是皇宫。中国历来讲究器以载道，故宫及其皇家收藏，凝聚了传统的，特别是辉煌时期的中国文化，是几千年中国的器用典章、国家制度、意识形态、科学技术，以及学术、艺术等积累的结晶，既是中国传统文化精神的物质载体，也成为中国传统文化最有代表性的象征物。

2009年2月14日，台北故宫博物院周功鑫院长一行访问我院，开启了海峡两岸故宫直接交流的大门，这也是两岸故宫博物院院长的第一次相聚。故宫博物院历史是两院的共同财富。一脉同出的藏品，也决定了我们之间比其他博物馆更亲密、更直接的关系。3月1日，我率团回访了台北故宫博物院，两年来，两岸故宫合作交流不断深入、扩大，成果丰硕。

两岸故宫博物院，藏品互补性很强，只有把它们作为一个整体来看待，才能全面认识中华文明的源远流长、灿烂辉煌和一脉相承。但是，长期以来，两岸故宫博物院的文物藏品，并未为人们所广泛了解和认识，许多只知其一，不知其二，甚至于有不少误解。至于两岸故宫博物院所藏文物精品的价值、这些文物精品流传有绪的非凡经历，以及每一件珍贵文物背后的坎坷变故和传奇故事，更是鲜为人知。

向斯先生任职北京故宫博物院近30年，为人笃实，为学勤奋，常有新作问世。而于故宫博物院的历史与掌故，亦颇多钩稽。闻其近作《珠联璧合——两岸故宫文物故事》即将付梓，以记海峡两岸故宫文物渊源与交流之事，为之祝贺，特赘此数语，权且当序。

（《珠联璧合——两岸故宫文物故事》序言，华艺出版社，2011年）

推荐《故宫文物避寇记》

在对故宫博物院成立以来所存档案有所了解后，我认定这是一座储藏丰富的宝库。那泛黄的卷宗挟藏着时代的风云，印记着过往的岁月。而不久前在此发现的存藏近60年的欧阳道达先生的《故宫文物避寇记》初稿，就使我既惊又喜。

欧阳道达先生为故宫博物院的前辈人物，在文物南迁后，一直承担着守护文物的重任。南迁文物首先存贮上海，1934年成立故宫博物院驻沪办事处，主任即为欧阳道达先生；后文物西迁入川，分存于乐山、峨眉、巴县，其中保管文物最多的是乐山，有9331箱，乐山办事处主任还是欧阳先生；从抗战胜利一直到20世纪50年代，欧阳先生又负责南京分院的工作。1949年4月26日，中共中央宣传部电告中共中央华东局、第三野战军政治部，命欧阳道达先生保护国立北平故宫博物院南京分院的文物。欧阳先生亦不负厚望，完整地保存了这批文物瑰宝。

我们感谢欧阳道达先生在故宫文物保护上的付出和贡献，我们更感谢他为后人留下了这部长达8万字的记述文物南迁历程的书稿。

与中华民族命运联结在一起的故宫博物院文物南迁，其中的曲折、艰辛乃至种种秘辛，一直吸引世人的关注及好奇。但遗憾的是，全面地、准确地记述南迁的书籍却甚少。中国台湾出过杭立武先生的《中华文物播迁记》，重点在文物迁台上；那志良先生在《典守故宫国宝七十年》中，主要叙述南迁时自己的工作及感受；北京故宫博物院与台北故宫博物院也有"院史"类书籍，对此皆是梗概式的，太过简略。比较起来，欧阳道达先生的书稿则填补了这个空白，是笔者迄今所见记述文物南迁的一部最好的史料性作品。

当年故宫文物南迁，是迁到南方，后在南京建了库房，抗日战争全面爆发后，又有了"西迁"或称"疏散"。但相对于北平故宫博物院来说，都算在南方。现在人们所说的文物南迁，一般统指故宫文物在南方包括"西迁"的整个时期。《故宫文物避寇记》，全面记述这10多年间文物南迁的历程，除过序言，又分阶段回顾"记南迁""记西迁""记东归""记收复京库"，脉络清晰，层次分明，详略得当，语言简朴，人们读完后对故宫文物颠沛流离的过程会有一个完整的印象。

欧阳道达先生亲自参与了整个文物南迁的过程，书稿中既有大事件的粗线条勾勒，又提供了许多鲜为人知的细节，对于研究文物南迁史十分重要。例如，当年故宫文物装箱的编号标识，馆处各不同，作者指出其中存在的体例稍有失当之处以及其他特殊情形，并强调"须记述者五事"：

一、文献馆箱件虽亦于大别中分小别与其他馆处同，但顺序编号只以大别之字（文）贯彻首尾，不同于其他馆处而以小别之字各自为分别编号起讫。

二、文献馆南迁箱数实为三七七三，而编号讫于三八六八，是因中间自三〇四六至三一四一之九五号当日未曾引用，致实际箱号有间断而非顺序连续。

三、甲字瓷器四百箱，丙字杂项（各式墨）六箱，初虽由古物馆编号，但迁沪后仍归前秘书处编册。是以物甲与物丙之四〇六箱，论编号标识，乃系属古物馆，而选迁责任始终归前秘书处。

四、前秘书处之皇字第二〇一号箱，因装车时撞伤，退回本院而未南迁，是以南迁文物之皇字实际箱数为七六三，而顺序编号则讫七六四。

五、南迁文物清册，馆处分编。其编例以分批按箱为纲，汇列点查字号、文物品名及件数为目，并按箱总计件数、分批总计箱数。除前秘书处所编者，以校勘未周，迄今仍保存稿本及油印复本外，余如三馆所编，则皆有铅印本问世。

作者特别提出：

此五事，皆馆处当日筹备移运工作中参伍错综情况，事久或可淡忘，爰特记之。

此类记载不少，亦易为人所忽略，从中可见先生的有心。

本书篇幅不算长，但内容极为丰富，对四川各个库房存贮文物的具体介绍及文物运输过程中运载车辆、途中意外、文物受损等都有明确记述。例如东归文物的三次覆车、两次淋雨、一次肩运失坠以及受损情况，一一说明。在冷静的述说中，仍可感受到作者与故宫同人视文物国宝为生命，不辞劳苦、死而后已的崇高精神。

1949年4月7日，故宫博物院院长马衡在对南京分院的一份批示上说：

文物南迁及抗战西迁始末，应及早汇集资料，从事编辑。

欧阳道达先生1950年8月完成的这部书稿，大概与马衡先生的指示有关。但马院长阅后，做了这样的批示：

此稿为文物播迁史料，似无印行必要，可存卷备查。

这一"存卷"即达59年，使其在重扃密锁中湮没无闻。现在紫禁城出版社要出版此书，对于故宫博物院院史的研究，对于一般读者了解当年文物南迁始末，定大有裨益，故特为推荐。

（原载《紫禁城》，2009年第3期）

史料中的文物南迁

今年是故宫博物院成立85周年，也是中国人民抗日战争胜利65周年。在这具有特殊纪念意义的日子，故宫博物院举办的"故宫文物南迁史料展"今天在神武门城楼开幕了！

在抗日战争中，为了避免日寇的劫掠、战火的毁损，故宫博物院的1.3万箱文物精品从1933年迁存于上海、南京，1937年11月又疏散于西南后方，至1947年6月全部东归南京，在后方整整过了10年，辗转颠沛，备尝艰辛，在社会各界积极支持和共同努力下，基本完整地保护了这批中华文明的无价瑰宝。

文化遗产是一个国家和民族文明的积淀和载体，也是人类文明的成果。在第二次世界大战中，反对法西斯侵略的各国都为保护本国的文化遗产做了极大的努力。故宫文物南迁是中国人民抗日战争的有机组成部分，是全民抗战的体现，故宫文物保护的艰难及成就，是"二战"中保护人类文化遗产的壮举和奇迹，是中国人民的伟大贡献。

故宫文物南迁使故宫文物与中华民族的命运联系在一起，与民族独立、民族尊严联系在一起，也为这些珍贵的皇家收藏赋予了不同寻常的意义。保护国宝的精神，今天也正在成为中华民族的精神财富。

为了纪念故宫院史上这段不平凡的历史，今年6月，故宫博物院举办了"温故知新：重走故宫文物南迁路"的活动，台北故宫博物院也派员参加。

现在，我们又搜集有关南迁史料，并择取其中近400份珍稀史料，辅以文物、影像等各种材料，举办了此次"故宫文物南迁史料展"，以铭记中华民族反抗外来侵略者取得最为伟大胜利的这一页历史，也会使我们从中受到感悟和启发。

此次展览得到台北故宫博物院、南京博物院等兄弟单位，以及诸位关心、支持故宫事业发展的领导和同人的大力支持与协作，在此，我谨表示衷心感谢！在展览开幕之际，我还要感谢庄尚严先生的公子庄灵先生为我们无偿提供了家藏珍贵照片，感谢那志良先生的儿媳王淑芳女士捐赠了那志良先生珍藏的有关南迁的史料。

回望过去，我们感动于老一辈故宫人典守国宝的奉献与无畏，执着与顽强。他们的精神，将与被守护的国宝同在，穿越历史，时时呈现于我们眼前，永远鼓励我们，为保护传承民族文化遗产做出新的贡献！

（2010年9月25日在"故宫文物南迁史料展"开幕式上的讲话）

七年文物清理路

　　历时7年之久的故宫博物院藏品清理工作终于圆满结束了。经过清理，故宫博物院藏品总数达到了1807558件，其中珍贵文物1684490件、一般文物115491件、标本7577件。这是故宫博物院自建院以来在藏品数量上第一个全面而科学的数字，标志着故宫博物院的藏品管理工作进入一个历史性的新阶段。

　　文物藏品是博物馆赖以存在的必备条件，是博物馆开展各项业务活动的物质基础。只有彻底弄清博物馆藏品的种类和确切数量，才能有效地实施保护，才能对它的内涵、特点以及价值有更为全面、准确的认识，也才能对它进行更为深入的研究和挖掘。这是博物馆的基础工作，是实现博物馆科学管理的前提。作为全国藏品最为丰富的博物馆，彻底弄清藏品的家底，是几代故宫人持续为之努力的一项工作。1934年，马衡院长在呈行政院及本院理事会的报告中即曾明确提出，藏品整理"非有根本改进之决心，难树永久不拔之基础"。所以，在故宫博物院的历史上，只要工作秩序正常，这种清理就一直未停止过。在此次清理之前，自建院以来，故宫博物院已经进行过4次大规模的清理，而且每次都持续在10年左右。

　　2003年10月，我们提出了故宫学的学术概念，主张对故宫及其丰富的历史文化内涵进行深入、全面的发掘。从故宫学的角度看待故宫，我们对故宫的价值有了更加充分的认识，不仅意识到故宫古建筑、宫廷文物珍藏的重要价值，而且看到了宫廷历史遗存也有着同样重要的意义。在故宫学的影响下，我们对文化遗产概念的理解逐步深化，文物保护观念有了新的变化，认识到原来众多不被重视的宫廷遗物无疑具有一定的文物价值，是反映宫廷历史文化某些方面的实物见证。同时，故宫学所体现出的故宫博物院对传承弘扬中华文明的强烈责任感、使命感，也要求我们更加自觉地对故宫进行全面的保护。可以说，这次藏品清理是在文物认识视野不断开阔并日益取得共识的基础上，是在故宫学理念的指导下具体进行的。当然，这次藏品清理也是故宫学自身深入发展的需要，对故宫学研究必将起到有力的推动作用。

先进的文物工作理念必然会极大地促进工作的开展。这次清理我们不仅将过去从未进行系统整理过，如13万件清代钱币、2万余件帝后书画等进行了系统整理，而且对所有资料藏品进行了重新的鉴定、研究，完成了共计180122件资料藏品的提升工作。新提升的文物中，如织绣类文物里有来源于"文革"时期从北京房山上方山、云居寺中收缴的数千件经书的封面，它们绝大多数是纪年准确的明代织物，且品类众多，织工精细，纹样精美，保存完好。这在全国博物馆同类藏品中也十分罕见和难得，对于研究明代丝织品具有重要意义。又如888件盔头、鞋靴，过去未当作文物管理，从戏曲演出看，盔头和鞋靴与身上的戏衣一样，都是传统戏装"行头"的有机组成部分，同样具有历史价值，这次列入了文物。另外，图书馆所辖大量的古籍善本特藏、20万余件书版，古建部所辖大量建筑构件、"样式雷"烫样等也首次纳入文物账进行管理。

正是在故宫学整体保护、全面保护理念的指导下，这次藏品清理不只完成了摸清家底、账物相符的任务，而且与加强藏品的科学管理、安全管理等工作结合起来，使藏品管理水平得到很大的提高。7年以来，故宫博物院的藏品信息化管理日渐成熟，藏品库房整体面貌发生了重大的变化，部分藏品得到了及时的修复与抢救。同时，从这次清理工作开始，故宫博物院即着眼于探索、完善藏品管理新体制，设立了业务职能部门——文物管理处。在院领导的统一领导下，逐步实现了账物分开，推行藏品库房不定期抽查制度，开展了长年外借藏品的清理和催还，规范了人员入库和观摩藏品等各项规章制度。这些新举措在我院的藏品管理工作中，查遗补缺，堵塞漏洞，取得了显著的成效。

故宫博物院丰富的藏品是中华民族珍贵的文化遗产，也是全人类共同的财产。故宫博物院代表国家进行保管，对其进行妥善的保护与研究，是故宫博物院对国家、对民族应该承担的责任。通过这次清理，我们向国家，也向全世界交出了一份合格的财产账。今后，故宫博物院的藏品管理主要将转入带有研究性质的编目工作，并将以更加开放的姿态，继续编印《故宫博物院藏品总目》《故宫博物院藏品大系》等清理成果，向社会刊行，为院内外乃至海内外的故宫学研究者提供便利，同时接受来自社会各方面的监督，真正担负起保护传承和发扬中华优秀文化的重任。

所有成绩的取得离不开诸位同志的辛苦努力。整理工作是繁重而琐细的，不但需要付出极大的体力，而且需要有极为认真、细致的工作态度。没有兢兢业业的敬业精神，没有对故宫的深厚感情和主人翁责任感，就不可能像这样数年如一日，投身于这项艰苦的工作。这种严谨认真、甘于奉献的精神其实正是我们所倡导的"故宫精神"，是"故宫精神"在具体工作中的生动体现。"故宫精神"是故宫博物院的精神，它是一代又一代故宫人在85年的岁月中磨炼积累并逐渐形成的可贵品质。现在，故宫博物院正处在继往开来的关键时刻，故宫的事业要继续大发展、大繁荣，必定离不开这种精神。希望大家继续传承、发扬这种可贵的精神，为故宫博物院实现保护好民族瑰宝并迈向世界一流博物馆的目标做出更大的贡献。

（2010年12月28日在"故宫博物院七年藏品清理表彰会"上的讲话）

有多少国宝流传宫外

一 国宝流失概况

一直珍藏于历代皇宫中的宫廷珍宝、书籍，是中国传统社会文明发展、演进的产物，它是中华民族物质与精神生活的凝结和传承。

中国历代宫廷流传下来的文物，琳琅满目，精美绝伦，代表着当时先进的文化科技水平。文物中的精品，人们称之为国宝。文物是古代遗留下来的，具有历史、科学和艺术价值的实物，其最大特点就是不可再造。国宝是文物中的精华，是世间的无价之宝，它是一个民族智慧和科技的结晶，是一定时期科学和文化水平的直接物证，是全民族的共同财富。

中国有多少国宝流传海外？有多少皇宫珍籍流传宫外？

这是萦绕在每一个国人心头的沉重话题，话题虽然沉重，但必须面对。

根据有关统计，中国有160余万件国宝级的珍贵文物流传海外，被世界各地的200余家博物馆收藏。英法联军洗劫圆明园，八国联军进入北京，大肆掠夺，许多珍贵的文物流入英、法、美等国，成为各国博物馆引以为豪的经典收藏。

日本拥有1000余座大小博物馆，这些博物馆收藏着大量的中国历代文物，数量应该在数十万件以上，其中珍品、孤品不计其数。东京国立博物馆是日本最大的国家博物馆，收藏着历代的文物珍品，藏品多达9万余件。其中，中国珍贵文物就有1万余件。这些文物，包括玉器、陶器、瓷器、书画、古籍等等，书画名品有李迪《红白芙蓉图》、马远《寒江独钓图》、梁楷《李白行吟图》及《雪景山水图》等。

分散在五湖四海私人手中的中国珍贵文物的数量，实在无法统计，有人估计，应该在1000万件以上。这是一个惊人的数字，这惊人数字的背后，却隐藏着每一件稀世之宝的传奇故事和一个民族多灾多难的悲痛历史。这些文物，虽然在中国5000年不曾中断的文明历史长河之中，只是沧海一粟，只是一个闪耀着智慧光芒的瞬间，但每一件文物所承载的历史、文化、科技分量都是独一无二的，具有独特的历史地位和文化价值。

大约有数十万件以上的皇宫旧藏国宝，流传宫外。

流失海外的中国古代名画，有2万余件。其中，唐代卷轴画20余幅，宋代卷轴画200余幅，元代画近200幅，明代画约8000幅，清代画约12000幅。按照流失海外的地区划分，美洲、欧洲和亚洲的日本各占1/3。美洲主要是美国和加拿大，欧洲则主要是当年来到中国大肆掠夺的英国、法国、德国、俄国、意大利、奥地利等国。

这些中国的国宝，绝大多数都是在那个任人宰割的年代被侵略者强行抢夺的。他们掠夺的文物，主要是1860年英法联军洗劫圆明园、1900年八国联军掠夺北京，以及盗窃龙门石窟、敦煌藏经洞等地的珍贵藏品。

二　第二次鸦片战争和八国联军侵华时期国宝流失情况

流失和流传宫外的皇宫国宝，是一段沉痛历史的见证。其中，珍贵书籍是极其重要的一部分。

清咸丰十年（1860年），英法联军入侵北京，洗劫圆明园，掠夺园中珍贵文物不计其数。仅大英博物馆收藏就有2万余件，包括：皇帝御玺、如意、时钟、金塔、玉磬、瓷器、陶器、玉器、漆器、牙雕、珊瑚、琥珀、水晶、朝珠以及乾隆皇帝极其珍爱的高约3尺（约1米）的白色大玉马等珍稀孤品。

清光绪二十六年（1900年），八国联军入侵北京，皇宫珍宝文物再遭浩劫，大量宫廷文物被掠走。据清内务府进奏，掠夺的文物主要包括：碧玉弹子24颗，金钟2座，李廷珪墨1盒，琬琰大屏风4扇，玉马1匹，墨晶珠1串，林凤祥、洪宣娇牙齿1盒等，其他宝物2000余件。

坛庙方面，珍宝文物损失十分严重：北京四坛——天坛、地坛、日坛、月坛镇坛之宝——苍璧、黄琮、赤璋、白琥不幸丢失；损失的珍宝也很惊人，主要包括：天坛1148件、社稷坛168件、嵩祝寺金像3000尊、铜佛5万座等。

荣禄进奏：皇史宬所存虎纽银印34颗，全部丢失；所藏珍贵的皇室家谱，也损失不少：满、蒙、汉文《实录》及《圣训》丢失51函235卷。

皇宫典籍方面，也是损失惨重：四库书籍47506册，《丙夜乙览》135册，《玉牒》原稿本76册，《清穆宗实录》74册，《光绪起居注》45册，《光绪御翰》8册，《历圣翰墨真迹》31册，《历圣图像》4轴，《皇华一览》4册，《满洲碑碣》6册，《宁寿鉴古》18册，《发逆歼灭实录》48册，《历代帝王后妃图像》120轴，《长白龙兴纪念》4册，《发逆玺印》1册，《慈禧御笔光绪御容》1帧。

中国古籍方面，美国收藏最为丰富。全美收藏着中国古籍善本大约有3000种，家谱多达2000余种，仅美国国会图书馆就收藏中国地方志4000多种。据《柏克莱加州大学东亚图书馆中文古籍善本书志》记载，美国加利福尼亚大学东亚图书馆收藏中国善本书籍800余种11000

余册。其他各大图书馆，也有数量不等的收藏：芝加哥大学东亚图书馆，收藏中国善本394种14059卷，包括十分珍贵的敦煌卷子抄本3卷。哥伦比亚大学斯塔尔东亚图书馆，收藏中国家谱1500余种。康奈尔大学沃森藏书室，收藏中国珍本11300余册，包括极其珍贵的明本《永乐大典》1册。普林斯顿大学葛思德东方图书馆和东亚藏书室，收藏中国珍稀的宋本3种、元本4种、明本佛经1284种，包括著名的《碛砂藏》。还有哈佛大学燕京图书馆、耶鲁大学东亚藏书室等处都有不同数量的中文收藏。

英国收藏着大量的中国宫廷文物，中国珍贵古书也是其中的重要藏品。英法联军掠夺圆明园以后，英军将部分抢夺的珍贵文物进献给当时在位的维多利亚女王，女王将这批文物存放在大英博物馆。馆中700万件藏品，大多是掠夺来的世界各国珍贵文物。中国文物大约2万件，包括敦煌盗宝第一人的斯坦因盗取的大批敦煌古书和其他文物。大英图书馆收藏有中国珍贵古籍6万多种，其中，包括十分珍稀的甲骨文、竹简、敦煌藏经，还有他们视为极品珍藏的中国波罗蜜多经卷的最早版本、明本《永乐大典》4卷和稀见舆图等等。

法国是掠夺圆明园文物的另一个主要国家，收藏圆明园珍贵文物最多、最好的博物馆即称为蓝色之泉的枫丹白露宫。1860年，英法联军取得空前"大捷"，洗劫了万园之园的圆明园。满载而归的侵华法军司令孟托邦得意扬扬，将部分抢劫来的战利品，敬献给自负的拿破仑三世和欧仁妮皇后。面对士兵们掠夺来的中国圆明园的精美文物，皇后喜不自胜，吩咐特建中国馆，收藏这些稀世之珍。中国馆收藏极其丰富，涉及书画、首饰、金器、银器、书籍、瓷器、玉石、香炉、编钟等等方面，大多是稀有珍品。中国馆的珍藏和展览，可以说是中国圆明园在法国的部分再现。

法国国家图书馆是法国国家级最大的图书馆，收藏着十分丰富的东方图书，特别是中国古籍，藏品时代之早、品相之精、器物之美，都是别的图书馆无法相比的。包括：东晋绢写本《十诵比丘戒本》，沙门弘文手书诵读本（406年）；北魏绢写本《佛说无量寿经》卷下（471年），康僧铠译；北魏宣武帝延昌三年（514年）写本《成实论》，敦煌镇典经师令狐崇哲法海寺手写；北魏普泰二年（532年）写本《大智第二十六品释论竟》，鸠摩罗什译，东阳王元荣造；梁天监十八年（519年）写本《出家人受菩萨戒法卷第一》，戴萌桐书；陈宣帝太建八年（576年）写本《佛说生经第一》，洛阳白马寺慧湛造；隋开皇九年（589年）写本《大楼炭经卷第三》，法立、法炬译，上书"皇后为法界众生敬造一切经"；唐代精绣本，黄丝绢绣于蓝绢上的丝绣本《佛说斋法清静经》；唐代精写本，《妙法莲华经卷七品第二十五佛说观世音经》，蓝笺，泥金书，鸠摩罗什译；唐写本金字藏经《添品妙法莲华经序品第一》、黑地金字《金刚般若波罗蜜经》、墨笔泥金三行间书的《普贤菩萨行愿王经》，明万历九年（1581年）刻本《大方广佛华严经普贤行愿品》。以及大量珍稀舆图《大清万年一统地理全图》《黄河地区全图》《重庆府渝城图》等。这里也收藏着丰富的圆明园文物，包括清宫廷画师沈源、唐岱精绘的绢本《圆明园四十景图咏》，宫廷画师沈源、孙祜精刻的木刻本《圆明园四十景诗》，以及宫廷画师郎世宁所画《格登鄂拉斫营》战图，宫廷画师伊兰泰精绘的海晏堂等西洋楼铜版画20幅，等等。

当然，除过绝大多数为战争劫掠外，也有一些中国文物或典籍是通过多种渠道流失海外，有些还是文化交流的见证。例如，美国国会图书馆就在同治八年（1869年）收到当时清廷书籍，这是应美国政府要求回赠的书籍，为10种933册；美国耶鲁大学、哥伦比亚大学等都曾获得清政府的赠书。

三　清帝退位后国宝流失情况

清宣统三年十二月二十五日（1912年2月12日），隆裕皇太后率年幼的皇帝溥仪来到养心殿，正式发布清帝退位诏书，大清王朝宣告结束。根据《关于大清皇帝辞位后优待之条件》，逊帝溥仪和他的后妃们，依然居住在紫禁城北部，过着小朝廷的生活，前后约13年。在这期间，溥仪以赏赐为名，大量盗窃宫中珍稀的书籍、珍宝文物，包括：珍贵书籍502函210部；字画手卷1285件，珍贵册页68件，稀见印章45颗，皮包14件。这210部书籍，包括宋版199部，元版10部，明抄本1部。其中，有特别珍贵的御题宋版书5部：《易传》《三礼图》《尚书详节》《班马字类》《唐陆宣公集》。

1925年10月10日，故宫博物院成立，随后建立三大馆：古物馆、图书馆、文献馆，掌管着故宫的文物珍藏。古物馆收藏着清宫遗留下的古物珍宝约100万件，图书馆接收了宫廷古籍图书约50万册，文献馆收存着宫廷文献档案近千万件。这些珍贵的古物、图书、文献，都是中华民族数千年积累下来的民族智慧的结晶，每一件都是价值连城的珍稀文化遗产。

20世纪30年代，因为日寇入侵，故宫博物院大量精品文物装箱南迁，辗转数千里，历时10余年，其中，一部分运往中国台湾。台湾于1965年建立台北故宫博物院。这批运台文物，共计2972箱，其中，珍贵书籍近16万册。

1949年以后，故宫博物院先后10余次，将20余万册宫中古书拨给北京图书馆、档案馆、中国科学院、部分省市图书馆和大学图书馆。

明清紫禁城在491年时间里，先后有24位皇帝在此居住，也是历代珍宝文物的集中之所。因为内盗、赏赐等原因，许多珍贵文物流出宫外。特别是清末时期，内忧外患，因为侵略者的抢劫、逊帝溥仪的盗运出宫和20世纪30年代的文物南迁，以及1949年以后大量珍贵图书外拨，导致大量皇宫珍宝和宫廷秘笈流传宫外。

四 关于《故宫国宝宫外流失秘笈》

故宫文物的宫外流失，是需要认真探索的一个问题，也是一个复杂的研究课题。

《故宫国宝宫外流失秘笈》是一部研究清宫典籍流失的著作，是作者向斯在故宫博物院多年积累的研究成果，也是作者3年前申报的故宫博物院研究课题。作者查阅了大量的档案、史料，进行了细致的调查考察，历时3年，完成了这个课题。

全书约30万字，仔细审读，感觉有三大特点：一是较为系统、完整，脉络清晰。作者对清宫珍本的收藏、传承和流失经过以及宫廷版本特色，研究较透彻，叙述较为清楚。二是史料丰富。作者使用了大量的历史档案，查阅了许多史料、笔记，较为真实地复原了那段沉痛的历史。三是行文严谨，字里行间也透出作者对民族文化的深切情怀。可以看出，该书不是一般的考证类书籍，其对宫廷典籍流失宫外的痛惜之心，会令所有关心中国文化史的人产生共鸣。

当然，这个课题较大，涉及的内容较多，每一件流失的国宝、典籍都可以作为一个课题再做深入的调研，查清其来龙去脉。希望作者继续努力，取得更多成果。也寄希望海内外学人，更多地关注中国传统文化，进一步开展故宫学的研究，推进故宫学的发展。

（《故宫国宝宫外流失秘笈》序言，中国书店，2007年）

伤痛与欣慰

辽宁省博物馆在我国地方博物馆中占有重要地位，它收藏的一批清宫散佚书画一直为世所注目。今年是该馆建立55周年，又值盼望已久的新馆落成，还适值对清宫散佚书画征集付出大量心血、在文博界很有影响的杨仁恺先生90华诞，喜事接踵，遂推出"清宫散佚书画国宝特展"这一颇具特色的纪念活动，这是值得庆贺的一件盛事，在博物馆界及书画界一定会引起强烈的反响。

说到清宫书画的散佚，这是一个沉重的话题，也是中国文化史上令人伤痛的一页。

中国书法绘画源远流长，充分反映了中华民族的审美观念、思维特点，是最能体现中国传统文化的艺术形式。清代皇宫既承袭了宋、元、明内府的收藏，又重视搜集流散的书画，至乾隆朝，搜罗的书画十分丰富。这些藏品大多编入《石渠宝笈》和《秘殿珠林》，计数万件之多。但随着国势的衰微、列强的侵略及政治上的混乱，这些秘藏在近代以来曾遭到三次大的劫掠和外盗：第一次是1860年的第二次鸦片战争，英法联军入京，将圆明园洗劫一空，存世名作如晋顾恺之《女史箴图》卷（唐摹本）等被劫往伦敦。第二次是1900年的庚子事变，八国联军侵占北京，进入紫禁城及"三海"，宫内书画再次遭到劫夺，损失更为严重。第三次是1911年辛亥革命后至1924年11月逊帝溥仪暂居故宫"内廷"时期，建福宫一场大火，据小朝廷"内务府"称，仅字画就烧毁1157件，而以赏赐溥杰名义盗运出去的珍贵书画则有1200多件，清室善后委员会曾编印为《故宫已佚书画目》公之于世。这些书画后辗转流散东北，辽宁省博物馆收藏的就是其中一部分。20世纪40年代末，蒋介石政权在大陆溃灭前夕，又把故宫博物院南迁文物中的2972箱文物运往台湾，其中包括一批相当珍贵的书画精品。

当历史翻开了新的一页，故宫博物院在新生的人民政权领导下步入了一个新的发展时期。蒋介石可以运走故宫的部分珍藏，却运不走故宫。故宫已成了中华文明的载体和象征。为了恢复故宫历史上曾有过的盛况，使故宫成为门类齐全的中国历代艺术品的宝库，政府对充实故宫藏品十分重视，采取了许多措施，进行了坚持不懈的努力。现在故宫博物院藏早期书画（元代以上），大约2/3是清宫旧藏和从清宫散佚出去又重新回宫的。这既有20世纪30年代鉴定中被误判的一些真品，如宋徽宗《听琴图》、马麟《层叠冰绡图》等；又有文物南迁时错置乱放而遗留下来的珍品，如元倪瓒《幽涧寒松图》等；还有清末太监欲盗走而未遂的，如唐代卢楞伽《六尊者像册》《法书大观册》等。1952年文化部专门发出了在全国范围内收回故宫文物的通知，这一有力措施使相当一部分流失的包括书画在内的文物得以回宫。国家又通过征收、调拨，加上一批社会贤达的无私捐赠以及故宫向社会收购，构成了故宫博物院早期书画的基本收藏。近10多年，故宫又通过拍卖渠道购进了一些早期书画。

正是从建成中国历代艺术宝库的宗旨出发，故宫博物院的书画征集当然不囿于原清宫旧藏。皇宫不可能搜罗完天下的好书画。近200多年来辗转在私人收藏者手里的古今巨迹，成了故宫充实藏品的一个目标。清宫重视收藏，但在乾隆皇帝去世后则日趋衰落。因此，18世纪、19世纪的"扬州八怪""京江画派""改、费派""海派"等许多画派的绘画和书法为清宫所缺。清初属于非正统画派的"金陵诸家""四僧""黄山派"等也是乾隆朝不屑于收藏的艺术珍品，如今已是国之重宝。故宫博物院抓住机遇，于20世纪60年代初，已将上述几个时期书画品种收藏齐备。

所谓清宫旧藏书画，一般是指属于《石渠宝笈》《秘殿珠林》著录的历代法书名画，它们确是珍贵的艺术遗产，但却难以完全反映中国艺术众多的门类和发展的风貌。故宫博物院的书画收藏，除过这些种类外，还藏有版画、年画、清宫油画、玻璃画、屏风画、贴落等，还有新中国成立后收藏的10件唐宋壁画、7件唐五代敦煌纸绢画、1铺元代大幅壁画等，另外2万多件清代帝后的书画作品、4万多通明清两代名人尺牍，以及数量上占到全国多半的善本碑帖等，都是相当珍贵而又颇具特色的收藏。

收藏的过程是艰辛的，结果还是令人欣慰的。据初步统计，故宫博物院现共有绘画、壁画、版画、书法尺牍、碑帖等14万余件。据目前所掌握的材料估测，这个收藏量约占世界公立博物馆所藏中国古代书画的1/4，其中1/3具有不同方面的学术价值和欣赏价值。在这当中，有经过严格鉴别的近420件元以前的各类绘画，310件元以前的各类书法。

中国书画艺术是不断传承与发展的奔腾不息的长河。与时代相结合是博物馆保持生机与活力的重要原因。故宫博物院的收藏还把目光投向了现当代。20世纪曾收藏了齐白石、徐悲鸿、傅抱石、董寿平等名家的作品，在2005年10月故宫博物院成立80周年之际，还决定收藏一批当代名家书画，给子孙后代留下各历史时期的艺术珍品，保持故宫书画收藏的历史延续。

提起清宫书画的散佚，我就想到敦煌文献大量被外国人劫掠及在国内的散失。这当然是令人痛心的一件事，但客观上却对敦煌学形成国际性的显学起了推进作用。清宫旧藏，包括书画在内的各类艺术品及档案文献、图书典籍、宫廷用品等，不少国家及国内许多博物馆、档案馆、图书馆都有一些收藏，有些已在整理、研究方面做了不少工作，这也使故宫研究有了一个广泛的基础。我相信，在各方努力下，作为中华传统文化体现的故宫文化的内涵将得到更为深入的挖掘，故宫学研究一定会取得更多的成果。

（原载《中华遗产》，2004年10月）

景仁榜文

　　故宫博物院的收藏以清宫旧藏为主，是中国最为丰富的历代艺术珍品的宝库，是中华古老文明的历史见证，也是人类共享的宝贵文化遗产。故宫珍藏着过去，昭示着未来，鼓舞着中华民族创造更为灿烂的文明。

　　故宫博物院的藏品在不断地增多和充实，与社会各界人士的踊跃捐赠密不可分。自1939年肇始，至2005年2月，已有682人次，将33400多件个人藏品无偿捐给了故宫。在这一串长长的名单中，有国家领导，也有普通民众；有海外侨胞，也有外国友人。每位捐献者几乎都有令人感动的事迹。他们献出的不只是一器一物，更从中体现了爱我中华的仁心义举，展示了天下为公的嘉德懿操。这些捐赠品，不乏国之瑰宝，极大地丰富了故宫的收藏，使故宫的文物品类更为系统和完整。

　　故宫博物院于80周年院庆之际，特在景仁宫专设景仁榜，镌勒捐赠者的名姓，展出他们所捐精品，彰显其事迹，弘扬其精神。高山景行，百世不磨；盛典宏制，千秋永志。捐赠者的队伍将会延续，荣登景仁榜的人士将会络绎不绝。绳其祖武，中华幸甚！

（本文勒于紫禁城内廷景仁宫）

马衡的捐献

众所周知，故宫博物院是在明清故宫（紫禁城）建筑群与宫廷史迹以及明清皇室旧藏文物的基础上建立起来的博物馆，是中国最为丰富的历代艺术珍品宝库，肩负着收藏、研究和展示这些人类共享的宝贵文化遗产的职责。建院80年来，故宫博物院的藏品在原有基础上得以不断充实，这与社会各界人士的踊跃捐赠密不可分。到2005年2月为止，已有682人次，先后将数万件个人藏品捐赠给故宫博物院，其中既有国家领导，也有普通民众，既有海外华人，也有国际友人。他们的捐赠，不乏国之瑰宝，不仅极大地丰富了故宫的收藏，更反映出公众对故宫博物院的信任及对其专业工作的嘉许和信心，而其中传续着捐赠者们的中华民族的文化血脉和人文精神，以及无私奉献的社会意识与责任，在当今社会更显得弥足珍贵，值得子孙万代永远铭记。

有鉴于此，故宫博物院于80周年院庆之际，特将景仁宫辟为"捐赠文物纪念专馆"，设立景仁榜，镌勒捐赠者名姓，陆续展出他们所捐精品，彰显其事迹，弘扬其精神，使观众在欣赏文物之余，也可缅怀他们化私为公的崇高行谊。

马衡先生是我国著名的历史学家、金石学家，也曾先后担任"清室善后委员会"委员，故宫博物院古物馆副馆长、代理院长之职，并于1934年至1952年任故宫博物院院长近20年，经历了新中国成立前后的两个历史时期。先生生前，对故宫博物院的事业可谓殚精竭虑、不辞辛劳,一生奉献,功不可没。不仅如此,先生生前及身后,还将个人珍藏的大量文物捐赠给故宫博物院,如今成为我院藏品的重要组成部分。

今年恰逢马衡先生逝世50周年,为缅怀先生为文物事业奋斗终生的伟绩,弘扬先生捐赠文物的无私精神,特从先生所捐文物中遴选出部分精品,举办"马衡先生捐献文物特展",作为景仁宫这座"故宫博物院捐赠文物纪念专馆"落成后的首次展览,以供广大艺术爱好者和人民群众欣赏、观摩。

在提倡社会主义精神文明建设的今天,仰望前辈高踪,将更加激励起我们的爱国主义热情和为弘扬、振兴民族文化的奋斗精神。我们相信,在21世纪,人们将会更加关心博物馆的建设和发展,更加珍惜和爱护有幸存世的文化遗产。我们希望有更多的社会人士支持故宫。

博物院的事业,使更多的文物精品进入历史殿堂。让我们携起手来,共同促进我国文物博物馆事业的繁荣和发展,愿优秀的华夏文化艺术与精神文明传统发扬光大!

(2005年4月28日在"马衡先生捐献文物特展"开幕式上的致辞)

化私为公　足资楷式

张伯驹先生是我国老一辈文化名人中集收藏、书画、诗词、戏剧于一身的奇才名士，著名爱国民主人士，曾任故宫博物院专门委员，国家文物局鉴定委员会委员，吉林省博物馆副研究员、副馆长，中央文史馆馆员。他一生命运多舛、苦乐兼备，富不骄、贫能安，心怀坦荡超逸，性情慷慨率真，堪为名士典范。特别是他不顾身家性命抢收中华稀世文物，后来又将所藏部分珍贵文物无偿捐献给国家的爱国之举，更体现了一代名士的大德懿行。

20世纪三四十年代，国家积贫积弱，大批祖国历史文化瑰宝和珍稀文物遭受破坏，甚至被盗卖出境。基于强烈的民族爱国热情和对民族文化遗产的沉浸酷爱，张伯驹先生和夫人潘素一起，不惜以祖传和多年积蓄的巨额家财，尽可能多地购藏珍稀国宝，使之不至于流落海外。章诒和女士曾记下了张伯驹先生当年发自肺腑的一段话：

> 不知情者，谓我搜罗唐宋精品，不惜一掷千金，魄力过人。其实，我是历尽辛苦，也不能尽如人意。因为黄金易得，国宝无二。我买它们不是为了钱，是怕它们流入外国。（《往事并不如烟》）

在几经周折购入《平复帖》并捐献国家后，先生释然道：

> 在昔欲阻《照夜白图》出国而未能，此则终了宿愿，亦吾生之一大事。（《春游琐谈·陆士衡平复帖》）

在那个动荡的年代，张伯驹先生以一己之力阻止了许多珍贵文物流往国外，显得尤为悲壮。一件《游春图》使他从豪门巨富变为债台高筑，不得不变卖在弓弦胡同的一处宅院。

张伯驹先生慧眼识宝，所藏书画几乎件件堪称中国艺术史上的璀璨明珠。陆机《平复帖》，是我国传世文物中最早的一件名人手迹；展子虔《游春图》，则为传世最早的一幅独立的山水画，在中国书法、绘画史上，均为开篇述祖之作。其余收藏，如唐杜牧《张好好诗》、唐李白《上阳台帖》，也都是传世孤品；宋黄庭坚《诸上座帖》、赵佶《雪江归棹图》等，都是在我国艺术史上占有独特地位的重要文物。为保护这些珍贵文物，先生费尽波折，早已将生死置之度外。在西迁入秦途中，他将国宝《平复帖》缝入衣被，虽经跋涉离乱，未尝去身。更有甚者，1941年，当遭受非法绑架，被索以300万巨资，并以"撕票"相威胁时，先生仍然关照夫人：宁死魔窟，决不许变卖所藏。这些，都已成为文化艺术界久传不衰的佳话，其遭际为古今收藏家所未有。

对于斥巨资购藏并用心血保护的法书名画，张伯驹先生并不视为一己所有。人生有限，文物永生，以往的收藏家也许有这种认识，将个人收藏视为"烟云过眼"，或认为自己收藏只是"暂时"的。此论自与"子孙永宝"之辈别如天壤，然亦只是个人修养而已。而张伯驹先生自始之初衷就是为国家、为民族而保护这些国宝，看作全民族的文化遗产。先生曾言：

> 予所收蓄不必终予身为予有，但使永存吾土，世传有绪。（《丛碧书画录·序》）

在先生看来，自己所藏首先属于国家、民族，只要国家能留住它们，代代留传，他付出多大代价也在所不惜。所以先生虽与苏东坡等同有"烟云过眼"的感觉，内涵却大有区别。

和每一个收藏家一样，张伯驹先生所收藏的国宝书画最终的归属，一直是他思考的问题。他很早就打算将这些国宝还之于民，什么时候捐赠，捐赠给谁，对他来说无疑是一次政治选择。新中国成立后，张伯驹夫妇积极投身于中华人民共和国成立初期的文化教育事业，和许多民主人士一样对新中国有了深刻的认识和理解，与党和国家领导人建立了深厚的感情，遂将"一生所藏真迹，今日尽数捐献国家"。他的这个选择是经过郑重考虑的，也是经过了时间的考验。1956年，张伯驹夫妇将包括《平复帖》在内的8件书画精品，无偿捐献国家。时任文化部部长沈雁冰为张伯驹颁发了褒奖令，状曰：

> 张伯驹、潘素先生将所藏晋陆机《平复帖》卷、唐杜牧之《张好好诗》卷、宋范仲淹《道服赞》卷、蔡襄《自书诗》册、黄庭坚《草书》卷等珍贵法书共计八件捐献国家，化私为公，足资楷式，特予褒扬。

当国家欲重金奖励之时，先生断然不取分文。其后，先生又将宋杨婕妤《百花图》等捐献给吉林省博物院。这批珍贵文物现已成为国有博物馆的镇馆之宝，为中华民族所共享。先生无私奉献的精神，高山景行，千秋永志。

由于党内极左思潮的影响，张伯驹先生曾经受到不公正的待遇，这些都没有动摇他的爱国信念，特别是他在患难中与周恩来总理、陈毅老总结下的深厚情谊，广为文坛传颂，他也成为中国老一代进步知识分子的爱国典范。

众所周知，故宫博物院是在明清故宫（紫禁城）建筑群与宫廷史迹以及明清皇室旧藏文物的基础上建立起来的博物馆。建院80年来，故宫博物院的藏品在原有基础上得以不断充实，这与社会各界人士的踊跃捐献密不可分，其中就包括了张伯驹先生及夫人潘素女士。这些捐献使故宫博物院的收藏大为增加，而成为世界上收藏最富有的博物馆之一。收藏家无私的奉献精神，其功不可没。

今年恰逢张伯驹先生诞辰110周年，为纪念先生，故宫博物院将联合各界人士举办座谈会，表彰先生崇高的爱国主义和无私奉献精神。在党的十七大刚刚胜利闭幕，全国人民为建设社会主义先进文化而不断奋进的今天，仰望先生高踪，将更加鼓励我们的爱国主义热情，为弘扬和振兴民族文化的奋斗精神。我们相信，在今后的岁月中，人们将会更加关心博物馆的建设和发展，更加珍惜和爱护有幸存世的文化遗产。我们希望有更多的社会人士支持博物馆的事业，使更多的文物精品进入历史殿堂。让我们携起手来，共同促进我国文物博物馆事业的繁荣和发展，愿优秀的华夏文化艺术与中华文明传统发扬光大！

（2008年2月28日在故宫博物院召开的"纪念张伯驹先生诞辰110周年座谈会"上的讲话）

追怀孙瀛洲先生

在2003年初秋之际，"孙瀛洲捐献陶瓷展"开幕了，这是一件可喜可贺的事。

孙瀛洲先生（1893—1966年）是河北冀州人，早年在北京的古玩店当学徒，后独立开办了敦华斋古玩店，成为当时著名的古董商和鉴定家。20世纪50年代，他将家藏3000多件各类文物捐赠给故宫博物院，曾当选第四届全国政协委员。

从某种意义上说，这是一个迟到的展览。因为孙瀛洲先生是在20世纪五六十年代捐献这批文物的，按照国内外博物馆界的通例，对这样一批数量大、品质高的捐赠品，当时就应该举办一次展览，一方面播扬捐赠者之美名，另一方面也与天下同好共赏奇珍。由于历史的原因，今天才得以举办这次展览，也算是虽然迟到但尚感欣慰的弥补吧。

这又是一项恰逢其时的展览。在故宫博物院建院78周年前夕，我们更加缅怀为故宫博物院的创立和发展做出过贡献的前人。在故宫现有的100万件藏品中，有1/5是建院以后入藏的，其中就有相当数量来自私人捐赠。孙先生是捐赠文物数量最多、质量最高的人之一。这些珍品对充实故宫博物院的收藏起到了重要作用。因此，在孙先生诞辰110周年和故宫博物院建院78周年前夕，我们举办"孙瀛洲捐献陶瓷展"，也是一次饮水思源的纪念。

　　孙瀛洲先生的道路是他同时代的一批人共同历程的缩影。从学徒到经营者，从经营者到收藏家，从收藏家再到文物鉴定专家，从文物鉴定专家再成为文物捐赠大家，这是一条自学成才的道路，也是由小我到大公的升华过程，这既具有中国的时代特色，也符合世界文物大家的养成规律。

　　孙先生曾当选第四届全国政协委员，这在与孙先生类似背景的同时代人中是不多见的。这既是政府和社会对孙先生所做贡献的褒举，其实也是对孙先生为代表的一大批人的重视和肯定。

　　孙先生收藏和捐献的文物包括陶瓷、青铜、珐琅、漆木、雕塑、文具等诸多器类，其中尤以陶瓷为主，占2/3以上，包括晋、唐、宋、元、明、清各代名窑珍品。孙先生的鉴定知识也涵盖众多领域，而尤以陶瓷鉴定为最，不仅是公认的明清陶瓷鉴定大家，享有"宣德大王"的美誉，而且还是宋、元陶瓷研究的开创者和奠基人，从院藏陶瓷中鉴别出了过去一直未被认识的汝窑罐盖及多件官窑、哥窑瓷器等稀世珍品。

　　在英文里，"陶瓷"与"中国"是同一个词，反映了中国陶瓷的辉煌历史和重要地位。当代许多外国人认识中国仍然是从包括陶瓷在内的中国文物开始的。陶瓷早已成为并至今仍是中国传统文化的象征之一。唐代千峰翠色的越窑青瓷、类银似雪的邢窑白瓷，宋代汝、定、官、哥、钧五大名窑的名瓷，元、明、清三代景德镇的青花瓷等等，无不在国内外享有盛誉。在孙先生捐赠的2000多件陶瓷中，就不乏宋代官窑盘、官窑葵瓣口洗、哥窑弦纹瓶、哥窑双耳三足炉、汝窑洗、定窑白釉划花葵瓣洗，元代红釉印花云龙纹高足碗，明代永乐青花折枝菊纹折沿盘、宣德青花折枝花纹执壶、成化斗彩三秋杯，清代康熙釉里红加彩折枝花纹水丞、康熙斗彩雉鸡牡丹纹碗、雍正仿成化斗彩洞石花蝶纹盖罐、乾隆粉彩婴戏纹碗、乾隆炉钧釉弦纹瓶等稀世珍品，其中有25件被定为国家一级文物。而且在这些瑰宝中，许多当初就是专门为皇家宫廷烧造的，入藏故宫可谓物得其所，相得益彰。

　　孙先生在故宫博物院工作期间，对院藏陶瓷重新进行了系统鉴定，并为故宫和全国陶瓷界培养出了耿宝昌先生等一批陶瓷鉴定大家，为故宫博物院的陶瓷研究奠定了坚实基础。陶瓷至今仍是故宫博物院重要收藏品类，陶瓷藏品占故宫全院藏品总数的1/4。故宫博物院的陶瓷研究也仍然在全国居于领先地位。

　　从孙瀛洲先生的经历还可以得到一点启发：实践出真知。尤其是在文物鉴定、修复、传统保护领域，仅靠书本知识是不够的，长期的实践是取得成果的必要条件。应该说，"师傅带徒弟"的形式在今天某些传统技艺的传承领域仍然具有强大的生命力，"师承制"这种形式值得我们在培养人才方面认真借鉴。故宫博物院在古建筑维修、彩画修补、各类文物修复与复制、书画装裱等方面有一批专家，他们在长期实践中积累的丰富经验是珍贵的无形文化遗产，是我们的宝贵财富。这些专家大多年事已高，他们的某些技艺有濒临失传的危险，因此我们应有计划地积极抢救、继承这些经验和技艺并将其发扬光大。这是我们义不容辞的责任。

（《孙瀛洲的陶瓷世界》序言，紫禁城出版社，2003年）

周绍良的藏墨

　　周绍良先生是学术大家，也是收藏大家，而且是善于把收藏与研究结合起来的成果卓著的大家。

　　周先生的学术研究，徜徉于中国古典文学、佛学、古文献学、红学、敦煌学等诸多领域，且颇有造诣。他勤于著述，出版专著20多部，发表学术论文数百篇，其学术思想和研究方法独树一帜，影响甚大。先生亦以收藏闻名于世，他有着独特的收藏视角，多着眼于藏品的历史文化内涵，而未走一般正宗正统的"古物""古董"收藏的路子。周先生搜求的许多藏品，当时似乎并不怎么名贵，但到今天，亦为难得的珍品，使人不能不佩服其目光的敏锐。在学术研究上，周先生继承和发展了乾嘉学派的研究方法，注重考据，这就使他把收藏与做学问结合了起来，做到寓学于藏。丰富的收藏品往往成为他学术研究的对象，随着研究的深入又致力于进一步的收藏，学与藏促进，相得益彰。例如，《红楼梦》的各种版本的收藏与研究、古籍善本的收藏与研究、清墨的收藏与研究等，俱成就斐然，为世称道。

　　先生在清墨的收藏与研究上，别树一帜。笔墨纸砚是中国传统的书写工具，被称为"文房四宝"，其中墨更为中国所独有。它因文化交流的需要应运而生，在其发展过程中良工辈出，日趋精良，又因文人、官府除使用外，还参与古墨设计、制造及收藏，出现了大量的精品墨，许多留传至今，成了极为珍贵的文物。周绍良先生谈到自己的藏墨时说过："我过去对于墨的收集，是相当有兴趣的，一则由于它不独具有实用价值，而且还具有艺术性，它体现了传统的木刻艺术，也体现在造型方面的艺术。如一些制墨家所制，不独在造型方面异彩纷呈，并且烟质细润，为书写者增加不少兴趣。其次是一些读书人甚或一些达官名宦，都各自有自用墨，颇具历史性。"可见先生收藏墨，是着眼于其艺术性与历史性；而收藏的重点，则是清代有干支纪年及具有名款之品。经过几十年的不懈努力，先生收藏了1000余笏，200多种年号墨（其中大多是名人自用墨），其中尤以雍正年间制墨和道光御墨最为珍贵。先生收藏的道光御墨填补了清墨研究，特别是御墨研究的空白。雍正年间制墨甚为稀少，藏墨大家寿石工只有一二块，张子高仅有1块，而先生藏有9块，不同年份者达8品，不同墨作者达六七家之多，当时的藏家无出其右。

周绍良先生不仅收藏墨，而且对墨进行认真的研究，挖掘积淀在墨品上的历史，如他所说："每有所获，总喜欢为它做一点记录或考证。岁月既久，积稿颇多。"积累的结果，就有一系列墨学成果问世。主要有4部著作：其一是《清代名墨谈丛》（文物出版社，1982年），是中华人民共和国成立后第一本正式出版的墨学著作，对于墨史有着相当重要的文献价值。其二是《蓄墨小言》（燕山出版社，1999年），收入《清代名墨谈丛》的全部内容，还有此书编选时因篇幅限制而未曾编入的内容。这是两部研究清代文人自用墨的著作。其三是《清墨谈丛》（紫禁城出版社，2000年），为中国制墨史和制墨人物史。其四是《曹素功制墨世家》（北京古籍出版社，2003年），曹素功墨铺是300年来最为著名的墨铺之一，此书勾画了曹氏绵延13代的制墨史，为第一部研究、考证墨工世家历史的著作。此外，周先生还发表了一些有关墨学的重要论文。在墨学研究上，周先生筚路蓝缕，起了开拓性的作用，做出了重要贡献。也正如他在《清墨谈丛》序言中所说："我相信这也许是墨学的一个小结，将来未必能再有人掌握这么多资料了。"

　　1966年"文化大革命"开始，周绍良先生面对"横扫一切"的局势，毅然将苦心搜藏的清墨及书画捐献故宫博物院，使这些文化遗产得以完整保存下来。周先生捐给故宫的清代名墨共计1000件，从康熙到宣统各朝都有，均为二、三级珍贵文物，其中尤以雍正年间制墨和道光御墨最为珍贵，为研究古墨发展史的重要实物资料。其所捐书画，均为清代名人作品，法书17件，包括清代"四大家"中的刘墉、铁保以及曹寅、康熙帝玄烨等人作品；绘画11件，包括"扬州八怪"中的汪士慎和乾隆帝皇六子永瑢等人的作品。1998年，周先生又捐献绿头签2件（现定为资料）。

　　故宫博物院藏墨多达5万多件，上起明宣德，下至民国，以清代墨品为主，分为宫廷御墨、文人定制墨、墨肆市售墨等类别，包括一大批明清著名制墨家的作品，琳琅满目，蔚为大观。故宫藏墨，主要来自明清宫廷的遗存，但一些著名收藏家的捐献，则使故宫收藏更加丰富，周绍良先生就是其中一位。周先生捐给故宫清墨，不只是丰富了故宫墨的收藏，而且弥补了故宫收藏的缺项，使本来就十分丰富的故宫藏墨更成系列、更为完整，对于墨的研究也更有意义。正如周先生当时给故宫博物院的信中所说："这批墨，是一批重要的文物，全部是具有年款干支的，可以说，自从有收集清代纪元干支的，我这一千锭左右可以说集大成，而且也是您馆所缺的一部分，合在一处，最可合适。"

　　周先生是我所尊敬的一位学者，一位长者，一位仁者。他除过把藏墨及书画捐献给故宫博物院外，还把其他自己毕生收藏的文物捐献转让给国家图书馆及一些大学。通达的收藏态度，是他慈悲为怀、谦和仁厚的心田的体现。2005年8月21日，他溘然仙逝，享年88岁。因为多种原因，我与先生缘悭一面。8月25日上午的遗体告别会，我因公务而未能亲往，下午到双旭花园先生家的灵堂致哀，向家属慰问。

　　2008年3月，第十一届全国政协委员会第一次会议期间，全国政协常委、中国佛教协会会长一诚法师提出在中国佛教图书文物馆基础上建立中国佛教博物馆的方案，征询我的意见，我表示完全赞同，并作为第一位联名者签了名。因为我知道，这个文物馆的首任馆长是周绍良先生。周先生凭着高深的佛学造诣及认真负责的精神，搜求了大量珍贵的佛教文物。而建立佛教博物馆，亦为先生的夙愿。

先生致力于墨学研究，同时也期盼后继有人。他说："希望将来有人汇编一本墨谱，或全面地把中国的墨写一本研究著作。"现在紫禁城出版社决定重印《周绍良清墨谈丛》与《周绍良蓄墨小言》，既是对先生的纪念，让更多人了解他的贡献，同时也对墨学研究起推动的作用。在两著出版之际，先生的女公子周启瑜嘱我作序。先生学问如海，藐予后生，岂敢佛头着粪？但从故宫博物院与先生的缘分看，似又不容推辞，遂把我对先生的一点粗浅认识写出来，权以为序。

（《周绍良清墨谈丛》《周绍良蓄墨小言》序言，紫禁城出版社，2009年）

萧龙友的情怀

　　今年是故宫博物院建院85周年，也是捐赠者萧龙友先生诞辰140周年。在这个特殊年份里，我们从萧龙友先生捐赠的文物中挑选出了80件举办"萧龙友先生捐献文物精品展"，以此纪念萧龙友先生，并表达故宫博物院对萧龙友先生及其家人无私奉献精神的崇高敬意。

　　萧龙友先生是现代中医名家，其医术精湛，被誉为"北京四大名医"之首。新中国成立后，他改"息翁"为"不息翁"，积极投身于新中国的建设，曾历任中央文史馆馆员、中国科学院生物地学部委员、中华医学会副会长等职，当选第一、二届全国人大代表，为我国中医事业做出了卓越的贡献。先生于医学之外，熟读经史，搜访金石书画及古医籍，收藏甚富。1961年，萧龙友先生的家属遵照其遗嘱，将其所藏书画、碑帖、瓷器、古墨等140余件文物捐赠故宫博物院。其中如宋代《萧翼赚兰亭图卷》、元代赵孟𫖯《临兰亭序卷》、宋拓《兰亭序》等皆为海内瑰宝，充分表达了萧龙友先生无私爱国的情怀。

　　故宫博物院的藏品在清宫旧藏的基础上得以不断增加，离不开社会各界人士的踊跃捐赠。自1939年始，迄今已有700余人次将3万多件文物捐赠我院，其中不乏国之重宝。这些捐赠文物不仅极大丰富了故宫博物院的收藏，而且也反映了广大捐赠者致力于保护祖国文化遗产的拳拳爱国之心。在市场经济日益发展的今天，这种精神更显得难能可贵。对于广大捐赠者的仁心义举，故宫博物院永远铭记。故宫博物院早在2005年喜迎80华诞之际，就特在景仁宫专设"景仁榜"，镌刻捐赠者的姓名，并陆续举办各种形式的陈列展览，展出他们所捐赠的精品，以彰显其事迹、弘扬其精神。

最后，再次对萧龙友先生及其家属无私的奉献表示感谢，预祝展览圆满成功。

（2010年9月9日在"萧龙友先生捐献文物精品展"开幕式上的讲话）

独特的文化涓溪

　　这是一本反映故宫博物院捐赠文物独特风貌的书，也可称之为"独特的文化补丁"。说它是"文化补丁"，是因为集中在这里的文物，是被章乃器先生用智慧和热忱请来的，是对清宫旧藏文物的补充，对故宫博物院文物收藏的丰富。章先生最初像是捡拾文化遗址中碎裂的瓷片，整合回炉，以他独特的文化视角，用现代理念来阐释古典情怀，重铸在苍茫的时光里，于是文化断片就变成了瓷器上的青花，蕴藉而典雅，闪耀着思考的亮点。每一件文物都真实地承载着一定范围、自古及今、可圈可点的人、事、物、情，有给后人以认识前人、借鉴历史、传承文化的作用。"文化补丁"前面之所以加上"独特"二字，是因为这本图录除文化的共性外，又有其独特个性。

　　首先，它在章乃器先生众多的捐赠文物中，最能反映特点和亮点。

　　中华文明源远流长，驰骋古今，上下数千载相传不断。文物载沉载浮期间的轨迹，贯穿始终。其实也就是民族的一种特殊的活动，一种内部的生活，文化最重要的成分，为民族精神所寄托。在故宫博物院收藏的捐赠文物中，有1122件来自章乃器先生，其时代上起新石器时代，下迄民国，为民族保存了最为悠久的历史。这些文物可分为青铜器、铜器、石器、雕塑、货币、陶瓷、玉器、竹木牙角和漆器等几大类。可谓种类繁多，数量可观，几乎涉及古代社会生活的各个方面。这里介绍的90多件文物，是从章乃器先生捐赠文物中遴选出的，全部为一、二级品，其中不乏精品。客观地反映出章先生作为经济学家、革命实业家之外，在祖国文化上的高深修养和超凡的文物鉴识水平。先生之义举，早已脍炙人口，风行海内。

其次，称"独特的文化补丁"，还因为以往出版的有关私人收藏文物的图书，大都集中在某一工艺门类或以某一时代为主。文物种类齐全，时代自成系列，可以做成编年体的，实乃少之又少。因之这本书的编纂，也涉及和组织了有关各类专家，经一番整理，钩玄索隐，方"众手成书"。而内容更是用笔清朗、点墨凝练，将文物的特点清晰地勾勒出来。每个作者的风格迥异，有的朴实简约，有的探索考究，有的唯美浪漫，各有其妙又独有其韵，却都在用心地诠释着文物本身，解读蕴藏的玄机。也许并不深奥也不饱满，却将点滴知识和丝缕思想跌宕在错落有致的文字中，让你快乐地阅读，认真地思考。

在写法上也有两个突破之处。一是更多地使用了图片。图片具有直观、美观的特点，凡是有助于展现文物全形或细节的图片，尽可能选用，使文字和图片相互照应，既美观，又增强了说服力。二是在忠实承袭文物说明写真求实特点的同时，对"述而不论"有所超越。在图片的背景下，描述器形力求简约，而且有所评点，有的甚至以学者的认真，做出了推论甚至结论。这在一般简介性文物词条中是很少见的。某个评点，也许是个人学术上的一孔之见，但却给人以启发，大大增加了可读性。

薄纸浓情，缭绕着书香，氤氲着思考和感动，浸透着你我的心灵，弥漫在安静的时间里。享受每一段美丽的文字，怀念心中那一个曾经带给故宫贡献和记忆的人，这种感谢也就成了永恒的瞬间，值得永远珍藏。拜读之余，有感于心，聊缀数语以为序。

（《捐献大家章乃器》序言，紫禁城出版社，2010年）

收藏是一种幸运

　　近日，国画大师李可染、李苦禅、卢光照先生的遗作捐赠故宫博物院，对故宫来说，这是一件有着深远意义的大事。

　　回顾滚滚不息的历史长河，在国力鼎盛之际，必然形成文物收藏高潮。仅就清代的康乾盛世而言，乾隆皇帝雅好古物，广泛收集各类文物，后来对文物加以整理，编辑出《石渠宝笈》《秘殿珠林》《西清古鉴》等书留传后世，为世人留下大量精美的古代艺术品目录。如今，时代的脚步已经迈入21世纪，以高昂的姿态屹立于世界强国之林的中国，正是国泰民安、国力鼎盛的大好时代，故宫将把握历史赋予的机遇，广泛征集历代艺术品的精华之作，使故宫博物院不愧世界一流博物馆的称誉。

　　故宫博物院是博大精深的艺术宝库，收藏的百万件文物中有历代书画传世作品14万余件，是国内外收藏中国古代书画最多的博物馆。涉及两晋到清代的书画珍品，几乎可以叙述1500多年中国书画发展的主要历程。半个世纪以来，故宫尽管曾收藏齐白石、徐悲鸿、傅抱石、董寿平等现代名家的作品，但书画收藏主要侧重清代以前的作品，这既与故宫自身的收藏基础源自清宫旧藏有关，也与故宫当时作为中国古代艺术博物馆的办馆思路息息相关。如今，重新从建设一个现代化的艺术博物馆的角度审视原有的收藏观念，这个范围显然不符合当今博物馆事业的发展。随着时光流逝，人们愈来愈意识到，当代的书画精品就是未来的文物精华，故宫的书画收藏不应出现文化断层。故宫应在继续保持收藏历代书画优势的基础上，扩大以往的书画征集范围，收藏当代著名书画家的精品力作，给子孙后代留下各个历史时期的书画珍品，保持书画收藏的历史延续，更好地完成博物馆的发展使命。

中华人民共和国成立以后，故宫博物院的文物收藏在清宫旧藏的基础上，主要是由有关政府部门拨交和个人捐赠两种途径组成。50余年来，向故宫捐赠文物者达691人次，捐赠文物总数34848件。其中，既有中宣部部长邓力群、中联部部长李一氓、全国人大副委员长陈叔通、文化部副部长郑振铎等党政领导人，也有张伯驹、叶恭绰、朱幼平、邓以蛰、周一良、吴作人等社会各方面学者、专家、艺术家，还有叶义、罗桂祥等港、澳同胞及部分海外华侨和国际友人。他们捐赠的文物，极大地丰富了故宫藏品，使各类文物的系统更加完整，为陈列展览与科学研究打下了坚实的基础，为弘扬中华民族传统文化做出了重大贡献。故宫将对所有捐献文物者的支持、关心博物馆事业的事迹加以宣传，并适时举办展览，把这些文物精品公之于众，借以传播中国古代艺术的光辉。

现在，李可染、李苦禅、卢光照三位书画大师的作品能够入藏故宫博物院，既是故宫博物院藏品征集的时间范围跨越古今的充分体现，也是书画名家及其遗属和文化艺术界对故宫博物院收藏观念的认同。故宫博物院由衷感谢三位大师遗属的无私奉献与对故宫收藏工作的大力支持。新的世纪中，故宫还将不断加大征集力度，收藏更多的书画名家的精品之作，以给子孙后代留下各个历史时期的书画珍品，保持故宫书画收藏的历史延续，完成博物馆自身发展的历史使命。

（2005年2月1日在"建院80周年暨首届中国当代名家书画展"名家作品捐赠仪式上的讲话）

当代中国书画的收藏

故宫博物院走过了80年的历程。80年间，尽管历经风雨，屡遭坎坷，但是，故宫始终典守蕴含中国传统文化的艺术杰作并将其公之于众，向世人传播博大精深的中华文明，从而使源远流长的中华文明汩汩流动，生生不息。

金秋时节，故宫主办了"纪念故宫博物院建院八十周年——中国当代名家书画展"，作为故宫博物院院庆活动的一项重要内容，也表明故宫在未来的岁月里，在收藏、展示、研究中国古代书画的同时，将积极推动当代中国书画的收藏、展示、研究，从而不断扩大故宫学的时代内涵。

20世纪，是中国传统书画艺术发展的重要的转型时期。在这100年间，由于社会形态的变化，加上外来文化的渗透、影响和融合，中国书画艺术的面貌发生了巨大的变化，表现出了时代的新风。从晚清、民国到中华人民共和国的各个历史时期内，国画艺术都得到了不同于前代的新的发展，一改清代陈陈相因的旧习。20世纪初，海派、岭南派所表现出的新的风尚与京派所承续、发展的传统，建构了世纪初国画艺术的繁荣景象。20世纪中叶，国画更多地结合现实生活，表现出了时代的主题，同时也表现出了因为时代的变化而不得不变的新的笔墨。书法方面，因为实用性功能的萎缩而带来的整体的颓势，经过"文革"之后的振兴和近年来以专业教育为基础的拓展，也显现出了新的发展前景。在这时代的变化之中，中国书画一方面在传统的道路上继续前行，另一方面融合西法另辟蹊径，它们都为20世纪中国书画多样化面貌的形成贡献良多，为中国书画艺术的当代发展积累了经验。当然，我们也应该看到，传统国画的笔墨语言和书法的形式内容所发生的变异，特别是在审美形态上的变化，反映到中国书画的文化内涵上，比之清代以前的书画也有很大的不同。这种与时俱进的特点更多地反映了时代的变化，而这之中与艺术本体相关的展览、收藏以及公共艺术的要求等，也是促成变化的一方面原因。

正确认识当代书画的成就以及发展中的问题，将有利于中国书画艺术的新世纪发展，而对于像故宫博物院这样的以收藏古代书画为主的专业单位，通过对比，也有利于认识古代书画艺术的特点和成就。本次展览的意义由此可见一斑。我们在21世纪之初举办这样的展览，既是对20世纪后半叶中国书画从传统到现代的发展历程的回顾和总结，也是对当代书画名家的艺术状态、艺术精神和艺术面貌的展示和宣扬，以期对中国艺术的未来寄予美好的期望。

此次展览，得到了作为协办单位的中国书法家协会、中国美术家协会的大力支持。在筹备阶段，故宫博物院邀请专家组成了征集委员会，对征集工作提出了具体的要求。此次展览也得到了众多的书画界朋友的高度重视，他们纷纷将自己的优秀作品送交我院参加展览。故宫博物院十分感念书画界朋友以及社会各界的厚爱。到征集截止日期，共收到200余件书画作品，其中有李可染、李苦禅、卢光照、刘炳森等已故著名书画家的家属捐献的精品，也有秦岭云、娄师白、沈鹏、欧阳中石、李铎、王明明、冯远、杨力舟等当代书画名家的力作，还有饶宗颐、马寿华、刘国松、何怀硕、周澄等港台书画名家的佳构。

故宫意识到，作为世界文化遗产单位又是国家级博物馆的故宫博物院，其历史使命不仅要在已有的宫廷文物收藏的基础上开展各项工作，还要具有前瞻性的发展眼光，认识到当代的艺术精品在未来的历史和文化价值。所以，故宫应在保持历代书画收藏的基础上，不断扩大当代书画的收藏，使藏品能够保持其发展的脉络，反映出历史延续的特点，这也将是故宫博物院在新世纪发展的契机。故宫也深知当代书画艺术在审美上的多样性和复杂性，因此本次展览在选择书画家的时候，难免挂一漏万；而在选择作品的时候，所选的范围限于可能，也难以优中选精，这些虽然都是遗憾，但此次展览作为开展当代书画收藏工作的开端，无疑将有利于故宫在总结经验的基础上继续做好这方面的工作。

（《中国当代名家书画——纪念故宫博物院建院八十周年》序言，紫禁城出版社，2005年）

吴冠中的奉献

吴冠中先生是蜚声中外的中国当代著名画家。他数十年来历经坎坷而又苦恋家园，勤奋劳作且锐意创新，在多个方面产生了深刻的影响。

吴先生早年负笈法国，对于西洋绘画的理论与创作有坚实的基础，后来又认真研究中国传统绘画理论，从中汲取丰富的营养。中西融合、古今贯通，使他视野开阔，素养丰厚，以自己大量的水彩、油彩、水墨研究的创作成果，努力建造着一座横跨中西的艺术新桥。

他勇于革新，强调绘画"变法"，反对陈陈相因，反对画家自己重复自己。他在漫长的创作实践中不断地突破自己，超越自己，由此形成了自己的风格。

他特立独行，不怕被人误解，勇于纠正时弊，敢于提出一系列鲜明的艺术观点、艺术主张，例如土洋结合，为人民作画，群众点头、专家鼓掌，风筝不断线，笔墨等于零，绘画的形式美，等等。他的这些观点和主张经受了考验，为新时期以来中国美术的不断演进提供了思想的动力。

他又是一个才情横溢的散文大家。他用笔回顾自己的一生，记述他的生活情趣，而他的艺术美文则在找寻着自己绘画创作中的心路历程或体悟心得。他总是忠实于自己。他的文章能打动人心，就在于向往真善美，在于蕴含着中国文化的精神。

这些都是吴冠中先生的不同侧面。只有把各个方面综合起来，我们才能看到完整的吴先生，也才能更为深刻地认识他的价值和贡献。吴冠中先生不负丹青，不负中华沃土，因而赢得历史的眷顾，获得人民的青睐。

我在吴冠中先生的画作和文字里，在他的言行中，总感到有一种充盈其间的精神，有一股支撑着他的力量。在拜访吴先生时，在与他的交谈中，我得知这个精神、力量的一个重要来源是鲁迅先生。他受到鲁迅思想的哺育，受到鲁迅伟大人格的感召，醉心于鲁迅那富有韵味的丰富的意境、深刻的笔法和洗练的文字。鲁迅的强烈的爱国精神，疾恶如仇的性格，勇往直前、奋斗不止的意志，刚直不阿的硬骨头精神，都在吴冠中先生身上留下深刻的烙印。鲁迅对吴冠中的影响是多方面的。鲁迅一贯重视美术，他认为，中国的艺术，既要有民族的特色，又不受旧的传统思想和手法的"桎梏"；既要吸收外国艺术的精华，适应时代的潮流，又不能全盘照搬西方的一套。他希望中国的艺术能革新和发展，创造出具有崭新内容和民族风格的艺术作品。鲁迅对美术家陶元庆的绘画评价很高，他在观看了陶元庆的西洋绘画展览后说："他以新的形，尤其是新的色来写出他自己的世界，而其中仍有中国向来的魂灵——要字面免得流于玄虚，则就是：民族性。"吴冠中先生一生致力于油画民族化与中国画现代化，他的努力与探索，他的成就与贡献，也完全适用鲁迅对陶元庆的这个评价：勇于打破旧日的和外国的"两重的桎梏"，"和世界的思潮合流，而并未桎亡中国的民族性"。从这个意义上理解他的"风筝不断线"，就不只是保持与人民群众的关系，而且是坚持中华民族的魂灵的大问题。

吴冠中先生先后把自己80多幅绘画作品无偿地捐献给国家及有关博物馆、美术馆。无私的奉献，高尚的情怀，早为世人所称道；如今，他又把3幅作品捐给国家，由故宫博物院永久收藏。这3幅都是精品，是他的代表作，尤其是《1974年·长江》更以其特定的创作时代、精湛的艺术特色，在吴先生的创作生涯中具有特殊的意义。32年前的这幅作品，是未完成的巨幅壁画的底稿，吴先生做了如是的说明：

> 我作长江，整体从意象立意，局部从具象入手，此亦我20世纪70年代创作之基本手法。江流入画图，江流又出画图，是长江流域，是中华大地，不局限一条河流的两岸风物，这样，也发挥了造型艺术中形式构成之基本要素，非沿江地段之拼合而已。

这说明此画幅的价值，它是吴先生20世纪70年代艺术实践的总结，是他的风格的典型体现，又是尔后30年来新的画风的序曲，因此它被有的专家称为"里程碑式"的作品。同样作于1974年的《石榴》，画了暴露出籽粒的累累果实，那饱满的石榴，表达了生命的充实与无限。在《江村》中，小桥流水，白墙黛瓦，漂荡的孤舟，有鲁迅小说的影子，有作者童年的梦境与记忆，是乡情的寄托与慰藉，也充分体现了形式美与意境美的结合。这三幅无疑都是吴先生的力作。

对故宫博物院来说，收藏吴冠中先生的绘画代表作具有标志性意义。人们知道，故宫博物院的收藏，绝大部分是清宫旧藏，是中国历代艺术的精品。但是，艺术发展的长河是不会停止的。我们前人所经历的一切是历史的一个部分，我们今天所经历过的一切同样是历史的一个部分，这就是通常所说的现、当代。在当代文化发展史上有价值的艺术品，与古代的艺术品一样，同样具有文物的价值。"后之视今，亦犹今之视昔。"今天的艺术精品就是明天的"艺术史"。我们应从传承民族文化的视角审视当今的艺术品，从保护民族文化财富的认识高度来承担征集、收藏当代艺术精品的时代重任。如果在这个问题上缺乏应有的认识，坐失时机，我们就会犯下不可原谅的历史错误。

收藏当代艺术精品绝非易事，不仅因为艺术门类的广泛，而且由于风格、流派的多样，以及人们认识的各种局限，都需要我们采取十分严谨的态度，使新的藏品经得起历史的检验。我们尊崇的是那些在艺术上获得真正成功的大师在各个阶段的铭心之作，以便于我们和后人完整地研究他们的成功之路，也能充分领略艺术长河的汩汩不息。人们好用"国之瑰宝"四个字来赞崇文物珍品，并常常将此与故宫的藏品联系起来。因此，我们收藏的当代艺术精品，也应当不辜负社会公众的期望。就是说，故宫的收藏，应有更高的标准，更高的门槛，它本身是中国当代艺术发展水平的最高体现，同时通过征集、收藏活动，又应对中国当代艺术的发展起到积极的引导作用。

基于上述原因，吴冠中先生作品的收藏，在故宫博物院就有标志性意义。不是说故宫过去没有收藏过中国现当代的艺术精品，应该说收藏得还不算少，但由于没有从延续中华文化艺术发展长河的高度去认识，不是有计划地、主动地去征集，因而带有很大的盲目性。吴冠中先生代表作的收藏，则是在明确的指导思想下的自觉行动。故宫博物院对收藏吴先生的三幅作品非常重视，围绕捐献活动，又特地举办"奉献——吴冠中历年捐赠作品汇展"，从吴冠中先生捐献给香港艺术馆、上海美术馆、中国美术馆、北京鲁迅博物馆的作品中借调展出；为了充分认识吴冠中先生此次捐赠和举办历年捐赠作品汇展的重要意义，研究吴先生的艺术成就，特邀请中外学者，举办"传统与创新·收藏与弘扬"国际学术研讨会，并在会后出版学术文集。

（《奉献——吴冠中捐赠作品汇集》序言，紫禁城出版社，2006年）

诗魂书骨　大美不言

　　范曾先生为当代中国画坛巨擘，诗词、书法、文章及学问亦颇负盛名。他对自己的评价是："痴于绘画，能书；偶为辞章，颇抒己怀；好读书史，略通古今之变。"（《范曾画传·题辞》）他也颇受时贤的推崇。季羡林先生说："我认识范曾有一个三步（不是部）曲：第一步认为他只是一个画家，第二步认为他是国学家，第三步认为他是一个思想家。在这三个方面，他都有精湛深邃的造诣。谓予不信，请阅读范曾的著作。"（《抱冲斋艺史丛谈·庄子显灵记序》）

　　"以诗为魂，以书为骨"，这是范曾绘画的显著特色，是他几十年创作甘苦的体味与总结，也是他为中国画提出的箴言。这里的"诗"，非直指古风近体，而是指诗的意蕴境界。范曾认为，举凡中国先哲深睿高华之感悟，史家博雅浩瀚之文思，诗家沉雄逸迈之篇章，皆为中国画源头活水。加之画家对宇宙人生，入乎其内，出乎其外，以诗人之眼观物，以诗人之舌言事，胸次既博大而格调又清新，其所创制故宫识珍，自非一般。（《中国近现代名家画集·范曾·自序》）范曾生长于诗人世家，一直接受诗歌环境之熏陶培养，且有厚实的儒、释、道等中国传统文化的滋养，因此其内心就蕴含着一份涵养深厚的诗魂，这份诗魂又氤氲在他的笔墨深处。

　　所谓"书"，可以宽泛地理解为"笔墨"。范曾指出：中国画状物言情，必依托于笔墨。笔墨之优劣则视画家书法功力之深浅。古往今来，有笔虽遒健而未成大气象者，此失魂落魄者也；如笔疲腕弱而企成大气象者，则未之见，此魂无以附者也。中国笔墨为最具形式构成之特质、最具独立审美价值之艺术语言，中国画坛凡称大家作手，无一不以笔墨彪炳于世。魂附骨存，骨依魂立，诗、书于中国画之深刻影响于此可见。（《中国近现代名家画集·范曾·自序》）

就中国画的整体效果而言，范曾认为：中国画的诗意不只是体现在整个画面的意蕴风神中，同时也体现在每一笔的点画流美之中。诗、书、画在中国画上高度统一所构成的气氛，正是东方艺术最可自豪的特色。一个诗思滞塞的人，不会有灵动的情采；而一个用笔羸弱的人，画面也必然缺少凛然的风骨。凛然的风骨和灵动的情采之最深的根源，在于画家自身崇高的品德和博大的修养。（《范曾诗稿·自序》）

从一个艺术家的社会责任感和知识分子的良知出发，范曾近年来力倡古典精神的回归。物欲汹汹的商品经济大潮，对中国艺术发展带来很大冲击，一切与传统道德理想、价值判断联系在一起的社会审美旨趣均发生动摇，灵性渐失、精神无寄的现象日益严重。范曾认为，衡量艺术亘古不变的原则是好与坏，而不仅仅是新与旧。他全面思考了从老子、庄子以来的中国美学精神，《老子心解》《庄子心解》等一系列文章就是思考的结果。《庄子显灵记》则是他的全面的艺术主张和对全部文化艺术问题思考的结晶，是对"回归古典"的艺术主张在理论上的构建。回归古典，就是要从自己民族的文化中寻找那些生生不息的活力，增强自身的造血机能，使古老的文明发出新的光耀。唯其如此，中国有望在新世纪高张文艺复兴之大纛，使天下云集而景从，从20世纪人类艺术的诸多败笔中匡正扶危，自辟蹊径，大美不言。范曾指出，2500年前的老子看透了生命成熟的危机，提出"复归于婴"，其实人类远古的纯净，确在宇宙的浑朴之中，在它和谐的大智慧之中，我们只有坚其内质，刻苦地掌握传统，然后才能去发展传统。

　　回归古典还有更为深刻的内容，即人文关怀精神的回归。这种人文关怀精神是对地球和人类命运的终极关怀，是着眼于追求全世界的和谐共生。这也是中国传统的忧患意识在新的时代的发展和提升。同样，它所要回归的古典文化，也超越了狭隘的民族主义和国家主义，需要以一种恢宏的眼光、一种健全开放的文化心态，实现对人类所有文化精华的摄取与回归。知识分子是责无旁贷的人文关怀精神的载体。范曾认为，这样一种人文关怀精神恰恰是应该在当代艺术家中提倡的。艺术家往往得社会风气之先，他们在和谐社会时代精神构建中可以发挥更多的作用。从根本上说，这也是艺术和当代社会、当代精神以及当代生存关系的体现。

　　范曾先生以画名世，认真读他的书、画、诗、文，会感到他在各个方面成就都很大。范曾的艺术其实是一个整体，一个具有鲜明中国艺术、东方艺术精神的整体。体现民族创造力和民族精神的中国书画艺术的不断提高，与中国文化的建设与发展息息相关。范曾先生以自己四十来年不懈的艺术追求、坚实的创作实践、丰硕的创造成果以及多方面的卓越成就为世所瞩目，不仅在中国书画的发展上起着有力的推进作用，而且为中国文化的建设和积累做出了积极的贡献。

　　故宫博物院举办的"回归与超越——范曾书画作品展"，集中了范曾1999年以来创作的书画精品，其中10幅捐献给故宫博物院收藏。人们从这些作品中将会得到美的享受，并领略画家在中国画发展道路上一往直前的风采。"天意君须会，人间要好诗。"（白居易《读李杜诗集因题卷后》）我们期望范曾先生不断有好诗问世，不断有诗魂书骨的画作出现，庶几不辜负这伟大的时代，这充满希望的社会，以及为美好的未来而奋斗的人民。

（《回归与超越——范曾书画集》序言，紫禁城出版社，2007年）

从观念更新到艺术创新

    故宫博物院是庋藏中国艺术传统的宝库，也应该是荟萃当代中国各个地区艺术创新精品的殿堂。因此，我们十分关注台湾美术界在继承传统和艺术创新方面的成功之作。

    早在20世纪80年代末，故宫博物院已经接触了来自台湾的许多艺术家，1993年，我们曾为台湾著名画家和艺术史家、台北故宫博物院前副院长江兆申先生举办了"江兆申山水画展"，2003年又为他的弟子周澄先生举办了"台湾画家周澄书画篆刻展"，2004年故宫博物院接收了捐赠品——台湾知名人士马寿华先生的后代捐赠的马寿华先生的三幅书画精品。2005年10月，我们为庆祝故宫博物院建院80周年举办了"中国当代名家书画展"，一批著名的台湾画家如刘国松、周澄、何怀硕、江明贤等向我院捐赠了新作精品。在近20年里，我们还举办了多次有台湾画家参加的书画联展和来自台湾收藏家们的古代艺术品展。

    今天，故宫博物院为刘国松先生举办他60年艺术生涯的回顾展，反映了老艺术家在各个历史时期的绘画新创，许多展品是来自国外博物馆收藏的刘国松先生的代表作，其中3件作品《后门》、《静秀山庄》、《四季册页》（A组）是刘国松先生向故宫博物院捐赠的力作，弥补了我院缺乏台湾绘画创新的精品之憾。随着时代的发展，这种弥补永远不会满足，我们深情地关注着台湾同胞未来的艺术成就。

在两岸文化交流处在冰封的时期，刘国松先生克服了种种艰难险阻，是第一个打破坚冰、实现两岸艺术交流的台湾画家。1981年11月，经诗人艾青先生的推荐，49岁的刘国松先生作为台湾地区画家的代表从香港到北京参加庆祝中国画研究院成立的活动。1983年2月，刘国松先生在中国美术馆成功地举办个人画展，随后，在大陆的16个城市进行巡回展出，轰动了整个中国内地的美术界。刘国松先生充满创意的水墨新风给当年正处在改革开放之初的中国画坛带来了一个新颖的天地。今天，刘国松先生的展览依旧迸发出强烈的艺术感染力和震撼力，充分显现出画家饱满的创作热情和持久的创新精神。

刘国松先生60年的艺术生涯是一个不断反思、不断探索的艰苦历程，他在艺术观念上的革命，发生了三次大的嬗变。经历了从崇尚民族传统到刻意追求西画的曲折阶段。他在1952年上大学二年级的时候否定国画，以7年的时间研习西洋画。20世纪60年代初，刘国松先生大彻大悟："模仿新的，不能代替模仿旧的；抄袭西洋的，不能代替抄袭中国的。"他重新回到东方绘画的纸墨世界，最终以中西合璧的绘画观念表现中华民族博大精深的文化精神。他开始实验用笔以外的工具与技巧来作画，形成了"拓墨"技法。1968年12月，美国太空船"阿波罗8号"进入月球轨道，拍下地球和月球弧形表面的照片，1969年初，刘国松的绘画技法和人类一并进入了太空时代。1986年，刘国松经过4年多画"太空画"的大胆实践，实践出"渍墨画"画法，开辟了一个崭新的绘画空间，表现出大气磅礴、深邃悠远、雄奇伟岸和迷离无际的宇宙世界。

刘国松先生成功的艺术实践来自于他独到的艺术见解，其艺术理论的核心是树立反叛精神，他认为："'反叛'本是现代精神的一部分，其本质是反对一切既成的形式，其目的是创造一些世上所没有的，用以丰富人类精神的世界。"他认为技法的创新与材质的开发是一致的，也是同等重要的，是艺术创新的一个整体。从刘国松先生所经历的技法革命，证实了这样一个道理：艺术家不是绘画工具的奴隶，而是绘画工具的主人，还应该是新工具、新材料的创造者。

刘国松先生所开辟新的绘画观念和空间、内容和表现手段及绘画材料，对一切从事创新型事业的人们，都具有深刻的启迪意义。艺术创新是没有极限的，除非艺术家的思维受到了禁锢，就和博物馆的收藏也是没有极限一样，除非我们收藏艺术品的观念停止了发展。

（《宇宙心印：刘国松绘画一甲子》序言，紫禁城出版社，2007年）

也无风雨也无晴

在20世纪中国美术史上，张仃先生以其70余年多姿多彩的艺术人生及卓越的艺术贡献而蔚为大家，影响甚巨。他的建树是多方面的，盛名历久不衰。他作为当代著名的国画家、漫画家、壁画家、书法家、工艺美术家、美术教育家、美术理论家，在每一个领域都有世所公认的成就，是20世纪中国艺坛上难得的艺术通才。

张仃先生有着传奇般的人生经历。从辽北农村一个热血沸腾的爱国少年，到北平美术专科学校的年轻学生，后又孑身漂流于南京，继之成为大上海小有名气的漫画家。1938年，19岁的张仃先生到了延安，执教鲁艺，从此开始了他的革命文艺生涯。中华人民共和国成立初期，张仃先生设计了全国政协会徽，领导了中央美院国徽设计小组参与国徽的设计，并担任了开国大典中天安门广场的总设计。1979年，他主持了首都国际机场候机厅的大型壁画工程，创作了大型壁画《哪吒闹海》。而他作为中央工艺美术学院的院长，在艺术教育、人才培育方面的贡献，亦为人们所称道。张仃先生身处时代的激荡之中，始终充满着理想与激情，坚持着探索与追求，守望着精神家园与艺术底线。他不仅亲历了一系列重大事件，而且用艺术记录了历史烟云和社会变迁，用艺术反映了审美理想和人生意义。

张仃先生崇拜鲁迅。他在北平美专上学时就读过鲁迅的作品，耄耋之年还在读，他深有感触地说："还是鲁迅的好。"他当年画漫画，批判时政，正是从鲁迅先生的杂文里得到的启发。鲁迅对绘画艺术有许多精辟的论述，五四时期就期待中国美术界出现"进步的美术家"，认为"美术家固然须有精致的技工，但尤须有进步的思想与高尚的人格"。鲁迅的崇高人格和立足本土、熔铸古今东西的巨大创造力，深深地影响着张仃先生。而张仃先生就是鲁迅所希望看到的"进步的美术家"。张仃先生发表于1942年10月18日延安《解放日报》的《鲁迅先生小说中的绘画色彩》一文，就反映了他对鲁迅艺术的深刻认知。鲁迅始终关心人类命运，关心民族兴亡。张仃先生的一生就是在鲁迅的旗帜下，不断将自己的艺术和人类命运、民族兴亡联系在一起。在他的作品中，倾注着人文关怀、家园意识。晚年的焦墨山水画，则贯穿着人与自然这一亘古不变的基础主题。

"它山之石，可以攻玉。"这句体现了中华民族智慧的成语，被张仃先生用作警诫自己的座右铭，并以"它山"作为自己的别号。"它山"反映了一种艺术理念，即开阔的艺术视野，兼收并蓄的艺术气度。"它山"，包括各种有益于艺术素养提升的方面，既有滋养自己一生的作为母体艺术的民间艺术，也有西方现代艺术。他对毕加索、凡·高、鲁奥等西方艺术家作品的喜爱，与对中国传统民间的门神、剪纸、泥人等民间艺术的喜爱同出一辙；而且在他看来，这些东西方艺术有着相通的精神渊源。张仃先生的这种艺术追求被称为"毕加索+城隍庙"，其博采众长，厚积薄发，不仅使他打通了各个艺术门类之间的内部关联，集多种艺术于一身，而且走出了一条自己的路子。

张仃先生作为国画家，对于20世纪山水画的发展做出了重要贡献。1954年，他和李可染、罗铭的水墨画写生与联展，破解了中国画改造的难题，为传统中国画在新社会的发展开辟了一条新的道路，被誉为"中国画革新的里程碑"。多年来，他坚信生活是艺术源泉的观点，并认为这个观点即使到将来都不会过时。明清以来山水画之衰落，原因很多，但最根本的原因就是脱离了生活，闭门造车，强调师承，绝少创造，形成公式化、概念化的山水八股，受到了以鲁迅为代表的新文化运动精英的批判。张仃先生强调画家要到生活中去，到自然中去，通过写生获得新感受，处理新题材，发展传统技法。因此，他践行着自己的艺术信仰，跋山涉水，面对自然，把每次写生都看成是朝圣。可是，他坚持写生，并不主张照搬生活。他说，写生过程，就是艺术创造过程，有取舍，有改造，有意匠经营，有意识地使感情移入，以意造境，达到"情景交融"。

张仃先生是一位勇于探索、不断创新的艺术家。他尊重传统，热爱传统，但讨厌公式化、概念化地画画，实际上他一直是在向传统挑战，希望从传统中跳出来。他不重复别人，也不重复自己，晚年焦墨山水的实践与成就，就表现了他巨大的创新能力。焦墨作为一种绘画语言，从未在"水墨为上"的中国画传统中居于重要地位，因此，对于焦墨山水，前人也只是偶尔为之。而张仃先生却发掘出焦墨的艺术表现力，倚重传统笔法，吸取民间艺术养分，把焦墨笔法和墨法发展成一套完备的艺术语言，呈现出代表他的个人风格。其所作山水，笔力遒劲，构图缜密，画面苍健却显腴润，风格朴拙而雄强。这种浑厚华滋的视觉语言，既发展了西方风景写生的再现眼前实景的方法，又延伸了中国山水造境的表达胸中丘壑的传统，极大地开拓了中国山水画的艺术空间。

张仃先生也是与故宫博物院有缘分的人。故宫所藏历代名画，他最为钟爱。20世纪50年代他在中央美院任教时，为了强化学生的中国画基本功，曾带学生直接到故宫来上课。他笔下的故宫、景山，渗透着他对中华传统文化深深的情愫。这次故宫博物院举办张仃先生的书画展，其中又有他捐献给故宫的10幅珍品，对于故宫及张仃先生来说，都具有不同寻常的意义。

2008年初夏的一天，我曾去京西门头沟山中一栋石头砌成的居所拜访张仃先生。树木葱茏，环境幽静，先生或读书，或写字，或抽着烟斗凝思，心境平和，宛如返璞归真的童子，安详而达观地栖息于自己的精神家园之中。这是绚丽、激越之极所归于的单纯、恬静。此时，我想起了苏东坡的一句词："也无风雨也无晴。"

（《丘壑独存——张仃画集》序言，紫禁城出版社，2009年）

绵绵艺缘

黄苗子、郁风伉俪是中国艺术界备受人们尊敬的两位耆宿。他们因艺术结缘，相濡以沫63载，在文学、艺术领域勤奋耕耘，其传奇的人生轨迹、豁达率真的人生态度、丰硕的文化艺术成就和鲜明的艺术风格早已传为美谈。

黄苗子先生长期活跃于文化艺术界，交游甚广。他少时受家庭熏陶，喜爱诗画文艺，后在上海从事美术活动。他的书法功力全面而坚实，8岁学书法，12岁从邓尔雅习篆书，从籀文取法，而又受伊秉绶隶书影响，作品以篆隶最为精彩。他的绘画技巧兼有文人画与水墨画自由书写的特性，又有重彩画的色泽美。他治学严谨，发表过不少研究吴道子、八大山人等大家的美术史论文章，由他点校或参与校对的《画继》《画继补遗》《法书要录》《图画见闻录》《历代名画记》等书籍，已成为艺术史方面的权威性资料。散文诗词亦广受好评。出版美术论著、书画集、散文集、诗集多种。2004年，中国美术家协会授予黄苗子先生"卓有成就的美术史论家"称号。

郁风先生是著名画家、美术评论家、散文作家。少年时受叔父郁达夫影响，思想进步，爱好新文艺，入北平大学艺术学院及南京中央大学艺术学系学习绘画，早期从事水彩画的创作，晚年则热衷于现代中国画的探索。她的画作构思精巧、色调秀丽，意境清雅，抒情意味浓郁。她还将独特敏感的艺术触觉融入她优美的散文之中，形成了清新、明丽、质朴的文风，散发着女艺术家的细腻与光彩。

年轻时期的黄苗子、郁风虽然生活环境与社会背景不同，但因有着"对艺术的共同信仰"，而彼此心灵相通，良缘喜结，相互扶持。在沉浮不定的一生中，他们始终坦然笃定，以艺术的宽容去面对坎坷的经历。在他们眼中，艺术创作是"一种心灵游戏"。也如黄苗子先生在一首诗中所写的：

心画根源在写心，激昂绵渺或底沉。

不知时世葫芦样，自理丝弦自定音。

在他们心中，每个艺术家因经历的苦乐不同，艺术上的表达方式、感情、风格也各自不同，而自己只是"平凡的艺术信徒"和"行走在艺术上的票友"。这种发自心灵感受的艺术作品在不知不觉中引发人们的共鸣。

夏衍先生曾评价黄苗子、郁风夫妇为"老少年"，一直"热情奔放，意气风发，不知老之将至"。这是因为他们始终保持着敏锐的思维，跟随着时代前进的步伐，满怀激情地参与到中国传统艺术向现代转型的艺术实践中，不断探索艺术语言的现代感。在长期的书法创作实践中，黄苗子先生广泛吸收各种书法传统，将古篆字、画像砖、石刻、瓦当等传统的文化艺术精华与绘画构成的形式感巧妙结合，独成"苗子体"书法。他们对待艺术无疑是"笃敬的，真诚的，永不满足的"。

2011年金秋时节，黄苗子先生向故宫博物院慷慨捐赠了自己与夫人郁风的10幅书画作品，为故宫博物院的现当代艺术品收藏增添了新的光彩。故宫博物院特在紫禁城神武门展厅举办"艺缘——黄苗子、郁风艺术展"，举行学术研讨会，出版二老的书画艺术合集，以此铭记他们对中国文化艺术做出的巨大贡献。

（《艺缘——黄苗子、郁风书画集》序言，紫禁城出版社，2011年）

陶铸古今

值此"陶铸古今——饶宗颐学术·艺术展"开幕之际，我谨代表故宫博物院对饶宗颐教授，对各位嘉宾的到来表示热烈的欢迎。

饶宗颐教授学艺兼修，涉猎之学术领域广博而又精深，在考古、甲骨、金石、简帛、敦煌学、诗词书画等领域均有卓越建树，被东西方学者视为一位百科全书式的学人。他的成就，足为后学之典范。

在书画创作上，饶教授融会贯通，领异拔新，以大学问为基础不断探求，以大智慧为底蕴坚持创造。他的书法与他对古文字的研究息息相关。因他对甲骨、金石、简帛的熟识，几十年来浸淫于碑帖之功，使他能融合各体而写出他的"饶体"。绘画方面，他经过近80年师古、师自然的经历，现今画作，纯是由心源中流出。可以说，饶教授继承了我们传统文化最精致典雅的一部分，理论指导实践，重于开创新境，创作大量独具新意的书画作品。欣赏饶教授书画作品，自然成为一种至高、至美的享受。

本次展览是故宫博物院为当代画人举办的仅有的几个个展之一，亦是故宫博物院所举办的第一个香港艺术家的个展。通过展览，我们不仅可以看到饶宗颐教授的众多学术成果，而且可以见到他在书画方面数十年来的传承与发展。同时，饶宗颐教授将10件书画作品捐赠给故宫博物院收藏，亦延续了我院所确立的征集当代重要艺术家的代表作品、传承中华艺术长河的思想。

再次对饶宗颐教授表示感谢，预祝展览圆满成功，谢谢大家。

（在"陶铸古今——饶宗颐学术·艺术展"上的致辞，原载故宫博物院编《陶铸古今——饶宗颐学术艺术展暨研讨会纪实》，故宫出版社，2012年）

寿山石精品

　　经过紧张筹备的"中国寿山石精品展"，今天在故宫斋宫隆重开幕了！

　　福州寿山石是我国珍贵稀有矿石之一。它产于福州北郊，因特殊的生成条件使其具有晶莹滋润的质地与瑰丽斑斓的色泽，柔而易刻，很早就被用作雕刻的材料。经过长期的发展，至清代，寿山石雕技艺进入了昌盛时代，雕刻名家层出不穷。研究、欣赏和收藏寿山石印章或雕件成为当时风尚。

　　清代帝后对寿山石情有独钟。至今，故宫博物院仍藏有大量寿山石雕精品，包括名家作品、寿山石质的帝后印玺及尚未雕刻的寿山石料。这些寿山石精品一方面来源于地方官员的进贡，一些民间著名的石雕艺人如杨璇、周彬的作品进入宫廷。另一方面，宫廷造办处也直接雕刻了一些艺术水平极高的寿山石雕作品。满族入关后，几乎每一个皇帝都有寿山石材质的印玺，其中尤以康熙、雍正、乾隆为多。1983年，故宫博物院曾在皇极殿举办"寿山石展"，系统展出了大量故宫藏寿山石精品，对于促进人们对寿山石的认知起了重要的推动作用。

　　在当代，寿山石雕的创作与研究也进入了一个新的阶段。令人欣慰的是，在福州市政府与各级领导的重视和支持下，作为传统特种手工艺的寿山石雕正随着时代的发展而与时俱进。新中国成立之初培养起来的大师及当代一批中青年工艺师，活跃在寿山石雕艺术创作的舞台上，他们在继承传统的基础上大胆创新，有所发展。认真研究和发掘寿山石的历史文化魅力，彰显工艺大师对寿山石雕做出的巨大贡献，为当代寿山石雕的传承发展提供一个近距离观摩的平台，是我们举办本次展览的初衷。

同时，为延续我院寿山石雕收藏，配合这次展览，我院荣幸地接受了中国工艺美术大师林亨云、王祖光、叶子贤、林发述、林飞，中国玉石雕刻大师叶一帆以及福建工艺美术大师黄忠忠、张寿强、郑幼林、刘传斌、朱辉、潘惊石的无偿捐赠。他们的捐赠品也同时展出，并成为故宫博物院的永久收藏。在商品经济日益发达的今天，这种无偿的捐赠显得尤为可贵，是我们所提倡的社会主义精神文明的重要体现。故宫博物院从延续中华文化艺术发展长河的高度，去收藏当代大师的寿山石雕作品，也必将对当前寿山石雕的创作发展起到积极的引导作用。在此我谨代表故宫博物院同人，向组织这次活动的福州市晋安区领导及12位捐赠大师表示衷心的感谢！

（2009年4月15日在"中国寿山石精品展"开幕式上的致辞）

第二编

陈列展览是博物馆信息传播的最基本手段，也是为公众服务的主要职能。以宫殿建筑为陈列展览场所，以丰富的皇家收藏为陈列展览的主要内容，以再现明清时期宫廷政治、生活场景为主旨的宫廷史迹原状陈列，是故宫博物院陈列展览的主要特色。

故宫的珍宝馆

故宫博物院无疑就是一座巨大的珍宝馆。那宏伟壮丽的皇宫建筑群，是名副其实的建筑艺术宝库；那以清宫旧藏为主的百万件精美文物，使故宫博物院成为充满神秘色彩而又令人神往的"珍府"。这些都是中华民族创造和智慧的结晶，是中华文明悠久而丰厚的遗产。故宫又设有一个专门的珍宝馆，所展示的自然是无数珍宝中的精品，尤为引人注目。

珍宝馆自1958年开馆，已成为故宫博物院重要的常设陈列之一，它与钟表馆一道以展示清代宫廷文物珍玩为主，并同书画、陶瓷、青铜、工艺等各馆共同组成故宫有机的陈列体系，与古建筑原状群展示相互辉映。多少年来，无数中外游客在此品赏精美的瑰宝，倾听宫闱的秘闻，追寻历史的脚步，留下难以忘怀的印象。

珍宝馆建立46年来的历程，某种程度上也是故宫博物院在陈列展览上不断探索与逐步提高的一个缩影。从1958年至1990年，根据形势的变化和人们的需求，珍宝馆先后进行了4次大的改陈，大致每10年进行一次，每次改陈都有明显的进步。近年来，随着改革开放的深入和社会经济的发展，人们的文化视野在扩大，文化品位在提升，加上各种新观念的活跃和新技术的出现，对博物馆原有的展陈形式和习惯形成有力冲击。对于故宫博物院来说，这种冲击尤为严重。因为故宫的展陈主要是在古建筑里举办的，如何既保护好古建筑，又让观众领略到文物展品的魅力，使古建筑和展览相得益彰，这是观众的热切期盼，也是故宫多年来努力追求的一个目标。但在实际工作中困难不少，于是就有了近年来的第五次改陈。这次改陈，既重视文物的选择，也着力于展陈条件的改善，更重要的是尽量在展品与古建筑的相互协调中凸显珍宝的华彩。

这次改陈，文物选择仍以贵金属和宝玉石为主，这是从珍宝馆以展示清代宫廷制作和收藏的珍贵文物为第一要务的陈列宗旨出发的。这些文物在材质与工艺上都有特殊的价值，反映了煊赫的皇家气象，例如共用黄金1.36万两铸造的金编钟、乾隆皇帝做太上皇时所制的"田黄三链章"、象牙丝编织席等，既是价值连城的宝物，更是研究明清典章制度及皇宫生活的珍贵实物。在文物陈列的6个单元中，专列藏传佛教的文物，很有意义。因为清宫内不仅有独立的佛堂数十座，很多至今保存基本完好，而且遗留下数万件造像、法器、唐卡、经籍等，是宫廷文化的一个重要方面，也是清政府推行的宗教政策的具体体现。这次展出的19件物品中，尤以乾隆四十五年（1780年），西藏六世班禅额尔德尼到承德避暑山庄恭贺乾隆皇帝七十寿辰时敬献的金胎绿珐琅镶红宝石高足盖碗最有名。宫廷藏品种类甚多，也都自有其历史上的作用和意义，但限于场地等的限制，不可能一一展出，每次改陈都做些适当的调整，既使更多的文物展现自身的价值，又能使陈列展览有新的变化。这次改陈取消了人们熟悉的祭器、织绣品及武备类文物，增加了一部分过去未展出过，但质地、工艺又十分精美的文物，如犀角、象牙、芙蓉石类文物，使常来珍宝馆参观的人看到更多新的奇珍异宝。

故宫博物院珍宝馆最初即设在养性殿、乐寿堂、颐和轩，32年后搬至皇极殿、宁寿宫，又过了14年，2004年10月仍搬回原址，并占用了皇极殿两庑。迁去搬来，但都在宁寿宫区域。宁寿宫区域是乾隆皇帝为其归政后颐养天年而改建的，耗银130万两。全区"左倚城隅直似弦"，占地规模大，建筑类型齐全，俨然一座小型紫禁城；又由于吸收了清初百余年来的建筑经验，堪称清代宫廷建筑的代表作。全宫分外朝、内廷两部分，中轴线贯穿南北。外朝包括皇极殿、宁寿宫，皇极殿是太上皇临朝受贺之殿。嘉庆元年（1796年）元旦，乾隆皇帝在太和殿亲授"皇帝之宝"予嘉庆皇帝，初四日于此设千叟宴。慈禧太后六十寿辰，曾在此行受贺礼。内廷有三路，中路的养性殿、乐寿堂为寝宫主体，堂后又有颐和轩、景祺阁。乾隆虽未在养性殿居住，但却是常来的，"养性新正例有诗"，并曾于此赐宴。宁寿宫从故宫博物院肇建开放第一天，就作为展室或原状陈列供游人参观，把珍宝馆设在这么一个在建筑价值、历史意义都特别重要的地方，说明故宫博物院对这一具有鲜明特色的基本陈列的高度重视。

但人们都知道，皇帝营造宫殿，是为了显示皇家的气势、天子的威严以及适应自己的需要，并没有想到我们今天要把它作为展览场地。尽管有华美的装饰、高大的空间，但光线不足，封闭条件不好，加上房屋结构的限制，对于展览效果的影响不言而喻。前几次改陈，尤其是1990年第四次改陈时，已有了一些改进，例如注意展览内容与建筑功能的呼应，采用了与古建筑协调的黄铜展柜，展室内增加了环境照明等，但仍然难如人意。古建筑内到底能不能搞好展览？这几乎成了困扰人们的一个问题。多年来的实践使故宫人认识到，故宫必须建立新的现代化的展览场所，让更多的展品为公众服务；同时，利用古建筑举办展览，只要认真下功夫，也是能够办好的，有的展览，在古建筑的氛围中更能收到特殊的效果。

这次珍宝馆改陈，十分注意处理所展文物和环境建筑的关系，在整体上力求突出皇家风貌，同时还要符合具体展品对特定氛围的要求。如作为主要展地的乐寿堂，其平面规制是仿圆明园中长春园的淳化轩，面阔七间带围廊，进深较宽，故室内以装修分为前后两部分，东西又隔出暖阁，平面灵活自由。内部碧纱橱、落地罩、仙楼等装修皆硬木制作，并以玉石、景泰蓝饰件装饰，全部为楠木井口天花，天花板雕刻卷草，集中表现了乾隆时代的建筑装饰风格。乐寿堂是改陈后"陈设器物"的展场。这些器物过去多陈设在寝室、书房等处几案上，乐寿堂就曾摆放过不少这类物品。现在25件规格多样、造型别致的器物又放置在乐寿堂内，那精美雅致而古意盎然的环境，首先提供了一种引人幽思的氛围。这次改陈注意利用乐寿堂自身的装饰、色彩、空间等特点，在整个展厅的布局和展品的陈列上下了功夫。乐寿堂内东西暖阁不适宜展出文物的地方，没有沿袭过去全部遮挡的思路，而是充分利用已有的古建格局，将这些"原状"展示在观众面前。如乐寿堂西暖阁曾为慈禧寝室，东暖阁曾为慈禧休息的场所，这些地方将恢复成"原状式陈列"，摆放上堪与"珍宝"相媲美的陈设品，并将闲置多年的西暖阁外的楠木多宝槅摆放上造型各异、色彩醒目的精美工艺品，使观众在欣赏宫廷珍宝的同时，也一并了解乐寿堂本身曾具有的使用功能，使恢宏的古建筑、原状式陈列与金碧辉煌的珍宝相映生辉，成为故宫在古建中举办展览的新尝试。为了突出主题，展室内还增加了绘画作品中使用如意以及表现盆景等陈设器物的图版为辅助展品，起到了烘托气氛的作用。提高展陈水平是个复杂的工作，这次也从多方面进行了努力，如尽可能引进科技含量较高的展柜、照明、装饰等展览设施，使展览的视觉效果和展室的安全保障功能有所改善；在展室内增设电子投影仪，将文物的照片投射到墙壁上，使观众对文物留下更为深刻的印象。这些改进，相信是会受到观众欢迎的。

呈现在读者面前的这本图册，就是第五次改陈后珍宝馆所展示的精美文物的图集。它不是简单的图片堆砌，而是经过悉心的编辑整理，对观众在参观过程中容易忽略的重点文物细节进行展示，将器物的铭文与款识做了放大或传拓，配合长篇导言和简明的文物解说，辅以精挑细选的宫廷绘画，在不失资料性与学术性的基础上，强调装帧的美感和形式的活泼。相信这样一本图册，不仅可以帮助观众更好地欣赏展品，而且就其本身而言，也具有特殊的收藏价值。

办好陈列展览是博物馆的基本业务，也是博物馆为社会公众服务的最重要的工作。珍宝馆的5次改陈，凝聚着故宫几代人的心血。实践是不断发展的，认识是无止境的，珍宝馆的改陈今后还会进行，当然，肯定会越改越好。

（《故宫珍宝》序言，紫禁城出版社，2004年）

宫廷珍宝

　　由明清皇宫建为博物院的故宫，是名副其实的中国古代文化艺术的最大宝库。她的藏品包括了古代艺术品的所有门类，具有级别上、品类上、数量上的优势，是中国皇家收藏传统的延续和硕果。在约180万件文物中，86％以上是清宫旧藏。这些珍藏是国之瑰宝，是民族文化的重要载体和历史缩影。

　　上海博物馆曾多次与故宫博物院成功地合作举办文物展览。这次为了庆祝故宫博物院80华诞，特地举办了两个展览，一个是两馆合办的"书画经典展"，已于2005年岁末开幕；另一个就是"宫廷珍宝展"。珍宝可从广狭两方面理解。狭义的珍宝特指使用金银珠宝等贵重材质精制的各种器物，也是这次展览的重要部分，它主要来源于清宫内务府造办处制造和国内各地的进贡，显示了清代工艺美术的辉煌成就，是清宫文物中最具宫廷文化特色的部分。广义地看，宫廷收藏的书画、器物以及宫廷的服饰等，也都是难得的珍宝。故宫的千余件钟表，早已蜚声中外，在世界博物馆同类收藏中首屈一指，它所反映的中外文化交流的一段历史，今天也为学界所关注。中华服饰是中华民族传统文化的重要组成部分，清代帝后服饰可使我们对清代系统、完整的冠服制度体系有所了解，并看到它在现代社会的深远影响。故宫珍宝不只是可移动的文物，还包括壮丽雄伟的古建筑群，这些建筑物又多与宫廷文物有密切联系。这次展出的"三希堂"景观，就可使人们对此有直观的印象，留下无尽的遐思。

"宫廷珍宝"是个大题目，从所选的展品来看，无论是书画、器物，还是古建景观、服饰，确实有代表性。这些浓缩了故宫丰富珍藏的宫廷珍宝，以其无可争议的艺术魅力和丰富的历史内涵，相信会给大家留下深刻的印象，也希望广大观众能够喜欢。

（2006年1月在上海博物馆"宫廷珍宝展"上的祝词）

故宫的钟表

    1601年，儒服儒冠的天主教耶稣会传教士利玛窦以贡献方物的名义，风尘仆仆来到京师。这位在中国已煞费苦心近20年的意大利人，用以叩开紫禁城大门的，是包括两架自鸣钟在内的一些西洋奇器。他实现了梦寐以求的觐见皇帝并得到赞许的目的，取得了在京居留权。新奇的自鸣钟则使万历皇帝颇感兴趣，遂将其置于御几，时常观赏。明清之际由传教士为媒介的中西文化交流史上有着特殊意义的一页，就是这么揭开的。

    明亡清兴，江山鼎革。但传教士仍把进献奇器作为亲近中国皇帝的重要手段，而大清皇帝与大明君主在对待西洋奇器上也有着相同的癖好。德国人汤若望不失时机地率先向顺治帝进献了一架极为奇巧的天体自鸣钟，还特意写了一篇《天体自鸣钟说略》的介绍文章。

      昼夜循环胜刻漏，绸缪宛转报时全。

      阴阳不改衷肠性，万里遥来二百年。

    这是康熙帝在赏赐葡萄牙传教士徐日昇的一把绘有自鸣钟的泥金扇上的题诗。当雍正帝把一双自鸣表作为赏物赐给川陕总督年羹尧时，这位重臣即上谢恩折，表述了"喜极感极，而不能措一辞"的心情。到了乾隆年间，西洋钟表的应用已相当广泛，不仅宫廷大量收藏，且为达官贵人、富商巨贾、文人学士加倍珍爱并大力购求。钟表成了中国人认识西洋文化的重要途径。

这些备受皇帝青睐的钟表，来自两部分：一部分是舶来品，或为传教士进献，或由清政府直接从国外购进，或是地方官员从洋商手中购买再进贡宫中，或根据帝后喜好专门定做。另一部分是中国制造。宫廷造办处设有做钟处，在传教士的指导参与下制造与修理钟表，最盛时多达上百人。庄严的紫禁城内整日有一批人从事当时科技含量极高的钟表生产，不能不说是个奇观。当时全国唯一对外通商口岸的广州以及手工业相当发达的长江中下游地区也趁势而起，钟表生产很快形成一定的规模。

于是，清宫留存的1000余件中国制造与外国进口的钟表，就成了今日故宫博物院丰富藏品中一个十分特殊与珍贵的种类，在世界博物馆的同类收藏中也名列前茅。

拂去岁月的尘埃，这批钟表作为生动的见证物向我们诉说着明清之际中西文化交流的一段历史。当时来华的主要是天主教耶稣会传教士，他们代表欧洲反宗教改革的保守势力，来华的目的是传播天主教。钟表等西洋奇器只是他们手中的"敲门砖"，以期博取中国皇帝的好感，放宽对传教活动的限制。康熙帝尚能通过这些奇器看到西方科学的先进性，而他的子孙却与乃祖大相径庭，只是把这些奇器当作玩物。他们关心的不是技术本身，而是用先进技术制造出来的各种奇器。他们始终陶醉在天朝的心态中，对中国以外的世界一无所知亦缺乏兴趣。结果，西方传教士并没有实现预期的在华传教的愿望，中国也没有通过钟表这类奇器更多地学习、引进西方的科技知识。随着国力的衰敝，热闹一时的宫廷做钟处，嘉庆以后便告式微，道光以后已不再做钟。这时西方的科学技术却得到更为迅速的发展，中国与西方的差距进一步拉大。回顾这段历史，我们的心情虽然沉重而又复杂，但却不能回避。

清宫所藏外国钟表，包括了英国、法国、瑞士以及美国、日本等国所产，制作年代从18世纪至20世纪初，不仅反映了这200年间世界钟表发展的历史，也体现了当时钟表制造业的最高水平。外国钟表中以英国18世纪的产品为最多。18世纪英国的科学技术处于世界领先地位，英国钟表也以优美的造型、华丽的装饰、巧妙的机械传动装置成为当时世界上最先进的钟表，同时又涌现出一大批著名的钟表大师，如詹姆斯·考克斯、威廉森等，他们的作品在清宫中都有不少收藏。来自法国的钟表多为19世纪末至20世纪初的产品，它们在技术与造型艺术上集中了当时科学技术的最新成果，构思奇妙，设计新颖，反映了法国匠师的创新精神，同时也是法国钟表制作水平的标志。瑞士的"铜镀金变魔术钟""铜镀金四明钟""铜镀金珐琅围屏式钟"等，都做工讲究，工艺精湛无比。西方各国制造的各式形体小巧的袖珍表，造型丰富，材质珍贵，也纷纷进入中国，受到帝后及显贵的喜爱。这些藏品，都是各国当时最有代表性的产品，尤为可贵的是，多数至今仍能正常使用。当然，这还得感谢故宫博物院几代认真钻研并勤奋敬业的钟表维修人员。

故宫收藏的一座座钟表，远不只是计时工具，而且都是一件件精美绝伦的工艺美术品。英、法、瑞士等国制造的钟表，采用了齿轮联动的机械构造，在钟的外表装饰了人、禽、兽及面具等，能够定时表演，出现耍杂技、演魔术、写字、转花、鸟鸣、水流等景观，动作复杂，形态逼真，配上悦耳的音乐，令人惊叹不已。又由于文艺复兴运动的沾溉和影响，这些钟表不可避免地反映了文艺复兴之后欧洲在造型艺术、装饰艺术等方面的特点。中国皇家制造的钟表，为了突出皇家的权威，多用紫檀木、红木为外壳，以亭台楼阁的传统建筑形式为造型，上嵌珐琅或描以金漆等，烘托出古朴与威严。这些钟表以乾隆时期制造的居多，如用5年时间制作的"黑漆彩绘楼阁群仙祝寿钟"，设计复杂，做工精细，把中国传统文化的多个方面巧妙地体现在一座钟表上，具有极高的艺术价值，每每令参观者流连驻足。

故宫博物院从20世纪50年代开始展出这些珍藏的钟表，60年代设立专馆展览，40余年一直深受中外游客的欢迎。40余年间，钟表馆也换了好几处地方，当然是越换越好。1985年在奉先殿设钟表馆。为了更好地为观众服务，从1999年起对奉先殿展馆进行改造。改造后的展馆从古建筑特点出发，极大地改善了展陈条件。为了让人们更好地了解故宫所藏钟表的概况，欣赏展品的工艺水平和制作特点，我们特地编印了这本《故宫钟表》图录，其中包括有关研究资料。希望观众通过这个展览和这本图录，不仅对这些钟表珍品产生兴趣，也更加热爱故宫，热爱这个人类文化的瑰宝。

（《故宫钟表》序言，紫禁城出版社，2004年）

故宫古琴

《故宫古琴》一书问世，对于古琴的保护与古琴艺术的传承，无疑是很有意义的一件事。

2003年，中国的传统音乐——古琴艺术被联合国教科文组织宣布为"人类口头和非物质遗产代表作"，引起极大反响，使这一日渐式微的古老艺术又为世所关注。有着3000多年历史的古琴，是中国历史上最为悠久、最具民族精神、最具审美情趣和传统艺术特征的乐器，和中国的书画、诗歌以及文学一起，成为中国传统文化的承载者。它有两个显著特点，一是和中国文人有着非常密切的关系。且不说孔子、司马相如、蔡邕、嵇康等都以谈琴著称，即如它的制作，虽是造琴工匠的作品，但却有文人的直接参与。它的演奏成了一种高雅和身份的象征，在中国文人所必需的素质修养"琴、棋、书、画"当中排在首位。二是古琴艺术长期以来不是面向大众的表演艺术。人们弹奏往往不仅是为了演奏音乐，还和自娱自赏、个人修养及情感交流等结合在一起，因此它成了一种贵族和文人的精英艺术。古琴艺术吸纳了大量优雅动听的曲调，演奏技法复杂而精妙。历代琴师对琴曲的流传和发展做出了重要贡献。在古琴的漫长发展历史中，产生了精湛的造琴工艺和造琴名家，现仍有不少名琴传世，都成了珍贵的古代文物。

故宫博物院现收藏古琴46张，其中33张为明清两代宫中古琴收藏的遗存，见证了历史的沧桑。古琴艺术虽长期在传统文人雅士中广泛流行，但历史上也不乏雅好古琴的封建帝王。唐代制琴名家多，琴文化发达，当与唐明皇重视音乐分不开。宋元明清，琴与文人的关系空前密切，各个时代也有雅好古琴的帝王，这当然与他们的文化素养、审美趣味有很大关系。宋徽宗赵佶就是一位有名的酷爱古琴的帝王，他曾将留传于世的历代名琴收集起来置于宣和殿之"万琴堂"。故宫博物院收藏赵佶一幅《听琴图》，描绘在一棵高耸的青松之下，一个道人在信手弹琴，两旁山石之上各坐一人，侧耳倾听，陶醉在美妙的琴声之中，整个画面一派清雅端肃的气氛。元世祖忽必烈不懂琴乐，但曾下令召见来自江浙的琴家王敏仲，珍藏传世名琴。明代帝王中多有爱好古琴者，除过弹琴外，有的还喜欢造琴或作曲。清乾隆皇帝汉传统文化的根底很好，正像他喜欢收藏历代书画一样，他也非常热衷于收藏历代名琴。郑珉中先生在本书的前言中，用大量篇幅谈了明清宫廷古琴收藏的盛况，可惜1860年英法联军进攻北京，圆明园被劫毁，置于其中的103张明朝所遗之历代古琴同罹劫难。1925年故宫博物院成立，宫中所藏古琴仅36张，其中3张后南迁运台；中华人民共和国成立后，又相继接收与收购了一些古琴，使故宫藏琴增加到46张，不仅数量上在全国博物馆中居于首位，而且属于唐、宋、元三代的典型器就占藏琴的1/3，即在质量上也是最好的。

《故宫古琴》由故宫博物院研究员郑珉中先生主持编写。郑先生1946年进入故宫，将届一甲子，虽退休多年，仍坚持每天上班，风雨无阻。先生于琴棋书画俱通，他的中国古书画鉴定及书画创作等，都有一定的影响，对于古琴，亦颇有造诣。故宫收藏古琴，20世纪50年代，即由郑先生同顾铁符先生一起鉴定划级，后又陆续发表了一些有关传世古琴的分期断代与具有鉴定性的论文。郑先生又是故宫现在能够弹奏古琴的绝无仅有的人。中国在向联合国教科文组织递交的《古琴艺术申报书》中，确认了包括港、台地区在内的我国52位古琴传承人，郑珉中先生名列第27位。我也有幸聆听过他的演奏。2003年12月，王世襄先生荣获荷兰克劳斯亲王奖，我受邀到荷兰使馆参加颁奖仪式。在使馆门口，见到了同来出席的郑珉中先生，不过他身背一张琴，着中式蓝布衫，气定神闲，儒雅质朴。在颁奖仪式上，郑先生操了一曲《良宵引》，意态庄重，手势优美，稳健细腻，声情并茂，获得阵阵掌声。王世襄先生对古琴的研究也是有成就的，他能请郑先生演奏，固然有情谊因素，但郑先生的演技当是公认的。由这样一位对古琴既有理论研究又有弹奏实践的人来主持编写，人们有理由对这本书寄予大的期望。郑先生为这本书付出了大量心血，撰写了长达1.6万字的前言，并作了后记。书的内容丰富，既有一定的观赏性又有相当的学术价值，确实是一本有分量且耐看的书。

本书有三点相信会对人们有所裨益：

其一，对古琴知识的传扬。故宫博物院藏古琴既多又精，有着不同时期的代表作，例如九霄环佩，就是现存最为可靠的盛唐雷氏制作的伏羲式琴，把它们出版，为研究者提供了难得的实物资料，从中可以窥见中国古琴的发展历史，并从比较中有多方面的收获。作为辅助的与琴有关的古代文物，也会加深人们对源远流长的琴文化的体会。

其二，对20张古琴测绘了线图和可以窥见其内部构造特点的CT平扫图像，可供海内外制琴家观察研究，从而仿制出更多音韵绝伦的七弦琴。

其三，郑珉中先生的前言是其终生研究古琴的心得集成，具有很高的学术价值，对于古琴产生发展的历史，对于湖北、湖南古墓出土的琴与传世古琴的关系，对于唐以后七弦琴能够传世的原因以及唐宋元明清各个时代古琴的发展状况，特别是对于传世古琴的断代，都有缜密而认真的考辨，都有自己的见解。把前言与书中所收古琴图像结合起来，读者自会有更深入的体会。

《故宫古琴》的出版，也给我们提出了一个新的问题，即非物质遗产保护与博物馆的关系问题。非物质文化遗产是近年来的一个新的概念，或称无形文化遗产，是相对于有形的物质形态的文化遗产而言，指的是各族人民世代相承的、与群众生活密切相关的各种传统文化表现形式（如民俗活动、表演艺术、传统知识和技能，以及与之相关的器具、实物、手工制品等）和文化空间（即定期举行传统文化活动或集中展现传统文化表现形式的场所，兼具空间性和时间性）。非物质文化遗产与物质文化遗产共同承载着人类社会的文明，是世界文化多样性的体现。我国非物质文化遗产蕴含着中华民族特有的精神价值、思维方式、想象力和文化意识，是维护我国文化身份和文化主权的基本依据。

可见，提出非物质文化遗产，这是人们在文物（文化遗产）保护观念上的一大发展。过去说到文物，都是看得见、摸得着的东西；现在认识到，许多非物质形态的东西，同样是重要的文化遗产，而且事关"文化身份"，其意义不言而喻。对博物馆来说，提高这方面的认识同样很重要。非物质文化遗产给博物馆发展带来了新的机遇，在丰富馆藏、拓展陈列展览的表现形式、密切博物馆与社会各界的关系以及促进博物馆自身的功能完善和结构调整方面，都会起到积极的促进作用。故宫博物院从自身工作任务出发，对有些属于工艺、技艺等方面的非物质遗产还是重视的，例如古建筑的工艺、技术，文物修复、装裱的传统技艺等，都有专门机构与专业人才，做得是比较好的。但还有一些类似古琴的与非物质文化遗产相关的器具、实物等，在认真保管好的基础上，如何在力所能及的条件下，或与社会力量相结合，进行必要的整理、传承和研究，也是应探讨的一个新课题。

保护非物质文化遗产已引起国际社会的普遍重视。2004年"5·18"国际博物馆日的主题为"博物馆与非物质文化遗产"。2004年国际博物馆协会第20届大会的主题也是"博物馆与非物质遗产"，国际博协对此做了这样的解释：迄今为止，全球的博物馆学者都着重于收集、保存、研究、展示和交流有形的文化遗产和自然遗产。为此，他们建立了许多博物馆，作为学术研究、促进社会发展、诠释文化遗产和进行大众教育的场所。然而，文化不仅以有形的方式，也通过无形的要素表现出来。有赖于此，人类的文化得以世代相传。所以，国际博协希望通过本届大会，引起世界博物馆界对非物质遗产的更多关注。第20届大会通过了"国际博物馆协会非物质遗产汉城宣言"，对博物馆在非物质遗产保护方面提出了一些要求和建议，例如建议博物馆特别关注并抵制无形资料滥用的企图，特别是它的商业化，建议所有的博物馆培训项目强调非物质遗产的重要性并将对非物质遗产的理解作为职业要求等。我国也正在认真开展非物质文化遗产普查工作，建立非物质文化遗产代表作名录体系，加强非物质文化遗产的研究、认定、保存和传播，建立科学有效的非物质文化遗产传承机制。博物馆在保护、展示、研究物质文化遗产方面有着丰富的经验，今天在非物质文化遗产保护、传承方面也应有所作为，这需要不断提高认识，从实际出发，积极探索办法。这是由《故宫古琴》一书所生发的一些感想，也是我们正在努力进行的工作。

（《故宫古琴》序言，紫禁城出版社，2008年）

故宫的陶瓷馆

　　新的陶瓷馆的建立，是故宫博物院的一件大事。

　　故宫藏瓷多达35万件，几近院藏文物的1/5，陶瓷研究历来为故宫博物院的优势。20世纪50年代，故宫博物院就开辟了陶瓷陈列专馆，并在1985年和1995年进行过两次大规模改陈。1995年的陶瓷馆设在乾清宫西庑，展出面积约700平方米，尽管条件有限，但仍在社会上产生了较大影响。从2002年开始的故宫大规模维修，有个整体的规划，把殿堂的修缮与其使用功能结合起来，对全院的展览格局做了较大调整。作为维修试点工程的武英殿，竣工后辟为"绘画馆"，使14万件书画及40万件的典籍、书版有了充分展示的场所；与武英殿对应的文华殿，则作为新的"陶瓷馆"，这两处成为故宫博物院两大收藏的专馆，已引起社会的关注。同时，新的"陶瓷馆"也是继"珍宝馆""钟表馆""石鼓馆""绘画馆"四大馆改陈后的第五个专馆陈列，在故宫的整个展览中有着举足轻重的地位。

　　文华殿区域是故宫的一处重要建筑。从午门进入故宫，正对面是太和门，太和门东是文华殿，西为武英殿，文武对峙而立。文华殿为工字殿形式，有院门，前后两进，正殿名文华殿，歇山式屋顶，饰金龙和玺彩画；后殿名主敬殿，正殿前的左配殿为本仁殿，右配殿为集义殿。文华殿在明初为经筵之所，后为太子之东宫。嘉靖十五年（1536年）复为皇帝经筵之地。明末李自成烧了文华殿。清沿明制，于康熙二十二年（1683年）重建。当时曾有人作《文华殿赋》，赞美它的绝美：

> 启丹枫之左翼，睇紫禁之东隅；地界图书之府，星临角亢之墟。前曰文华，后曰主敬。

乾隆时，文华殿还是殿试阅卷处，殿试后由皇帝钦命八员读卷大臣在此阅卷，并共同挑选出前十名试卷进呈御览。光绪二十年（1894年）至二十四年（1898年）间，皇帝在文华殿接见各国使臣，接受他们呈递国书。民国时期，文华殿曾作为古物陈列所展陈文物的一个主要场所。现在把这一重要宫殿辟为陶瓷馆，说明故宫博物院对陶瓷展览的重视。文华殿面积1000平方米，也利于展览内容的连贯性，将来的文华殿两庑可辟为陶瓷专题陈列展室。

新的陶瓷馆在展览内容、形式设计和电子展示三个方面都有新的创意和突破。

一　展示内容上的变动和改进

1985年和1995年陶瓷馆的两次改陈，在陈列内容上虽有所改进，但变动不大。例如两次改陈在所选展品的年代上均截止到清代嘉庆、道光时期。1995年进行的改陈，只是更换过小部分展品，多数展品多少年也没有动。此次改陈，吸收了近10年来国内外在古陶瓷研究领域所取得的最新成果，在陈列内容上做了较大改动。主要体现在以下几个方面：

（一）更换展品。充分利用故宫陶瓷藏品丰富、可靠的优势，尽最大可能更换展品，使绝大多数展品都是首次公开亮相，力求给观众耳目一新之感。

（二）首次批量展出清宫所藏洪武官窑瓷器。明代洪武官窑瓷器是20世纪80年代以来古陶瓷研究领域的热点。故宫博物院收藏一批清宫遗留下来的洪武官窑青花、釉里红瓷器，以往从未展出过，外界亦很少有人知晓。此次挑选部分精品予以展示，相信会引起观众的极大兴趣。

（三）首次展出明代"空白期"瓷器。明代正统、景泰、天顺三朝，虽然天灾人祸不断，但从文献记载看，景德镇御器厂并未停止烧造活动。只是由于这三朝瓷器均不署正规年款，致使长期以来人们对这三朝瓷器的认识模糊不清，故曾有"空白期"或"黑暗期"的说法。近10多年来，随着研究的逐步深入，这三朝瓷器愈来愈多地被辨认出来，其真实面目逐渐清晰起来。故宫专家对藏品认真研究后发现，故宫亦不乏这三朝瓷器的收藏。此次展出几件精品，希望能有助于观众对这三朝瓷器有更多的了解。

（四）首次将"转型期"瓷器作为一个主题予以展示。从明代万历三十五年（1607年）到清代康熙中期（约1676—1700年）将近100年的时间里，随着农民起义的蓬勃发展，直至摧毁明王朝的统治和清朝入主中原，中国社会曾发生剧烈变革。作为全国制瓷中心的景德镇，其瓷器制造业也经历了一次重大转变。主要表现在万历三十五年以前，景德镇的制瓷业是由官窑占统治地位，此后官窑急剧衰落，民营瓷业则因国内和亚欧市场需求的刺激而渐趋兴盛，并跃居主导地位。以往人们曾将17世纪景德镇的制瓷业称为"转变期"或"转型期"。故宫博物院收藏一大批这一时期的瓷器，以前很少公开展出过，此次在陶瓷馆将其作为一个主题予以展示，尚属首次。

首次将清代晚期官窑瓷器作为一个主题予以展示。清代晚期官窑瓷器是故宫博物院陶瓷收藏中的强项，不但数量大，而且精品多。以往由于展览场地的限制和人们对这一时期官窑瓷器的重视程度不够，在陶瓷馆中一般不展示这一时期的瓷器。近30多年来，关注清代晚期官窑瓷器的人愈来愈多，人们迫切想一睹皇宫藏品的风采。此次陶瓷馆改陈特将清代晚期官窑瓷器作为一个主题予以展示，以供观众研究鉴赏。

二　形式设计上的创意

在借鉴以往陶瓷馆展示的基础上，新的陶瓷馆的设计主要体现在5个方面：

（一）尊重古建原貌。新陶瓷馆的馆址文华殿一区是故宫外朝东侧的一组重要建筑，其殿内雕梁画栋，地面为民国时期安装的彩色瓷砖，上下呼应，和谐完美。考虑到古建本身的装饰美，所以在设计展览时决定保留原有地面，不再铺设木地板。既不破坏古建的原貌，又使其环境与展示内容相吻合。

（二）展览设计宗旨。陶瓷类文物本身就具有色泽华美、流光溢彩的特点。为了使展览达到突出文物、营造欣赏陶瓷氛围的目的，在陈列形式上坚持了简约而不简单的宗旨。

（三）灯光的改进。展览灯光的运用是一个展览成功与否的重要因素。灯光运用的目的是让观众能够清楚地看到每件文物所包含的信息。这次灯光的设计从每一件文物的特点出发，并考虑展览的整体效果，采用普通照明和光纤照明两套系统，重点文物和需要突出的重点部位，则加强光纤照明。通过灯光的艺术照明让文物具有"活"的感觉。以往博物馆展览的灯光基本是从上、下两个方向给光，这次改为根据文物所需从不同角度给光，使观众能够了解不同文物的重点。例如，明斗彩鸡缸杯，采用从展柜周边向文物中部打光，用灯光来突出该件文物腹部的精美花纹，用灯光展现出文物的层次，用灯光使文物更具风采。

（四）文物说明牌的设计。文物说明牌是每件文物的基本信息，如名称、年代、收藏地点等。陶瓷类文物在鉴别上有一个重要的部位，就是底部的做法以及是否有款识。考虑到观众的需求，这次在每件文物说明牌的设计上，附上相应文物的款识，以使一般观众和专业人员了解和掌握陶瓷款识变化的规律。

（五）展室环境的设计。为充分展现和烘托陶瓷文化的氛围，在展室环境的设计上，拟在展柜上方采用大幅陶瓷图形的版面，一方面解决了文华殿太高，而展品过小的矛盾，另一方面巧妙地遮挡文华殿高大窗户的自然光源，并防止紫外线进入展室。

三　在电子展示方面的创新

新陶瓷馆将特别开辟电子展示区域，用各种生动的电子展示手段帮助观众全面地欣赏故宫藏瓷，了解陶瓷的知识。

在电子展示区域里设有：

（一）视频播放区。在播放区里，悬挂的大屏幕将轮流为观众播放三维动画《景德镇制瓷》以及视频片《从陶到瓷》、《陶瓷之美欣赏》、《故宫历代藏瓷》、《故宫陶瓷学者》。《从陶到瓷》讲述了瓷器从陶器演变而来的过程。《陶瓷之美欣赏》则是帮助观众欣赏中国陶瓷在各个不同时代体现出的独特艺术魅力。另外，由故宫博物院古陶瓷专家出面讲述故宫藏各时代陶瓷特色的《故宫历代藏瓷》，是观众学习或总结故宫藏瓷特色的最佳课堂。《故宫陶瓷学者》则是介绍故宫对陶瓷研究有突出贡献的专家学者，体现故宫陶瓷研究尊师重教的良好风尚。

（二）信息互动区。此区里设立了多个触摸屏。触摸屏的内容将以"故宫藏历代陶瓷""清代御窑瓷器""故宫博物院藏中国古代窑址标本""争奇斗艳彩绘瓷""巧辨明清官窑款""缤纷颜色釉""薄色晶莹——釉的制成""鸭蛋窑探秘"8个主题来介绍故宫特色藏瓷、瓷器的工艺技巧以及辨认方式等陶瓷知识，围绕着主题还将设计一些有趣的小游戏，达到寓教于乐的效果。

（三）电子说明牌。展柜边的电子说明牌将对展柜内的展品做更加细致周到的介绍。电子说明牌突破了展柜内普通说明牌文字的局限，而且可以随着展品的更换而随时调整说明，因此可以说在展览功能和实用上都是一次新的探索和尝试。我们也希望通过高科技在展览上的应用能够达到意想不到的效果，打破已有的、固定的展览模式，在故宫博物院藏品展示方面迈出新的一步。

（四）信息化管理区。管理区内不仅设置有多点视频监控系统，方便管理人员全面监控展厅内部情况；多点定位的应急广播系统还能够方便管理人员及时疏导观众。

从新的"珍宝馆"到"陶瓷馆"，一个个专馆的建立，反映着故宫博物院在展览业务上的探求，体现着故宫博物院在为公众服务的意识和水平方面的提高。我们深知，这是个永无止境的事业。我们将继续努力，不断地有所创新，有所进步，庶几不辜负公众的期望。

（《故宫陶瓷馆》序言，紫禁城出版社，2008年）

古陶瓷之韵

　　为加强故宫学术研究，在纪念故宫博物院成立80周年之际，建立故宫博物院古陶瓷研究中心，这是很有意义的一件事。

　　故宫博物院自成立以来，在中国古陶瓷研究方面，具有三个明显的优势：

　　其一是人才。故宫博物院是在明清皇宫的基础上建立的中国最大的古代艺术品宝库，凭借其得天独厚的条件，曾造就出一大批享誉海内外的文物研究专家。在古陶瓷研究领域，陈万里、孙瀛洲、冯先铭、耿宝昌先生等闻名遐迩，使故宫博物院在这一领域长期独领风骚。今天，在古陶瓷研究专业的人员构成方面，现有专业在职研究人员17人，其中研究馆员3人，副研究馆员4人，馆员10人，另有返聘研究馆员2人，退休研究馆员2人，退休馆员2人。特别是拥有当今古陶瓷研究领域的泰斗、现已80多岁的耿宝昌先生。因此，无论是从业人员的数量还是人员的梯队结构方面，故宫博物院在这一研究领域都具有明显的优势。

　　其二是陶瓷类文物藏品。故宫博物院现收藏的古陶瓷可分为三大类：

　　第一，陶瓷类文物。总计约35万件，其中32万多件属原清宫旧藏品，1949年以后通过拨交、收购、捐献等渠道又入藏2万多件。这些藏品，不但数量大，而且精品多，从新石器时代的陶器到明清各朝官民窑瓷器，无不包括，自成体系，这是国内外其他任何博物馆所无法比拟的。其中被初步定为国家一级文物的陶瓷器就有1110件。宋代五大名窑（汝、官、哥、定、钧）瓷器、明清官窑瓷器是故宫陶瓷收藏中的强项，仅以宋代汝窑瓷器、明代永乐宣德官窑瓷器、清代康熙瓷器为例，国内外收藏传世汝窑瓷器不足百件，故宫收藏20件，又收藏明代永乐、宣德官窑瓷器700多件，康熙瓷器7万多件。这些藏品无论从数量还是质量上看，在世界上都是名列前茅的。

第二，古窑址瓷片标本。故宫博物院收藏有20世纪五六十年代以来从全国各地考察古窑址所采集的144个重要窑口的约3万枚瓷片标本，这在世界上也是独一无二的。标本的时代上起东汉，下至清代，其中以唐到元代窑址的标本最为丰富。有的标本可与出土和传世器物相印证，有的标本则不见于出土与传世器物中。因此，对古窑址瓷片标本的研究愈发显得重要，它能使我们更清楚地了解我国古代各地烧造陶瓷的情况，补充文献与传世器物的不足。目前有些窑址已遭破坏或深埋于地下，再前往采集标本，已几乎不可能有所收获，因此故宫所藏这批古窑址瓷片标本就愈显重要。

第三，陶瓷类实物资料。故宫博物院现收藏有原清宫因残淘汰下来的、古物南迁损伤的以及1949年以后收购来的数千件基本完整而被划归为非文物的资料，以及清宫淘汰下来的大量明清官窑瓷片标本。这些实物资料数量之大、包含的花色品种之全，在世界上是首屈一指的。其中有大量明、清、民国时期的陶瓷仿品，至今尚未全面向社会公开过，它们是学习古陶瓷鉴定的珍贵资料。特别是资料中还有一些品种弥补了现存古陶瓷文物中的空白。

其三是古陶瓷研究成果。在深入研究的基础上，故宫博物院已先后编写出版的陶瓷类图书有《故宫博物院藏瓷选集》（文物出版社，1962年）、《故宫珍藏康雍乾瓷器图录》（紫禁城出版社、两木出版社，1989年）、《故宫博物院藏清盛世瓷选粹》（紫禁城出版社，1994年）、《故宫藏传世瓷器真赝对比及重要窑址标本图录》（紫禁城出版社，1998年）、《故宫博物院藏明初青花瓷器》（紫禁城出版社，2002年）、《故宫博物院藏文物珍品全集》（其中陶瓷类文物9卷：晋唐名瓷1卷、两宋瓷器2卷、五彩斗彩1卷、珐琅彩粉彩1卷、颜色釉1卷、青花釉里红3卷）[商务印书馆（香港）有限公司]、《孙瀛洲的陶瓷世界》（紫禁城出版社，2003年）、《陈万里陶瓷考古文集》（紫禁城出版社、两木出版社，1990年）、《冯先铭中国古陶瓷论文集》（紫禁城出版社、两木出版社，1987年）等。个人专著有陈万里《中国青瓷史略》（上海人民出版社，1956年）和《瓷器与浙江》（中华书局，1946年）、耿宝昌《明清瓷器鉴定》（紫禁城出版社、两木出版社，1993年）、李辉柄《中国瓷器鉴定基础》（紫禁城出版社，2005年）和《宋代官窑瓷器》（故宫出版社，2013年）、叶佩兰《元代瓷器》（九州出版社，1998年）、王莉英《陶瓷器鉴赏与收藏》（吉林科学技术出版社，1994年）、吕成龙《中国古代颜色釉瓷器》（紫禁城出版社，1999年）和《中国古陶瓷款识》（紫禁城出版社，2003年）、王健华《古瓷辨赏》（紫禁城出版社，1996年）等。另外，故宫的陶瓷专业人员还撰写了大量科研论文。这些已出版或发表的故宫专家和学者的研究成果，受到国内外古陶瓷爱好者的广泛关注。特别是1982年由冯先铭先生主编的《中国陶瓷史》（文物出版社），堪称我国第一部权威的陶瓷史，赢得国内外陶瓷界的极高赞誉，曾全文译成日文在日本出版。

正因为具备上述丰厚的藏品基础和研究优势，在加强故宫学的学术规划中，成立故宫博物院古陶瓷研究中心被提上了议事日程，在社会同行的支持下，并予以实施。故宫博物院古陶瓷研究中心设在延禧宫区，主要由三部分构成：一是设在延禧宫西司库的观摩室兼做小型会议室；二是设在延禧宫西库房的陶瓷专题陈列室，室内设触摸屏和等离子显示屏；三是设在延禧宫的古陶瓷检测研究中心，内设古陶瓷成分分析实验室、工艺研究实验室、结构分析实验室和物理、化学性质检测实验室，承担古陶瓷的分析检测研究工作。观摩室和小型会议室供来陶瓷中心访问的专家、学者观摩古陶瓷资料、标本以及进行小规模的学术研讨活动等使用。古陶瓷专题陈列室将定期举办院藏陶瓷专题展览，展示故宫古陶瓷专家、学者的研究成果，适当引进一些外展。

故宫博物院古陶瓷研究中心是一个高层次的国际性学术研究机构。该中心将在故宫博物院的领导下，在院学术委员会的指导下，由院古器物部和文保科技部具体负责其日常业务工作，积极开展国内外有关古陶瓷方面的学术研究和学术交流活动。

古陶瓷研究中心的研究对象主要是故宫博物院的古陶瓷收藏、古窑址残片收藏和世界各地收藏的中国古代陶瓷。古陶瓷研究中心的研究内容包括对不同时期、不同产地、不同类型古陶瓷制作原料、工艺、结构及相关性质的科学研究；对古陶瓷年代、窑口、真伪的科学研究；对古陶瓷的科学保管、修复和复制等技术的科学研究，以及更多深层次、多视角的科学研究。

古陶瓷研究中心将利用故宫博物院在人才和收藏古陶瓷文物、资料、标本以及引进各种先进检测仪器设备等方面的条件和优势，为国内外专家、学者搭建一个开展综合性合作研究的学术平台，旨在使故宫博物院陶瓷藏品的诸多内涵为世人所知，以弘扬博大精深的中国陶瓷文化。同时，积极借鉴国内外同行的研究方法和学术成果，为故宫培养和造就一批古陶瓷专业的中青年专家，力求使故宫的古陶瓷科学研究水平位于世界的最前列。

为配合古陶瓷研究中心的成立，故宫博物院组织院内专家、学者在深入研究的基础上，推出了"故宫博物院藏清代御窑瓷器展""故宫博物院藏中国古代窑址标本展"，并建立了"故宫博物院古陶瓷标本资料观摩室"，同时还编辑出版了《故宫博物院藏清代御窑瓷器》《故宫博物院藏中国古代窑址标本》《故宫博物院藏古陶瓷资料选萃》三套图书。清代御窑瓷器是故宫收藏中的强项，《故宫博物院藏清代御窑瓷器》一书将收录故宫收藏的从顺治至宣统御窑瓷器1000余件，配以大量辅助资料，这是故宫首次出版全面反映清代御窑厂生产工艺及产品的图录，其中绝大多数瓷器属首次公开发表。《故宫博物院藏中国古代窑址标本》一书，收录故宫自1949年以来赴全国各地考察古窑址所采集的144个窑口的陶瓷残片标本，这是故宫首次向社会全面公布这批标本资料。《故宫博物院藏古陶瓷资料选萃》一书将收录500余件故宫藏器形基本完整的古陶瓷实物资料，其中有一部分属于珍稀品种，属于首次发表。我深信，这些古陶瓷图书的出版，必将对中国古陶瓷工艺学、鉴定学的研究起到积极的推动作用。

（《故宫博物院藏清代御窑瓷器》《故宫博物院藏中国古代窑址标本》《故宫博物院藏古陶瓷资料选萃》序言，紫禁城出版社，2005年）

故宫紫砂

　　故宫博物院收藏的古代陶瓷器有35万件之多，其中清宫旧藏瓷器举世瞩目，半个多世纪以来通过举办展览和编辑出版了许多精品图册，这些藏品应该说已广为人知。但是，作为将中国陶器之美发展到极致的宜兴紫砂陶，故宫博物院虽然也有400余件的藏品，却从来没有做过专题展览，外界了解甚少，对它的研究和认识当然也远远不够。

　　明代晚期以来，江苏宜兴紫砂因其稀有的资源、独特的工艺、深厚的文化底蕴且赏用功能兼具而享誉人间，成为难得的艺术瑰宝。从文献记载和传世实物看，最迟在明代万历年间宜兴紫砂胎雕漆制品已开始进入宫廷。名家大师的手制茗壶、文玩清供等与景德镇官窑瓷器一样备受宫廷的青睐。1999年随着国际和国内紫砂研究的热潮，故宫博物院的专家开始系统研究和整理故宫收藏的紫砂器，在将院藏品与国内墓葬出土及流散世界各地的紫砂相比对的过程中提出了"宫廷紫砂"的概念。

　　"宫廷紫砂"特指皇帝御用的高档、精美的紫砂器，其来源有二：一是由宫廷造办处出样在宜兴定制，二是由宜兴地方官根据皇帝的喜好向宫廷进献。清代康熙紫砂胎珐琅彩茶具上已使用"康熙御制"官窑款，雍正、乾隆两朝《养心殿造办处各作成做活计清档》中屡次提到的宜兴窑制品，在旧藏紫砂实物中得到了印证。这批档次极高、流传有绪的宫廷紫砂代表了宜兴窑历史上最鼎盛时期的制作水平，一大批为宫廷服务的良师巧匠虽然没有被允许留下姓名，但无疑是最优秀的艺术大师。举办这次展览的初衷，就是为展现宫廷紫砂的风采，研究和发掘宜兴窑的历史瑰宝，彰显紫砂无名大师对宫廷艺术的巨大贡献，也为当代紫砂的传承、发展提供一个极为难得的观摩平台。这次展览以最早进入宫廷的明万历时期时大彬款紫砂胎雕漆茶壶为开端，按时代顺序陈列，一直延续到清宣统元年（1909年）端方定制的最后一批小壶为止，重点突出雍正、乾隆两朝的宫廷御用紫砂，尽可能全面、客观地反映故宫收藏紫砂的全貌。为配合展览所出的这本图册，遴选了故宫博物院藏紫砂中200件具有代表性的作品，以飨同好。

宜兴紫砂是有着深厚的传统文化精神的民间工艺。民间工艺集中体现了我们民族的性格、追求和理念，也最充分地体现了我们民族的智慧、创造力和审美情趣，在快节奏的现代社会生活中，越来越凸显出它们的魅力和无可替代的价值。对紫砂艺术的传承、发扬，是对民族文化的保护。我们高兴地看到，随着时代的发展、社会的进步，紫砂工艺仍然葆有旺盛的生命力，技艺代代相传，制作高手辈出。特别是新中国成立以来，涌现出一批又一批德艺双馨的陶艺大师，这些年高艺绝的大师如今仍活跃在紫砂创作的舞台上。作为这次以清宫旧藏为主体的展览的另外部分，我们展出了当今宜兴9位国家工艺美术大师、17位工艺美术名人及高级工艺师的26件作品。把宫廷紫砂器与当代紫砂大师的作品一起展览，有三方面的考虑：

第一，有利于了解源远流长的紫砂艺术从明清到当今的发展状况。故宫博物院所藏紫砂器，在品质和数量上都称冠于世，这次选出一批有代表性的器物与公众见面，可使人们大开眼界。所选当代宜兴紫砂大师的作品，都是他们精心制作的珍品。这些作品既继承了传统文化的精神，又适应时代的审美要求，形成了各自鲜明的艺术风格，在不少方面有新的突破和创造，从不同侧面展示了紫砂艺术在当代的水平。把古与今结合起来，更能看到从明清到现当代紫砂艺术发展、变化的脉络，找出其中的规律及特点，为紫砂艺术的进一步发展提供借鉴作用。

第二，有利于加深对紫砂文化的研究。紫砂陶本质上反映的是人与自然的关系，有着深厚的文化内涵。紫砂艺术在当今有着很大的发展机遇，但也面临严峻的挑战。这就需要加强紫砂文化的研究，努力挖掘它的文化之根，并不断赋予它新的文化养分，弘扬紫砂艺术的生命和精神，使其与时俱进。把古代和今天的作品放在一起，通过观摩、对比，更有利于人们对紫砂文化的研究和认识。

第三，在筹办这次展览中，故宫博物院荣幸地接受了徐秀棠、汪寅仙、徐汉棠、吕尧臣、谭泉海、李昌鸿、鲍志强、顾绍培、周桂珍9位国家级工艺美术大师无偿捐赠的作品，这对丰富故宫博物院的艺术品收藏，特别是使紫砂收藏形成一个从明代至今的完整的系列，有着重要的意义。从20世纪70年代以来，故宫曾接收过一些紫砂名家的捐献，但不是主动地有计划地收藏。近年来，故宫博物院从传承民族文化艺术、保护民族文化财产的高度认识收藏当代艺术精品的意义，已开始有计划地收藏当代名家的书画作品，当代紫砂珍品的收藏也是在这一指导思想下的具体行动。这次我们向这些大师征集，得到了他们的积极响应和支持。展览当代紫砂大师的作品，表明故宫对这些大师的艺术成就的敬意，以及对他们向故宫捐献的感谢。

（《故宫博物院藏宜兴紫砂》序言，紫禁城出版社，2007年）

官样御瓷

经过两年的努力，由故宫博物院图书馆、古器物部、古建部和中国第一历史档案馆等部门的相关研究人员联合编著的《官样御瓷——故宫博物院藏清代制瓷官样与御窑瓷器》一书已经完成，并由紫禁城出版社出版。这是一本很有意义的书。

官样是中国古代官府手工业制度的重要内容之一，具有规范产品形制、保证产品质量的作用。西周时期官府手工作坊里已经有政府规定的产品标准，唐宋以后关于官样的记载更加详细，或以流行的实物为样，或另行制样，手法各异；而在手工艺产品的生产中以彩绘图像为官样，至迟从北宋末年就开始流行。档案记载，明清两代御用瓷器生产中的官样形态，有宫中旧藏的瓷器实物、用木旋成的同形器物和彩绘的器物图像三种。在故宫博物院的藏品中，能考证为雍正、乾隆时期生产瓷器时所用的官样，只有少数几件宋明瓷器实物，而保存下来的彩绘图像官样则只有晚清的一部分。它们是内府画工根据皇帝的意愿绘成的器物标准，御窑厂的窑工们再根据这些官样生产御用瓷器。在御用瓷器的生产过程中，官样起到了沟通皇帝与手工业生产者、实现审美意识交流的作用。尽管文献对官样的记载颇多，但由于缺乏官样的实物资料，在有关中国古代官手工业制度的研究中，一直没有人能对此进行详细的对比研究。《官样御瓷——故宫博物院藏清代制瓷官样与御窑瓷器》一书，则是第一部通过对比内府所颁官样与御窑瓷器来研究清代御窑制度的著作，因而有其特殊的意义。

《官样御瓷——故宫博物院藏清代制瓷官样与御窑瓷器》一书虽然以清代的制瓷官样和御窑瓷器为出发点，但在考证研究这两类文物本身的同时，作者更注重从历代官样的源流入手，考证历代的官手工业制度及各时期官样的发展特点，把问题放到专门的手工业生产史以及大的历史背景中去思考。如官样对瓷器生产带来的不利方面，这在以往也没有被注意到。明清两代的御用瓷器和同时期的民窑瓷器相比，率以精美、精工细作为特点，而少见民窑瓷器表现出来的活泼风格和紧扣时代脉搏而变化的清新感觉。以往研究者在论及明代以后的艺术时，每每以官府建筑、雕塑艺术都失去了奔放英姿和雄壮气势为时弊，并归结为是没落封建制度造成的，但开始没落的社会制度如何影响艺术创造走向，这大概与官样制度不无关系。在皇帝个人意志控制下，既限制了参与制作官样者艺术才能的发挥，也阻碍了生产者的创新，这应是导致明清两代的艺术创作趋向衰颓的重要原因。

本书虽然是就单一的制瓷问题出发，但研究内容却涉及清代宫廷历史、宫殿建筑、皇室生活等内容，并得出新的结论。如为人乐道的大雅斋瓷器，长期以来只知道是光绪时期的御窑厂为慈禧皇太后烧造的用器，可是其具体生产时间却一直不清楚。作者在整理院藏清代晚期的制瓷官样时，发现每个画样上都用黄签墨书标明要生产的器物类别、尺寸和数量，而在《清内务府奏销档》中却有一批同治十三年（1874年）颁发官样以及光绪元年（1875年）、光绪二年（1876年）烧成进呈内宫的瓷器，这批瓷器的数量、尺寸、类别竟然和大雅斋瓷器画样的黄签所记完全吻合，据此可定大雅斋瓷器是在光绪元年和二年烧成的。至于大雅斋在何处，《禁宫何处大雅斋》《大雅斋与大雅斋建筑考》等文通过对故宫收藏的"大雅斋"匾及对建筑的考证，认为大雅斋原本是在圆明园"天地一家春"内没有建成的一处建筑，但不排除紫禁城内慈禧的画室中悬有"大雅斋"匾的可能。又如，通过对体和殿建筑始建于光绪十年（1884年）的考证，认定"体和殿"款瓷器的烧造时间必在是年以后，这都是和以往的认识完全不同。

我理解，文物研究有以下三个层次：第一，是认知文物本身，并做出真伪鉴别；第二，归纳其出现、发展、流行直至消亡的规律，并求证其原因；第三，是在前二者的基础上，从文物自身流露出的信息，求知社会制度、意识形态等变化之大端，即考古学所说的"透物见人"，真正做到以物证史、以物补史。故宫学正是这样，它虽然是以故宫建筑群和故宫博物院的收藏为直接研究对象，但并不应以此为满足，而应由此涉及艺术史、建筑史、政治史、经济史、宫廷史等内容；其目的是通过对故宫及故宫博物院藏品的研究，揭示并归纳中国古代帝王政治及社会历史的发展规律，深刻认识源远流长的中国传统文化。《官样御瓷——故宫博物院藏清代制瓷官样与御窑瓷器》一书较好地运用了这一方法，它从具体的文物个体出发，进而涉及宫殿建筑、御用物资的生产和征办制度、皇室生活等内容，视野相对开阔，资料更为丰富，研究比较深入，因而取得了一些重要成果，这是值得祝贺的。

（《官样御瓷——故宫博物院藏清代制瓷官样与御窑瓷器》序言，紫禁城出版社，2006年）

故宫的联匾

　　杨新同志撰写的《故宫联匾导读》已经完稿，故宫出版社即将出版，这是挖掘故宫文化内涵的一件好事，对于故宫学研究以及普及故宫知识，都是有意义的。

　　对联的产生和汉语汉字的特性有密切关系，是我国文苑中一种具有独特风格的艺术形式，它最为短小而天地非常广阔、表现力十分丰富。好的对联虽片词数语，却含哲理、富智慧、寓劝惩，可箴可铭，给人启迪，甚至流传广远，百世常新。对联离不开书法，便形成联语与书法糅为一体的珠联璧合的综合艺术；对联与园林、雕刻及装饰艺术相结合，更成为中国传统艺术的一个重要特色。故宫是明清两代的皇宫，是一组气势磅礴而又秀丽壮美的艺术品。在这组艺术品中，遍布各个殿堂的无数楹联，抒发着当年主人的心声，记载着宫廷的历史，并以其精美的形式与古建筑融为一体。

　　在建筑物上，匾额与楹联一样，同样有着重要的作用。匾额亦作扁额，以大字题额，悬挂建筑的门或堂的前额之上。室外匾多为木刻。对于皇宫的殿堂来说，匾额往往是它的名字，有画龙点睛之妙。"名"在中国从来具有神圣性，它反映了主人的意愿、理想，有了匾额，物质的宫殿才有了精神，有了生命，有了供人思索联想的丰富的意象。例如故宫外朝的三大殿，明代称为皇极殿、中极殿和建极殿，清顺治年间则改为太和殿、中和殿和保和殿，这显然不只是名字的改变，也分明反映了新的统治者的治国理念和指导思想，有着深刻的政治意义。故宫的殿、堂、宫、斋以及楼、台、亭、阁，都有名字，因此也都有匾。殿堂内一般也有匾，又多与楹联结合，表达着主人的思想、愿望。故宫匾额多为蓝地、金属铸贴金字。清代在匾上加上满文题字，成为满汉文字并列的特殊匾额。室内匾则多为纸地墨书。

对联已有久远的历史，一般说法是发源于五代，至宋代逐渐应用到装饰及交际庆吊上，明代春联的推广促使了对联的普及，有清一代，对联的创作和应用愈盛。明清两代对联的鼎盛，与皇帝的重视、宫廷的影响大有关系。对此进行一番简要的回顾，会使我们更多地了解宫廷匾联兴盛的情况。

明代是我国对联艺术发展史上的一个高潮，开国皇帝朱元璋起了重要作用。朱元璋从小读书识字不多，后发奋学习文化，大量招揽儒士读书人，置于左右，朝夕相处，后来他能写出通俗的文章，还能作诗。他热爱对联，被称为"对联天子"，他是春联的倡导者。"双手劈开生死路，一刀割断是非根"，就是流传的他致力于推广春联的佳话；相传的他与老农、藕农及大臣的不少对联，语句清新，不事雕琢，透露着机智与幽默，有的堪称趣联；他给大臣的一些题赠，出语奇崛，颇有气势；而题金陵故宫的对联，触景生情，一唱三叹，则令人遐思回味。明光宗朱常洛也是个爱好对联的皇帝。明人刘若愚的《酌中志》载：

> 光庙于讲学之暇，好挥洒大字匾额对联，以赐青宫左右，虽祁寒、大暑，未之少辍。

《酌中志》还记载了紫禁城中文华殿前后柱上有过的5副对联，皆为张居正进献，王庭策等书写，但从现有的资料看，关于明宫殿楹联的记载甚少，似当时尚不普遍。明宫中每年的春联自然少不了。明人史玄的《旧京遗事》上说：

禁中岁除，各宫门改易春联及安放绢画钟馗神像。

《崇祯宫词注》载，宫中春联，例用泥金葫芦，内书吉利福寿，字旁写曰"送瘟使者将归去，俺家也有一葫芦"，以被除不祥。明代包括宫廷的对联当然很多，但传世的却很少，主要原因是没有有心人荟萃成书，致使很多佳联湮灭无闻。

清代对联的蓬勃发展，更与皇帝特别是乾隆皇帝的爱好以及宫廷带动分不开。清代楹联大家梁章钜在《楹联丛话》中说：

> 我朝圣学相嬗，念典日新，凡殿廷庙宇之间，各有御联悬挂。恭值翠华临莅，辄荷宸题；宠锡臣工，屡承吉语。天章稠叠，不啻云烂星陈。海内翕然向风，亦莫不缵颂剺诗，和声鸣盛。楹联之制，殆无有美富于此时者。

清代凡恭值大典庆成，皆有进御文字，康、乾年间，两次编辑《万寿盛典》，列有"图绘"一门，附录楹联。清人吴振棫的《养吉斋丛录》记载了乾隆帝八旬万寿圣节庆典布景的盛况，说从圆明园宫门外始，至京城紫禁城，"极山川之奇丽，绘洞天之胜景"，沿途楹联飞舞，尽显"福""寿"之词。这些楹联从文学角度看，也确有其独特的艺术特色。从四言至十七言，洋洋大观，佳制迭见，吴氏的这本书就收录了不少楹联。春联照例是有的。清人夏仁虎的《旧京琐记》中说：

> 宫内新岁春联色皆用白，由南书房翰林以宣纸书之。自殿廷至庑庙，其文皆有常例，不敢稍易。

关于清宫联匾，《日下旧闻考》及《国朝宫史》、《国朝宫史续编》都有大量记载，从中可见乾、嘉时宫廷联匾的兴盛，特别是随处可见的乾隆皇帝的御笔，使我们感受到他写联匾与写诗一样有着强烈的爱好和旺盛的创作力。故宫博物院现尚藏有八卷八册的《楹联萃珍》，为清内府抄本，另有署为"文定公手写本"的《禁中匾额楹联集锦》一册。为了进一步了解清宫的联匾状况，故宫博物院现正着人查阅清宫档案，已抄录了有关匾联的10万字的文字资料。故宫博物院成立后就对宫中档案进行分类整理，专列"宫中杂件类"，其中有"匾联档"，时间最早为嘉庆，所记同治、光绪朝的也较多。同光年间，也是宫廷联匾蓬勃发展的又一个时期。这些档案多无朝年，只能从写字人、使用者或已知道的当时总管太监等名单上查找时间。档案或记尺寸，或仅为匾联名，一般也没有对匾联内容的解释。这里试举两件记载，一件是同治年间的，没有具体的年代：

寿康宫后殿内安挂活计单

明间北杞枋上向南匾一面	同鹤斋	太后御笔
明间北杞枋上向南匾两边福寿字二件	同治御笔	
东间北墙向南大挂屏一件	行围图	陆吉安
东间北墙杞枋向南挂屏五件	改坡挂	四龙一福
东间南窗户杞枋上向北匾一面	福禄寿喜	
东间门口上向东福字一件		
东间东罩上向西匾一面	天行健	
东里间东墙向西大匾一面	日向壶中特地长	
东里间南窗户杞枋上向北画横披一件	沈振麟	
西间东门口上向西龙字一件		

另一件是有朝年的记载。嘉庆皇帝在位25年，档案中存有嘉庆元年至十四年（1796—1809年）匾联的变化记录，这里抄录嘉庆五年（1800年）一则：

嘉庆五年匾额

与物皆春	写养心殿后殿明间落地罩上向北扁一面
道崇辑武	写钦安殿明间帘架上扁一面
祥风翔	写延春阁玉壶冰楼下西间西墙门上向东扁一面
庆云集	写延春阁玉壶冰楼下东间南墙门上向北扁一面
集英	写静怡轩殿内后层方胜床东墙门上扁一面
萃胜	写静怡轩殿内后层方胜床西墙门上扁一面
寄所讬	写养心殿东暖阁寄所讬换扁一面
如在其上	写养心殿东暖阁仙楼下花帘罩上换扁一面
毓庆宫	写毓庆宫外檐换扁一面

从这些档案记载中,既可看到当时宫中匾联应用的广泛以及宫殿内部陈设装饰的情况,又可了解匾联的添、改、撤、挪等变化。匾联的这些变化往往与建筑的变化有关,也当与主人心绪及一定的时势有关,已成为清代宫廷历史文化的一个重要部分,是值得认真研究的。

故宫是明清两代的皇宫,它本身充分体现了儒家理念及封建礼制。在长达491年的岁月里,它一直是封建统治的最高权力机构所在地。由于这一特殊的地位和要求,故宫的联匾就与三山五园以及承德避暑山庄等园囿的联匾在旨趣上有所不同,主要有三个方面的内容:一是反映治国理想,追求皇权永固,例如雍正帝题养心殿西暖阁的"惟以一人治天下;岂为天下奉一人",乾隆帝题保和殿的"祖训昭垂,我后嗣子孙尚克钦承有永;天心降鉴,惟万方臣庶当思容保无疆"。二是对益寿延年、福寿双全的期盼,例如乾隆帝的"松牖乐春熙,既安且吉;兰垓宜昼永,日寿而昌",慈禧太后为储秀宫前檐题的"百福屏开,九天凝瑞霭;五云景丽,万象入春台"。三是统治者对自己修身养性的诚勉或者理想人格的向往,例如康熙帝题养性斋东室的"一室虚生无限白,四时不改总常青",乾隆帝题三希堂的"怀抱观古今,深心托豪素"。这些匾联多出自经书,并多用成句和典故。

　　故宫殿堂的现存联匾，都为清代诸帝、慈禧太后以及一些大臣所书。杨新同志做注释的这些联匾，书写者就包括了康熙、雍正、乾隆、嘉庆、咸丰、光绪诸帝，慈禧太后以及梁耀枢、徐郙、潘祖荫、赵秉中、陆润庠等名臣。其中最多的是乾隆，其次是慈禧太后。

　　好的联匾，撰拟者一定要有较好的传统文化素养，熟悉经书，又要懂书法，字写得好看。清代皇帝，自顺治帝始，幼时无不以习汉书法为必修之课，且多有一定修养，成就较高者为康、雍、乾三帝，其作品故宫博物院俱有收藏，仅乾隆皇帝的书画作品（主要是书法）即达2000多幅，存世最多。对乾隆帝的书法，有些人推崇甚高，认为他形成了自己方圆兼备、布白得宜、结构稳重、刚柔相济的独特风格，也有些人认为他的字圆熟柔润，但骨力不足，失之于软。总的看，他的书法是颇有成就的。除过书法，清朝统治者在入关前就注意吸收中原文化，入关后则更加重视并广泛吸收，这明显地反映在其用汉语属文作诗上。这些都是写好联匾的重要条件。自康熙帝到光绪帝，每人都有文集或诗文集，其中同治帝与光绪帝的诗文集未付梓，故宫博物院藏有其稿本和抄本。尤其是乾隆帝，酷爱作诗，数量惊人，他亦不讳言，有些为词臣捉刀，但他学识渊博，勤于写作，则是人们公认的。对联的基础是诗歌。"平生结习最于诗"的乾隆皇帝，不仅在紫禁城内，而且在三山五园、沈阳故宫、承德避暑山庄等，都留下了他的大量联匾，其中不乏佳制。

　　在清代晚期，慈禧太后为宫中一些殿堂题了联匾，本书中收录的较多，包括储秀宫、皇极殿、养心殿、长春宫等，这恐怕是许多人没有想到的。从一些资料来看，慈禧从小受到良好的教育，对文史、书法、绘画都非常喜欢。她有相当的文学造诣，《清稗类钞·考试类》载：

　　　　孝钦后工试帖诗，每岁春闱，及殿廷考试，辄有拟作。同治

乙丑科会试，试题：芦笋生时柳絮飞。得生字，拟作云：南浦篙
三尺，东风笛一声。鸥波连夜雨，萍迹故乡情。

她有艺术天赋，善书画，美国人赫德兰《一个美国人眼中的晚清
宫廷》对此有记述。《清稗类钞·艺术类》也载：

孝钦后喜作擘窠大字，亦临摹法帖，作小楷。尤喜绘古松，
笔颇苍老。

当然，她也有代笔者，但她的书画具有一定造诣，则是肯定的。

杨新同志的这本《故宫联匾导读》，既是一本普及性的读物，
也是作者多年努力的成果。本书收录广泛，包括前三殿、后三宫、
养心殿、宁寿宫区以及西六宫等，比较重要的联匾差不多都收进来
了，人们从中可对故宫的联匾有个基本的了解。同时，本书还收录注
释了几首与匾联有关的乾隆皇帝的诗歌、铭文。例如，养心殿西暖阁
北墙乾隆帝仿鲍明远体的一首五古，养心殿宝座后屏风上乾隆帝的一
首五古，交泰殿宝座后的《交泰殿铭》，以及现放在漱芳斋后面一个
宝座屏风上的"赋得正谊明道八韵"等，这里一并介绍，或因其本身
重要，或因有利于加深对相关联匾的理解。这些联匾内容，多来自经
书，成句典故甚多，对于当今的一般观众来说，不光一些字难认，意
思更难理解。杨新同志不殚烦劳，翻阅大量典籍资料，认真细致地加
以注释，除过弄清成句及典故的来历外，又结合宫殿的特点或作者的
情况，对联匾的深层或多重意义加以阐发，而对一些相关背景材料的
介绍，更有裨对联匾的理解。我还感到，杨新同志的笔触，既有注释
时的严谨准确，在叙述中亦不乏轻松灵活，例如养心殿后殿东里间门
楣上，有光绪帝载湉所书"毋不敬"三字，而在东次间门棱上则有慈
禧太后那拉氏所书"又日新"三字。杨新同志在讲解时说："又日
新"与"毋不敬"，好像是慈禧与光绪母子的对话，一个说："你要

天天悔过自新。"另一个说："我没有什么不孝顺的。"相信读到此处，读者当会有深切的体会。

　　故宫清代的联匾甚多，是宫廷历史文化的一个重要组成部分，杨新同志已做了大量的工作，但还有不少联匾需要注释，介绍给广大读者，使人们从这一个小小的侧面，去了解并挖掘清代的历史特别是宫廷史，我想这是大家所企盼的，我们也相信杨新同志会继续努力，完成这项颇为费事而又很有意义的工作。

　　（《故宫联匾导读》序言，故宫出版社，2011年）

服饰里的文章

    中华服饰文化源远流长又丰富多彩，素以"衣冠文物礼仪之邦"和"丝绸之国"闻名于世。黄能福、陈娟娟、黄钢合著的《服饰中华——中华服饰七千年》，引导我们领略这悠久的历史和万千的气象。

    我们祖先在旧石器时代晚期已磨制骨针缝制毛皮衣服，佩戴用兽牙、贝壳、骨管、鸵鸟蛋壳、石珠等连串的串饰。到了新石器时代，就开始农耕牧畜，营造房屋，男子外出狩猎，打制石器，琢玉；女子从事采集，制陶，发明纺麻，养蚕制丝，纺织毛、麻、丝布，缝制衣服。根据考古材料，我国在距今7000年前西安半坡文化遗址出土的陶器中，发现有100余件带有麻布或编织物的印痕，其中已有平纹、斜纹、一绞一绞织法、绕环编织法等编织方法。江苏吴县草鞋山发现了距今5400年前的葛布，织有回纹和条纹暗花。河南荥阳青台村仰韶文化遗址发现了平纹蚕丝绢和浅绛色罗，距今已5500年。新疆和青海新石器文化遗址则发现过彩条纹毛布。距今3000多年的西周时期，已出现用染色熟丝织出彩色花纹的织锦和在绢帛上绣出精美花纹的刺绣。衣冠鞋履、玉石首饰、佩饰与华美的发型配套，构成中华上古服饰文化的繁荣景象。

    服饰是人类源于护体御寒等生理需求的物质产品，又是反映人们审美观念和生活理念的精神载体。我们的祖先自从发明了纺麻、缫丝、织毛等手工技术，就能利用纺织品缝制适合护体御寒的配套服

146

装，而且创造了形式美观、具有思想内涵的服饰纹样，以表达对美好生活的愿望。大约在公元前22世纪末，中国进入传说中"黄帝尧舜垂衣裳而天下治"的时代；自公元前21世纪至公元前5世纪，统治者以"天命神权"为精神支柱，宣扬"道协人天"的思想，把森严的等级制度以"礼"的形式固定下来。服饰是社会的物质和精神文化，就成为"礼"的重要内容，作为"分贵贱、别等威"的工具。最高统治者称为"天子"，他与天帝沟通的办法即祭祀。《礼记·祭法》：

> 夫圣王之制祭祀也，法施于民则祀之，以死勤事则祀之，以劳定国则祀之，能御大菑则祀之，能捍大患则祀之。

《论语》中说，禹平时生活节俭，但祭祀时必穿华美的礼服——黼冕，以表对天帝的恭敬。经过夏、商、周三代的继承和变革发展，到周代就形成了以"天子"为中心的完善的服饰制度，按礼节的轻重规定穿不同的礼服，同时规定按不同的政治地位穿不同礼服的制度，位高者可以穿低于规定的礼服，位低者越位穿高于规定的礼服则要受到严厉的惩罚。后宫后妃及百官的服饰也都有相应的定制。这些服制的思想内涵，完全从属于传扬"天命神权"，巩固阶级统治的政治需要。例如天子冕冠的綖板前圆后方，前面象征天，后面象征地；冕綖前后垂旒各十二条及天子章服的十二章纹，象征月之四时运行的十二地支（月令），冕旒以五彩缫（丝绳）贯朱、白、苍、黄、玄五彩玉珠，这五色与季节、气象、方位及金木水火土5种物质元素，青龙、白虎、朱雀、玄武四象星座相对应。天子章服的十二章纹，更具政治伦理的内涵，作为王权的标志，历代传承以至清末。

从考古证知，人类使用首饰佩饰早于使用服装的历史。中国在新石器时代的中晚期如红山文化、龙山文化、良渚文化制作的玉器，包括发饰、冠饰、耳饰（玉玦及耳坠）、颈饰（玉串饰及玉项链）、臂饰（玉瑗、玉臂环、玉镯）、手饰（玉指环）、佩饰（玉璧、双联璧、三联璧及鸟、兽、蛙、鳖、龟、龙等象生型玉佩）、玉带钩等，其形式之多样，磨琢之精巧，令人叹止。商周时期，玉器被统治者作为人格道德的象征，所谓"君子比德于玉""君子无故玉不去身"。除玉饰之外，商代已生产金首饰，以后金银珠玉宝石镶嵌工艺技术高度发展，首饰的艺术形式与文化内涵不断丰富，一器一物，往往价值连城，这就形成中华传统工艺美术的光辉府库。

在中国古代服饰纹样中，龙纹是地位非常显赫的装饰题材。古代神话中，如黄帝、女娲、伏羲等都说成是人头蛇身的神人，《虞书·益稷》把龙作为天子冕服十二章纹中的一章，而龙蛇作为服饰纹样的实例，已见于甘肃临洮出土的彩陶人形器盖中。《诗·小雅·采菽》中说："又何予之，玄衮及黼。"商周铜器铭文，亦可发现赐玄衮衣的铭文。玄衮衣即绣有龙纹的玄衣，可见中国统治阶级首领穿用龙衣由来已久。历朝以龙纹为衣袍装饰的实物形象，留传至今的甚少，唯明清两代尚有留传，尤以故宫博物院收藏最为系统、完整。当年龙袍纹饰款式系由清宫如意馆画师按服饰制度精心描绘，经审准后核发江南织造府织造，材质夏用纱绣缂丝等，冬用织成妆花缎或以缎、绸绣制，表以紫貂、薰貂、海龙裘皮等。织绣工艺精工无比，绣线则采用扁金线、圆金线、龙抱柱线、孔雀羽线等。一袍之作，辄逾一二年，积民间工匠心血智慧之精华。

中国自古是多民族聚居的国家，服饰文化以华夏农耕士儒文化为主体，不断与少数民族的游牧骑射文化相交融，并在交融中发展。华夏民族注重礼仪德化，故服饰雍容宽博，气度万千，但实用功能性差。游牧民族活动性大，生活无定处，故注重穿脱方便，合体实用。当少数民族入据中原华夷共处之时，华夏贵族的服饰便对少数民族贵族起到感染，如北魏孝文帝的服装改制即其实例，而少数民族的实用功能性服装则对华夏军队与劳动者产生重大影响，如战国赵武灵王胡服骑射及以后短装在民间日益普及，揭示了服装向科学实用发展的历史规律。中华民族传统服饰文化是中华文化的重要组成部分，博大精深，在世界文化宝库中独树一帜，深深值得我们去研究、弘扬。黄能福教授和陈娟娟研究馆员，从20世纪50年代初即追随前辈服饰史学大家沈从文先生研究中国服饰艺术史，历经半个世纪，学术成果颇丰。他们夫妇两人的合著，曾两次荣获中国图书奖、一次国家图书奖、两次国家图书奖荣誉奖。陈娟娟自幼多病，曾患多种高危疾病达数十年，但一直坚持在故宫从事织绣文物的陈列、研究，与其爱人黄能福合作，矻矻于学术著述直至生命的最后一刻。陈娟娟是故宫博物院培养的一名优秀的织绣文物专家。我到故宫博物院工作后不久，曾去医院看望过病危中的她，还想待她出院后再细谈，不料竟成了永别。现在，由她和黄能福、黄钢合著的《服饰中华——中华服饰七千年》在故宫博物院庆祝建院80周年之际由紫禁城出版社出版，是一件值得祝贺的好事，既是陈娟娟、黄能福在中华服饰文化研究心血的结晶，也是故宫博物院对祖国文博事业的一份贡献。

（《中国龙袍》序言，紫禁城出版社、漓江出版社，2006年）

故宫的顾绣

备受瞩目的"顾绣珍品特展"，在上海博物馆诸位同人的精心策划下，已经盛大开幕。一幅幅精美绝伦的珍品，迎来了众多识珍的慧眼；一件件"丝情"画意的佳作，倾倒了无数赏奇的雅士。

顾绣作为非物质文化遗产，从明代松江府上海县露香园起步，已享盛誉达300余年。顾绣突破了刺绣工艺以装饰实用为主的传统，成为中国历史上刺绣种类成功走上纯艺术道路的典范。

顾绣起源于明代松江顾名世之家，是由明代民间刺绣发展而来的闺阁艺术绣，从其诞生即蕴含了浓厚的艺术魅力。究其原因，一方面，顾家女眷擅长绘画，深晓画理，具有深厚的艺术底蕴；另一方面，运用高超的刺绣技艺将实用刺绣升华，把对事物的精微观察融入刺绣艺术的创作中，同时以松江画派为营养源泉，借鉴吸收文人画的风格，因而成就了别具一格的"画绣"刺绣欣赏艺术。

顾绣作品，绣线丰富多彩，配色古朴淡雅，晕染自然，深浅浓淡恰到好处，具有淡彩渲染的艺术魅力；针法复杂，变化多样，随物而变，视所绣物象巧施不同针法，各具神韵，惟妙惟肖；擘丝细如毫发，针脚缜密无痕，使得绣品细腻精致，自然传神，富于真实感；半绣半绘、绣、画结合，两者相得益彰，形象生动，给人以不似绘画胜似绘画的艺术美感。

顾绣实现了绣与画的完美结合，是绘画艺术的再加工，其艺术造诣已深得绘画艺术意趣，促进了欣赏性刺绣艺术的进一步发展。它作为一种文化传承，对促进其他绣派向多元化艺术的发展产生了深远影响。正因如此，传世顾绣绣品被北京故宫博物院、辽宁省博物馆、上海博物馆、台北故宫博物院等各大博物馆所珍藏，使顾绣艺术品得以流传有绪，虽时过数百年，依然焕发出耀眼的华彩。

故宫博物院收藏有数十件顾绣作品，可谓件件华美，幅幅传神，充分体现了顾绣的艺术特征。在顾绣作品中，以我院所藏的韩希孟《顾绣宋元名迹册》最为著名，代表了顾绣的最高艺术造诣。韩希孟为顾名世孙媳，工花卉，精刺绣，深通六法，融画理于绣技中，往往刺绣一件作品，不惜穷数年之心力。她的作品多以临摹宋元名画为能事，极力追求绘画效果，所绣人物、山水、花鸟均能达到静中有动，动态传神，神韵逼真，故能绣出这样的绝世佳品，与绘画几可乱真，将顾绣艺术推向了极致。明代文学家陈子龙誉之为"天孙织锦手出现人间"，而明代画家董其昌则惊叹"非人力也""技至此乎"！技压群雄的《顾绣宋元名迹册》，即在本次展览中呈现给广大的观众。

故宫博物院应上海博物馆之邀，以包括《顾绣宋元名迹册》在内的一批顾绣珍品参展，共襄其盛。我相信，这个精心打造的展览，一定会获得巨大成功！

（2007年12月28日在"海上锦绣——顾绣珍品特展"上的祝词）

清内府本概说

一　清王朝营造的文化盛事

17世纪中期至20世纪初期，以满洲贵族为核心的统治集团，建立了大清王朝，定都北京，统治中国近300年。清室入主紫禁城，全盘接收了明宫藏书，并在此基础上建立了较为完备的清代宫廷藏书体系。

清朝皇帝重视汉族文化，全面接受儒家学说。清代宫廷藏书，直接承自先朝的宫廷旧藏。宫廷旧藏是在历代皇帝的参与与鼓励下逐渐建立起来的。清帝稽古右文、倡导文治，不遗余力地搜罗遗籍，建立了清廷的宫廷藏书。康熙至乾隆的百余年间，经济繁荣，文化昌盛。其文化昌盛的一个重要体现，就是在紫禁城中，产生了数量庞大、书品华贵的清内府本。

清代丰富的宫廷藏书是清帝文治的直接体现。同时，清帝利用这些珍贵收藏，博览群书，加强个人的文化修养，丰富自己的读书生活，撰写了大量御制作品。这些作品，是清帝在儒家思想的熏陶下真实的精神生活和社会生活的记录，也是极有史料价值的文献。在中国数千年历史上、在所有朝代中，清代皇帝的御制作品，是数量最多、内容最为丰富的。

清代皇帝十分注重典籍的收藏和编纂。一方面充分接收前代皇宫遗存，大力搜求天下遗书，使得皇宫之中荟萃了许多极其罕见的宋元明各代珍贵的典籍，其中有相当一部分是历史上流传有绪，由著名收藏家或王府或皇室所传承、收藏的珍品或孤本；另一方面，召集天下儒臣，组织编纂大型书籍，集中于武英殿内编纂、校对、刻印、流传，这些由清内府编纂刻印的富于皇宫特色的珍贵典籍，就是清内府本。

武英殿修书处成立于康熙时期，直到清末都是清代宫廷的御用刻书机构，也是当时最为庞大的文化中心。在武英殿进行编纂、校刊、辑佚、提调、汇编、刻板、上版、印刷、收贮以及发行的人员，动辄上千，甚至数千人，形成了一套较为完整的图书编纂、刻印、出版体系，无论编刊质量还是数量都是历代宫廷刻书所不及的。由武英殿刻印流传的大量本子，因刻印精细、校刊精良、书品华贵，世称"殿本"。殿本之中，尤以康熙时期问世的本子最为珍贵，人称"康版"。武英殿及其他修书处、修书馆奉敕编纂、刻印的内府本，是清宫之中皇家藏书的重要来源。

清帝推行文化专制主义政策。他们编纂书籍，其目的在于维护清王朝统治和封建礼教，对不利于其统治的著作，多排斥不录，或加抽毁或窜改，甚至禁毁。鲁迅曾经说过：

> 他们是深通汉文的异族的君主，以胜者的看法，来批评被征服的汉族的文化和人情，也鄙夷，但也恐惧，有苛论，但也有确评。（《且介亭杂文·买〈小学大全〉记》）

但是，清帝不断地组织儒臣大规模地纂修书籍，成绩也是空前的，在整理和保存历史文献方面起了积极的作用。清室开办过许多大型书籍的专门编纂机构，包括实录馆、圣训馆、则例馆、经史馆、国史馆、会典馆、图书集成馆、四库全书馆等数十个，编纂、刻印了大量的御制作品和钦定典籍。这些御制、钦定作品，进一步完善了宫廷藏书，从而形成了较为完整的清宫藏书体系。

以清内府本为主体的清代宫廷典籍以及宫中保存的文献类实物，是研究中国古代文化史、印刷史、图书史以及宫廷生活、清代文化诸方面的重要资料。作为清代文化中心象征的武英殿，至今仍然耸立在故宫博物院西华门内它原来的旧址上，而由武英殿为主体及其他内府编纂、刻印的书籍，连同编纂书籍所借助的大量原始档案、文献资料等，不少还完好地保留了下来。其中，许多内府珍稀孤本，如内府袖珍写本《日知荟说》《清实录》《清圣训》等，以及原刻书版，如满文《大藏经》经版，殿本"二十四史"，《渊鉴类函》《钦定国子监志》等书版，还有全部的《皇舆全图》铜版，共约22万块，保存至今，由故宫博物院图书馆收藏。

清宫典籍的纂修和刻印，是故宫学研究的重要内容之一。清内府本是清宫典籍的核心，也是清代文化和科技发展的一个重要标志。

二　文渊阁：历代皇室藏书之收藏中心

明太祖朱元璋定都南京，着手营建皇宫宫室，建立了文渊阁、大本堂等皇家书室。洪武元年（1368年），明太祖命大将军徐达统兵北伐，收复元大都，接收了全部元宫廷藏书。徐达奉命将这批元宫藏书悉数运往南京，入藏皇宫文渊阁。明南京文渊阁，收藏的主要是元宫奎章阁、崇文阁等皇家书室的藏书。

明成祖迁都北京，营建北京紫禁城，在东华门内重建文渊阁用于藏书。这里的藏书主要来自南京文渊阁旧藏。明成祖很重视宫中藏书，政务之暇常到文渊阁巡视，翻阅古书。有一次，他问侍臣："阁中藏书如何？"侍臣回答："尚多遗缺。"他立即严肃地说："士庶家稍有余资，尚欲积书，况朝廷乎？"（《明史·艺文志》）于是，他命侍臣拟诏，派使臣四出，广求天下遗书。他还明确指示：只要是好书，不计价钱多少，尽力满足持书人，抄录副本，充实宫廷所藏。礼部尚书郑赐也奉命出京，访求古书。经过多年的努力，文渊阁藏书日渐丰富起来。

永乐初年，明成祖命侍臣利用宫廷藏书，编纂了一部大型类书，最初取名《文献大成》。永乐六年（1408年），全书编纂完成，共计22900余卷11000余册，赐名《永乐大典》，入藏南京皇宫文渊阁。明成祖高度评价了这部文献巨著，称这是天下典籍的集大成者，是宫廷丰富收藏和访求天下遗籍的成果。这部巨型大典，后来移贮北京紫禁城。

明永乐时期，北京文渊阁藏书基本上是承自南京文渊阁藏书。北京文渊阁建成以后，明成祖命侍臣尽取南京文渊阁所藏各类古书，运往北京。明学者俞弁这样记载说：

> 北京大内新成，敕翰林院，凡南内文渊阁所贮古今一切书籍，自有一部至有百部，各取一部，送至北京，余悉封识收贮如故。修撰陈循如数取进，得一百柜，督舟十艘，载以赴京。（《山樵暇语》）

明成祖之后的仁宗、宣宗，继承父祖的文治方略，励精图治，弘扬教化，使王朝经济繁荣，文治昌盛，史称仁宣之治。大量内府书籍——明经厂本问世，隐逸民间的一些古本珍籍，也被纷纷进献入宫，宫廷藏书得到了极大的充实，明宫藏书体系初步建立了起来。明英宗正统初年，宰相杨士奇领衔清点和整理宫廷古书，整理文渊阁藏书之后，编纂了一部极重要的宫廷藏书目录——《文渊阁书目》。史学家在这部书目的跋文中，不无骄傲地称赞了当时的文化繁荣：

> 仁、宣二世，世既升平，文物益盛。（《文渊阁书目·跋》）

明代末年，北京文渊阁藏书在兵乱中毁失殆尽：

> 文渊阁所藏，皆宋、元珍本。至李自成入都，付之一炬，良
> 可叹也。（《韵石斋笔谈》卷上）

清史学家全祖望记载说：

> （《永乐大典》）一切所引书，皆出文渊阁储藏本，自万历
> 重修书目，已仅十之一。继之流寇之火，益不可问。闻康熙间，
> 昆山徐尚书健庵，以修《一统志》言于朝，请权发阁中书资考
> 校，寥寥无几。（《鲒埼亭集·外编》卷十七）

明末之时，文渊阁藏书所剩无几。

清代前期，直到康熙年间，文渊阁依然破旧不堪，藏书稀少。
清康熙初年，任命大臣曹贞吉为内阁典籍，检视文渊阁，发现藏书残
破，宋本《欧阳修居士集》8部，竟然没有一部完整的。明宫文渊阁
如此残破，难怪清人称："文渊阁向仅沿袭虚名！今拟于文华殿后建
阁。"（《清高宗御制诗集·经筵诗注》）

清代文渊阁，始建于乾隆四十年（1775年）十月，历时两年建
成。从选择阁址到建造完成，均由乾隆皇帝钦定，并参与具体事务。
其阁址选在文华殿后原明代圣济殿旧址上，建阁的目的是为了入藏即
将成书的《四库全书》。明代的文渊阁是用砖瓦建造的，清代的文渊
阁，最初的谕旨是要求依照宋代三馆秘阁之制，后来乾隆指示完全模
仿浙江天一阁建造。史称：

> 制凡三重，上下各六楹，层阶两折而上。瓦用青绿色。阁
> 前甃方池，跨石梁一，引御河水注之。（《钦定日下旧闻考》卷
> 十二）

清代文渊阁分上下两层，上层前后有平座，下层前后有游廊，底层地面则是用大城砖铺成，中间砌条石。阁上配菱花窗，外檐廊是回纹窗棂式栏杆，廊的两头有券门。阁顶是黑色瓦，正脊和檐头镶绿色琉璃瓦。正脊的绿琉璃瓦之中，一条紫色游龙起伏其间，中间镶以白色线条的花琉璃瓦。阁的北侧和西侧，是太湖石堆砌的假山；其东侧则是驼峰式四脊攒尖碑亭，亭中竖立着乾隆皇帝亲笔御书的《文渊阁记》。

文渊阁下层正中设一宝座，座后正中悬挂着乾隆皇帝的御书大匾："汇流澄鉴"。大匾的两侧，是三副对联。一副是："荟萃得殊观象阐先天生一，静深知有本理赜太极函三。"另一副是："壁府古函今籍以学资主敬，纶扉名副实诣惟目仿崇文。"第三副对联最为有名："插架牙签照今古，开编芸气吐芳芬。"清廷建造文渊阁，用于收藏《四库全书》。文渊阁置领阁事2人，直阁事6人，校理16人，检阅官8人，由内务府大臣一人充提举阁事官，负责阁门启闭。清学者吴振棫称：

> 康熙二十五年（1686年），有藏书秘录，给值采集抄写之旨。乾隆间，遍访藏书，搜罗大备，因辑为《四库全书》。（《养吉斋丛录》卷二十）

乾隆三十八年（1773年），乾隆帝正式设立"四库全书馆"，任命刘统勋、于敏中等16人为总裁官，副总裁14人，下设总阅处22人、总纂处53人，以纪昀、陆锡熊、孙士毅为总纂官，以陆费墀为总校官。先后参与其事的文士多达4400余人，包括名儒戴震、周永年、王念孙、翁方纲、朱筠、姚鼐等370余人。乾隆宣称：

> 《四库》所集，多人间未见之书。朕勤加采访，非徒广金匮石室之藏，将以嘉惠艺林，启牖后学，公天下之好也。惟是镌刊

流传，仅什之一，而抄录储藏者，外间仍无由窥睹，岂朕右文本意乎？翰林原许读中秘书，即大臣官员中有嗜古勤学者，并许告之所司，赴阁观览，第不得携取外出，致有损失！（《办理四库全书档·乾隆三十八年》）

三 武英殿：内府本之刻印中心

武英殿坐落在紫禁城西南部的西华门内。这里曾是明代皇帝斋居和时常临御的便殿，皇后生日时也曾在这里接受命妇们的朝贺。清初这里一度是清廷政务活动的中心，摄政王多尔衮曾在此办公，康熙皇帝也在这里居住过一年，尔后就逐渐成为清代内府刻印中心。清代极有名的内府本就是在武英殿修书处雕印、校对并装潢完成的，世称为"殿本"，即武英殿刻本。武英殿修书处由两大部分组成：监造处、校刊翰林处。

清代武英殿刻书，事实上是从明代内府刻书发展而来。明代经厂是明宫内府刻印中心，代表着明代内府书籍的刻印水平。武英殿是清代内府刻印中心，代表着清代宫廷书籍的刻印水平。清代武英殿刻印工匠的技艺是从明代经厂传承下来的，清初的许多内府本即有着明显的明内府本特征。尽管如此，明代经厂本和清代殿本仍不能同日而语，两者差别很大：明代经厂是由司礼监掌管的，一色的内廷太监管理并主持其事，他们的学识、才智和水平，决定了经厂本的档次，不可能产生高质量、高水平的本子。清代殿本则不同，是由皇帝简选全国最有学问的硕学鸿儒主持其事，选定的工匠也是百里挑一的，由他们编纂、雕印、校刊和装潢的书籍，自然高出经厂本许多。事实上，一大批精良殿本的问世，是中国版本史上一个重要的历史事件，也是中国古代刻书史上的最后一次辉煌。

清廷内府书籍主要由两大类组成，一是古书重印，二是清宫纂修书籍的雕印。两类书籍的印行，都是先由大臣上奏皇帝，皇帝同意以后再组成纂修班子着手纂修。纂修总裁官通常是由皇帝钦定，纂修班子确定以后，经费、地点、用料等也一一到位。从着手准备到全书完成，皇帝常常会事必躬亲，或时不时地亲临修书所，现场办公，就地解决问题；一些较重要的书籍，皇帝往往会钦赐书名，亲撰序跋。

武英殿刻书始于清康熙时期。康熙十三年（1674年），年方20岁的康熙皇帝明确指示侍臣：补刊明经厂本《文献通考》。这是清廷内府刻书史上的一件大事，从这以后，清内府刻印的书籍，方体字称为宋字，楷书称为软字，字形、字体统一，内府刻印书籍向规范化、标准化迈进了一大步。康熙十九年（1680年），康熙皇帝颁旨，设立武英殿修书处，专门负责内府图书的雕版、印刷、装潢事宜，办公地点就设在武英殿。从此，纂修大臣、儒臣学者和工匠仆役等人，全部集中于武英殿。这里自此成为清廷内府图书的雕版、印刷、校对、装潢之所，也是清廷的文化活动中心。

康熙四十二年（1703年），清廷设立修书局，吴廷祯、陈鹏年等奉旨入值武英殿。陈鹏年写有《初伏值武英殿》诗，其小序云：

> 奉命值武英殿，日在凉堂广厦之间，带星而入，昏黑而返。

诗云：

> 秘府观图书，西清集群彦。
> 每分象管笔，佛拭龙香砚。
> 月榭可披襟，风帘坐展卷。
> 四海如弟兄，岂必同乡县！
> （《清宫述闻·初伏值武英殿》）

吴士端以诸生入殿，望溪先生以白衣入宫承修书籍，《韵府拾遗》《子史精华》《佩文韵府》等纷纷问世。

康熙皇帝建立武英殿修书处后不久,就命侍臣刻造铜活字印书。铜活字刻造完成之后,排印的第一部内府书籍就是《历算书》。随后,又排印了一批版本极佳的铜活字内府本。铜活字本中,以清雍正四年(1726年)内府排印的《钦定古今图书集成》最负盛名,可看作铜活字本的代表作。康熙四十五年(1706年),陈梦雷利用康熙第三子诚亲王王府藏书和自己家藏,独自编撰了一部大型书籍《汇编》,进呈皇帝御览。陈梦雷在《进〈汇编〉启》中称:

蒙我王爷殿下颁发协一堂所藏鸿编,合之雷家经史子集,约计一万五千余卷。至此四十五年四月内,书得告成。分为汇编者六,为志三十有二,为部六千有零。(《松鹤山房文集》卷二)

康熙皇帝览奏后很高兴,下令再加完善。10年后的康熙五十五年(1716年),陈氏再次进呈。康熙皇帝御览之后,赐名《古今图书集成》,并于康熙五十九年(1720年),命武英殿以铜活字印行,但未能付诸实施。雍正即位后,命大臣蒋廷锡奉旨增删全书,历时3年,删定3000余卷,由内府铜活字排印,至雍正四年(1726年)完成,雍正皇帝亲自写序,共计印行了64部。

清康熙时期,武英殿刻本中产生了一批书品好、版本精良的本子,被视为殿本中的精华。这些独具特色的殿本,世人誉为康版。武英殿刻本,历来以书品华贵、版印精良、字体娟秀而享誉天下。清初内府书承袭明宫遗风,以方长宋体字刻印书籍。康熙中期以后,始用欧体和赵体字,字体秀雅,间架疏朗,配以内府精制的榜纸、黄纸、开化纸印刷,赏心悦目,世称康版。清学者金埴说:

今闽版书本久绝矣,惟白下、吴门、西泠三地书行于世。然亦有优劣,吴门为上,西泠次之,白下为下。自康熙三四十年间，颁行御本诸书以来，海内好书有力之家，不惜雕费，就摹其本之欧字，见宋字书置不挂眼，盖今欧字之精超轶前后之世，宝惜之，必曰康版，更在宋版之上矣！（《不下带编》卷四）

《武英殿聚珍版丛书》是清高宗于乾隆三十八年（1773年）诏令儒臣编纂的一套精致书系，共有138种2413卷。这年初，乾隆皇帝诏令侍臣：将《永乐大典》中，"实在流传已少，其书足资启牖后学，广益多闻者，即将书名摘出，撮取著书大旨，叙列目录进呈，俟朕裁定，汇付剞劂。"（《钦定四库全书总目·卷首》）四库全书馆总裁大臣们接旨以后，立即组成编纂班子，先整理、利用《永乐大典》，按照皇帝的要求分列应刊、应抄、应删3类书籍，其应刊、应抄诸书于审定之后缮成正本进呈御览，并派武英殿官员等具体承办绢板、纸片、界画、装潢、装帧以及监刻诸书事宜。乾隆皇帝对四库全书馆总裁们的安排非常满意，特旨简派总管内务府大臣金简总理其事。

乾隆三十八年四月，内府开始雕印从《永乐大典》中首批辑出的4部书籍。历时4个月，4部书全部雕印完成，世称"聚珍版初刻本"。确定应刊的书籍堆积如山，总管大臣金简感到压力很大，"不惟所用版片浩繁，且逐部刊刻，亦需时日"。于是，金简提出组织工匠雕造木活字排印这套书籍。金简仔细计算了雕制这套木活字所需的工料和费用，通计需银1400余两，比一部一部地印刷节省了大量的人力、物力、财力。乾隆皇帝非常赞许这套方案，下令内府工匠在正雕造的15万个木活字基础上，再增加10万个枣木木活字，共计25万余个。

金简全力以赴，率领武英殿工匠日以继夜地雕造木活字。到乾隆三十九年（1774年）五月，全部木活字雕制完成，共计25.35万个。乾隆皇帝感觉不错。大臣金简也得意地奏请皇帝：

请将此次奏准工料价值，作为定例，造具清册，咨送武英殿

存案。此后如有刷印模糊及糟版等项应行增添更换之处，即遵照办理。（《武英殿聚珍版程式·卷首》）

用这套木活字印出的书籍，称为"活字本"。一生以风雅自居的乾隆皇帝觉得活字的称谓不雅，特地赐名"聚珍"；用这套聚珍版活字印行的书籍，称为"聚珍本"。由于初刻本与聚珍本在版式上基本相同，故统称为《武英殿聚珍版丛书》。清宫遗存的聚珍版丛书非常精美：《武英殿聚珍版书》138种1413册，清乾隆三十八年至五十九年（1773—1794年）武英殿聚珍版木活字本，现存于北京故宫博物院。

"天禄珍藏——清宫内府本三百年特展"是故宫博物院图书馆精心举办的一次大型展览，展出的文物都是图书馆所藏清内府本的珍本和各部门有关文物的精品。这部《天禄珍藏——清宫内府本三百年》，就是这次展览中精品文物的研究成果，是对展览内容的进一步探讨，不仅有助于深化清宫典籍的研究，也是故宫学研究不断深入的一个体现。

（《天禄珍藏——清宫内府本三百年》序言，紫禁城出版社，2007年）

沧桑清宫书

故宫博物院1949年9月曾举办过一次"清代禁毁书陈列展"，现在的"清宫盛世典籍文化展"，则是相隔50多年后的第一个图书展览。这是一个有意义的开端，也反映了一段曲折的历史。

1925年10月故宫博物院成立后，下设古物馆、图书馆两馆，图书馆以典守和研究清室藏书为己任，并以收藏宏富和独具特色而著称。从建立到今天，80年来伴随着故宫博物院饱经沧桑的历史，走过了一条坎坷曲折的道路，留下了深刻的时代印记。

故宫博物院图书馆的藏书以清宫藏书为基础，其历史渊源可上溯至宋、元。明初定鼎南京后，内府便入藏了一批元代皇家收贮的宋、辽、金三代遗书。明太祖朱元璋始创宫殿于南京，并于奉天门之东修建了贮放书籍的文渊阁。明成祖朱棣迁都北京后，仍遵旧制，在宫城巽隅修建了文渊阁，位置在东华门内文华殿之前，明正统六年（1441年）建成后，将南京文渊阁所贮书籍各取一部，共计100柜运送北京典藏。以后，明皇室藏书中有一部分被火灾焚毁，所遗留的部分书籍又由清初的统治者继承下来。

清乾隆四十一年（1776年），为贮藏《四库全书》，北京大内又建了一座文渊阁，地点在文华殿之后，即明时祀先医之所的圣济殿旧址，阁名沿袭明代文渊阁之称，但未采其砖城式样，而是以浙江鄞县（今浙江宁波海曙区和鄞州区）范氏天一阁的轮廓开间为蓝图。清政府继续广泛搜求天下遗书，至乾隆中期，搜访的图书文献数以万计。康、雍、乾时期的几位皇帝，都有较深的文化素养，他们在推行文化专制主义政策、禁毁不少书籍的同时，在图书编纂上亦是成绩空前。由清廷编纂的《国朝宫史》《国朝宫史续编》，列有"书籍"门，将这一时期编纂、考订、庋藏的书籍的篇名、编书缘起、内容梗概和御制序文集中在一起，洋洋大观，篇幅约占全书的1/4。武英殿及其他修书各馆奉敕编印的书籍也成为皇宫藏书的重要来源。1925年故宫图书馆建馆之初，宫内除文渊阁《四库全书》、《古今图书集成》和摛藻堂《四库全书荟要》两处藏书按原状保存不予更动外，陈设在其他殿阁如昭仁殿、宁寿宫、养心殿、懋勤殿、武英殿等数十处藏书均集中于寿安宫书库收藏。这些藏书以宋、元、明、清刻本为大宗，内容包括经、史、子、集、丛各个部类。1929年收管了清史馆所藏的《清史稿》及各种刻本、抄本等90000余册，1931年又接收文献馆移交善本、志书等3000余册，加上杨守敬观海堂的部分藏书以及方略馆、资政院等处所藏图书，合计520000余册，这是故宫博物院存藏清宫秘笈最富的时期。

图书馆自成立起，就以寿安宫东庑为善本书库，西庑为阅览室。内院左右延楼添置玻璃柜改作书库：东楼上下排列经、史二部及志书；西楼上下排列子、集二部及丛书。北殿则辟为殿本书库，南殿西屋辟为满文书库，南殿东屋则专藏杨氏观海堂藏书。此外，东西后院之福宜斋、萱寿堂则辟为重复书书库。1930年夏，英华殿修饰完竣，便以该殿为善本书及佛经陈列室。

1933年，故宫文物装箱避敌南迁，随之南运的图书有文渊阁《四库全书》、摛藻堂《四库全书荟要》以及"天禄琳琅"藏书、《宛委别藏》、《古今图书集成》、武英殿聚珍版、明清方志、武英殿刻本、观海堂藏书、文集杂著、佛经等稀世珍本共1335箱150000余册。抗战胜利后又运回南京新库，1948年被辗转运至台湾，现藏台北故宫博物院。从此，故宫所藏有清一代的皇家图书被分置两地。

故宫博物院成立后，这些珍贵的典籍一直被视为文物，得到认真的保管，并进行了初步的整理。民国时期，故宫博物院图书馆编印了《故宫善本书目》、《故宫普通书目》、《摛藻堂四库荟要目》、《故宫方志目》及《故宫方志目续编》、《故宫所藏殿本书目》、《故宫殿本书库现存目》、《故宫所藏观海堂书目》、《满文书籍联合目录》等，它们基本包括了清宫所有重要遗书。同时，影印了《故宫善本书影初编》、"天禄琳琅丛书"（第一集）、《清乾隆内府舆图》及罕见善本特藏多种，对清宫典籍的研究也取得不少成果。陈垣先生曾任图书馆馆长，他写了一系列关于《四库全书》的文章。傅增湘的《故宫殿本书目录题辞》、余嘉锡的《书册制度补考》等，都是很有分量的研究成果。

典籍的陈列展览也是经常性的工作。故宫博物院成立时就开辟了一批陈列室，如文渊阁、昭仁殿的图书陈列。1929年，英华殿划归图书馆作为陈列室，是年开始动工兴修，次年春修竣。6月开图书展览会一次，陈列"宋元明刊本及古写本佛经"；"双十节"特别开放日，陈列各种珍本。1930年秋，为摛藻堂《四库全书荟要》举办原状陈列。1931年，"双十节"特别开放日，在英华殿陈列"宋刻诸部华严经释音""元刻妙法莲华经"，又将《左传注疏》《四书集义精要》等书籍以及选印"天禄琳琅丛书"（第一集）原书各本，与《宛委别藏》内未有刻本者，按部陈列。东、西暖阁所藏之精写本《甘珠尔》亦开放展览。此后，英华殿的图书陈列几乎每年都举办。其中如"清高宗及名人写本佛经"等多年展出，有一定的影响。乾清宫、昭仁殿、咸福宫等也都曾展出过图书，如乾清宫、咸福宫的"清代名人及乾隆写本佛经和殿本、钞本书籍陈列"等，昭仁殿的"清代御制诗文集及历朝圣训陈列"，摛藻堂的《四库全书荟要》原状陈列等。1935年9月，图书馆原有陈列室三处，因地点狭窄，光线不良，乃归并集中于一处，选择乾清门内清代批本处房屋三大楹，统名曰"图书陈列室"，陈列"宋元明版本书籍"23种，"清殿刊本书籍"33种，"精抄本书籍"29种，"写本佛经"20种，"殿刊及写本满蒙文书籍"16种。其中，选自"天禄琳琅"的清内府藏书数十种皆康、乾精椠，校雠精审，纸墨之良，为世所珍；"写本佛经"一为清帝御书，一为当年臣工敬录进呈，皆佳钞敕装，精妙绝伦，较唐人写经有过之而无不及；"满蒙文书籍"以《五体清文鉴》为至佳。1948年，新辟建福宫为书籍陈列室，陈列殿本书籍及写本佛经计6柜。从以上可以看到，图书馆在建立之初的20多年中，对陈列展览工作是十分重视的。

在大部分善本南迁后，北京故宫博物院图书馆继续清点和整理清宫遗存下来的古书，重建善本书库、殿本书库。1949年5月，故宫博物院接收了沈阳故宫陈列所的"天禄琳琅"善本22箱，计83部1241册，后又接受了社会各界人士捐献的一批古籍。但由于对图书馆任务屡作调整，从1949年到1978年，先后14次把3900余种140000多册善本和其他书籍外拨给国家图书馆及部分省市与大学的图书馆。

故宫博物院现存的明清善本旧籍，品种、数量仍十分可观。已建账者190000多册，如内府修书各馆在编纂过程中产生的稿本，呈请皇帝御览、待刻之书的定本，从未发刻的清代满、蒙、汉文典籍，为便于皇帝阅览或携带而重抄的各式书册，以及为宫内外殿堂陈设而特制的各种赏玩性书册。还有各地藏书家进呈之精抄佳刻，翰林学士、词臣自撰的未刊行书籍，清代皇帝和大臣在绫绢、菩提叶、蜡笺纸等特殊材料上用泥金、朱墨抄写的佛经、道经等。同时，还收藏了一批图像资料，如约成于清代中、晚期的帝后服饰和器物小样，系定制实物之前，由内府画师绘出纸样，局部施以色彩，以供内府按样制作，以及大量的旧藏照片、戏本、各种舆图等等。此外，除清内府武英殿刻印的"殿本"大多仍完好地被保存下来之外，大量的原刻殿本书版也留传至今，如"二十四史"、《子史精华》、《朱批谕旨》、《钦定日下旧闻考》、《八旗通志》、《钦定国子监志》，以及满文《大藏经》《四体楞严经》等经版，现存数量达20余万块。

1975年以来，图书馆多次参与全国性联合书目的编纂，收入《中国古籍善本总目》者2600多种100000余册。还有一批书籍分别编入《全国满文资料联合目录》、《全国中医图书联合目录》、《中国地方志联合目录》及《中国丛书综录》、《中国家谱总目》等。1992年，出版了善本图录《两朝御览图书》，介绍馆藏明清古籍中具有代表性的精抄佳刻。1994年，与辽宁图书馆合编了《清代内府刻书目录解题》，以故宫图书馆和辽宁省图书馆所藏殿本为主，并且调查了国内其他图书馆的相关藏书，还参照了国内外有关图书馆的藏书目录，共著录内府书籍1311种。入编的各种明清皇家善本旧籍，流传有绪，代表了明清两代宫中藏书的基本特色，具有较高的学术资料价值、文物价值和艺术价值。

为了发挥馆藏善本在科学研究中的多重效用，近年来陆续将其整理、影印出版。如与海南出版社合作，选择故宫典藏的明清刻本、内府抄本、戏本等珍善古籍，按经、史、子、集及少数民族文种等部类，影印出版了大型古籍丛编——"故宫珍本丛刊"，收录古籍2000余种。与紫禁城出版社等单位合作，影印出版了《满文大藏经》等典籍。即将整理、出版的还有《故宫藏书目录》《清代瓷器图样》《清宫陈设档案》等多种图书文献。一批研究成果也陆续问世。

依照武英各殿的格局，本次展览分为琅函秘笈、典学治道、稽古右文、锦囊翠轴、佛道同辉、梨枣飘香等6个部分，还有清代经版和书版的固定陈列。在重点展示古籍善本的同时，还辅以相关的宫廷文物、器物和书画，共300多种（件、套），多角度地立体展示清代盛世文化，有助于观众了解相关的背景、人物和事件，并增加观赏性。展览中的大部分内容，已收录在这部图录中。

故宫博物院存藏的稀世珍善古籍内容丰富，特色鲜明，对其典守、整理、研究、展示，既是长期的工作任务，又是长远的科研课题，需要继续努力，坚持不懈，在已有的基础上取得更大的进步。武英殿是21世纪故宫大修中的试点工程，经过数年努力，维修已全面告竣。从武英殿在清宫修书中的特殊地位出发，在迎接建院80周年的日子里，特在此举办清宫藏书展览。

（《盛世文治——清宫典籍文化》序言，紫禁城出版社，2005年）

康乾玺印

自秦统一六国后，皇帝的印章称"玺"或"宝"，凡皇帝发布诏书或文告时所用的印章称"宝玺"。历朝皇帝也刻有玩赏性的闲章，现今所见盖在法书名画上的印记，最早为唐太宗李世民的年号"贞观"联珠文印。有关资料显示，明代以前宋代皇帝闲章最多，但各朝皇帝宝玺存世寥寥无几，只有明清两代皇帝宝玺有较多遗存，特别是清代的宝玺较完整地保存下来，除一部分由于战乱散失民间或海外，大部分均收藏在北京故宫博物院。

康熙和乾隆皇帝是清代两位最有作为的皇帝，稽古右文，挥毫泼墨，其上点染着各式朱红宝玺。这些宝玺反映了他们的喜怒哀乐、兴趣爱好、精神境界、文化修养、处世之道、统治策略等等。

康熙帝一生勤奋好学，博览群书，在数学、天文、历法、诗画等方面都有很高造诣。康熙皇帝深受儒家思想影响，在修身、治国方面，力求使国家长治久安。他遵循并发展乃父顺治帝所施行的政策，继承汉族文人刻制印章就是最好的证明。康熙皇帝宝玺主要为名号印、诗文印、宫殿印、记事印、花押印，但有些未发现其使用的痕迹。康熙帝对书法非常喜爱，他的作品或为直抒胸臆之笔，或为临写名家墨宝，书成后被装裱成不同形式的卷、轴、册，并钤盖宝玺。此外，在对历代法书名画品鉴之余，尚在尺幅巨篇之上，钤盖其鉴赏宝玺以留后世。

　　乾隆帝自幼博览群书，对汉文化的兴趣尤其浓厚，虽政务繁忙，仍不忘读书吟诗，这在他的宝玺中有充分的体现。他处处效仿其祖父，在位期间篆刻宝玺1800余方，是康熙帝宝玺数量的十几倍。他当皇子时就刻有印章70余方，即位后又刻制了大量的宝玺。乾隆时期对国家宝玺的宝文形制、保管、使用等做了基本规定。乾隆十一年（1746年）乾隆帝对交泰殿所藏前代39方皇帝宝玺"爰加考正排次，定为二十有五，以符天数"，仍贮于交泰殿，并制成宝谱，规定了每方宝玺的用途。它们代表和囊括了皇帝行使国家最高权力的各个方面。乾隆十三年（1748年），乾隆帝指授儒臣厘定满文篆法，并及时将满文篆法应用于宝玺上。乾隆帝有关印文之上谕等，体现出乾隆帝在清代国宝制度的形成和确定过程中所起的关键作用。乾隆帝许多印文出自经史典籍，历代诗文中的名篇佳句，以及皇帝有感而作的诗文。还下令把他特别喜好的印文，制造了不同形状和不同质地多方宝玺，根据《乾隆宝薮》统计乾隆帝"八征耄念"及"八征耄念之宝"有63方，"自强不息"45方，"古稀天子"及"古稀天子之宝"42方，"犹日孜孜"24方，从其印文中我们可以看到乾隆帝的偏好。

　　康熙帝有宝玺119方，在故宫博物院现存清代编辑的《康熙宝薮》印谱中，均为实物钤印，有的在印谱下面还注明用途，但遗憾的是，康熙帝宝玺在清代晚期就已经大都遗失，而乾隆皇帝宝玺大多保存下来。在这些宝玺的方寸之间沉积着深厚的历史与艺术传统，为研究者、爱好者进一步研究提供了珍贵资料。

　　这套《康乾玺印谱》的出版，为人们了解康熙皇帝、乾隆皇帝的宝玺提供了资料，学者可以从中读到两位皇帝的性格、气质、素养、能力与作风；对于研究清代社会的政治、经济、思想和文化等方面，都有重要的历史价值。它可以供篆刻爱好者学习、供收藏者收藏，并可以从中积累知识，有益于中国文化的传承。

（《康乾玺印谱》序言，线装书局，2005年）

我看"清代宫廷包装艺术展"

　　包装是一门学问，包装是一种艺术，历史上留下来的许多包装物也是文物，而且其中不乏美不胜收的艺术精品，这是我在故宫博物院参观了"清代宫廷包装艺术展"后留下的深刻印象。

　　包装与我们的生活紧密联系。我们使用的商品一般都有包装，诸如匣、柜、笼、函、套、盒、袋等，而包装的材料也多种多样，主要有金属、木材、皮革、纸张等。包装以其造型、文字、图案、色彩等特殊的"语言"，起着联系消费者与商品的媒介作用。良好的包装，给人以美的享受，能吸引消费者的注意力，从而产生购买欲望。成语故事"买椟还珠"，常用来讥讽人舍本逐末，但是你如果面对"薰以桂椒，缀以珠玉，饰以玫瑰，辑以羽翠"的"木兰之柜"（《韩非子·外储说》），难道能不怦然心动吗？

　　包装有两方面含义，一是指盛装产品的容器及其他包装用品，即"包装物"；二是指把产品盛装或包扎的活动。"清代宫廷包装艺术展"指的是第一种含义。它所展示的包装，不是一般器物的包装，而是与珍贵的文物结合在一起；这些器物不是用于流通的商品，而是专为皇室或皇帝制造的用品；器物制造者既有宫廷造办处，又有民间工匠，他们都争奇斗巧，制造的用品精美绝伦，应该说是我国包装艺术在当时的最高体现，凝结着人民群众的智慧和创造力。展览分3个部分，共114件文物。第一部分以26件文物，反映了从原始社会到唐、宋、元、明时期的包装发展概况。第二部分为清代宫廷包装，是展览的主题，包括书画、文玩、宗教经典与法器，以及生活与娱乐用具等方面的包装。第一部分虽然简略，但对了解第二部分很有必要，是第二部分的铺垫或导言。第三部分为民间包装，是宫廷包装的对应与补充，借以较全面展示中国传统包装的民族特色。三部分连贯起来，使观众对中国包装历史庶几有所了解。

看了这个展览，我的最大收获是增长了包装方面的知识，或者说对平时不甚留意的包装有了进一步的认识。第一件展品是原始社会的灰陶鬲，通身饰绳纹，腹部堆一圈绳纹泥条。据介绍，先民发明陶器，主要用于饮食和盛物，为了方便提拿，他们就用绳子包缠陶器。在制陶过程中，这种绳包装逐渐演变为陶器上的绳纹，形成了丰富的绳纹图案，同时增加了陶器强度。所展示的青铜绳纹壶、灰陶布纹罐等都是这种情形。而作为礼器的商代青玉戈两面残存的织物痕迹，更是我国目前已知最早的原始包装的实物例证。这说明包装历史的久长，也告诉人们包装如何从纯粹实用的功能一步步演变为装饰性的艺术。

展览把清代宫廷包装定位在艺术的角度来展示欣赏，反映了主办者对包装认识的深化，是很有意义的。好的包装不仅讲求实用，而且注重美观，把科学与艺术结合了起来，是创造性劳动的结晶。我国不同时期因财力、文化和时尚的不同，形成了各具特色的包装风格。这一展览选的器物以康熙、雍正、乾隆时期的较多。这一时期由于政局比较稳定，经济迅速发展，财富大量积聚，各类工艺美术品均达到精湛的水平，宫廷用品的包装亦复如是。包装材料多为紫檀、漆器、珐琅、竹雕、银累丝、织绣品等，包装物的制作则采用雕刻、绘画、镶嵌、烧造、编织等诸种工艺，器物与包装可谓红花绿叶，相得益彰，处处体现出皇权思想和皇家气派，同时氤氲着深厚的中华文化底蕴，反映了中国人特有的审美情趣。

艺术的特征是创新，是匠心独运。我们看到，同样是黑漆、红雕漆、紫檀等制成的书画包装物，但因为造型各异、图案不同，都颇显个性，而用一大块老竹根雕成的葫芦形册页盒，外形蔓叶相掩、瓜蒂相连，有的叶片甚至还刻有虫蚀之痕，在众多庄重典雅的册页盒中，如出水芙蓉，给人清淡高雅之感；一个黑漆描金的长方形漆盒，上描包袱纹，在银灰色底上用红、黄、赭、黑、绿等色描绘菊花"寿"字锦纹，其褶皱和蝴蝶结表现得自然逼真，如不仔细观察，会以为它是用包袱皮裹着的漆盒，难怪雍正皇帝爱不释手；由数张小图组合成的折叠式升官图，展开为一棋盘，即可博戏，折叠则是小书函，十分精致，散发着浓郁的书香气，令人叹绝；楠木刻的"雨前龙井"茶箱，4个字阴刻填绿，点出了茶叶的嫩绿和珍稀，使人未曾品茗已神清气爽，说明制作者对心理学的深谙。展品中一些生活用品的传统包装，如彩绘龙凤酒坛、箬竹叶坨形茶包、普洱茶团五子包、黄绫"人参茶膏"瓷罐等，在见惯了许多过分包装的今天，这些久违了的实用包装，如山野小花，平添了一分意趣，它貌似简单，其实也是集实用与美感于一身，透露着古拙的情趣。正因为这些包装物是工匠们富有个性的创造物，它就有了灵气，有了生命力，既是器物不可或缺的一部分，也自有其本身可资欣赏、研究的价值。而这种欣赏、研究、借鉴，对我们今天提高包装设计水平，增强商品竞争力，无疑是有积极作用的。

"清代宫廷包装艺术展"是个并不大的专题展。我认为，从文博工作角度来看，还可得到以下3点启发：

其一，加深了对文物内涵的了解，拓宽了文物的概念。故宫藏品中不少是稀世珍品，据故宫同志介绍，由于认识上的原因，过去往往把文物与其包装物区分开来，对包装不甚重视。例如著名的乾隆"一统车书"玉玩套装，是利用日本漆匣作为外包装，匣内错落有序地摆放10层锦盒，锦盒内有造型各异的古玉及为之彩绘的山水、花鸟、诗词咏颂。为防止套匣置放顺序混乱，特将层数顺序与吉祥祝愿的名字合二为一，如一统车书、二仪有像、三光协顺、四序调和、五采章施等，使枯燥的数字成为体现美好意境的重要角色，把实用与博大精深的中华文化底蕴结合起来。这套精美的套匣，无疑也是文物，但长期以来只是把匣中的玉器作为文物保藏，而把套匣弃放他处，这次为了搞展览，费了好大劲儿才让它与玉器合在了一起。举一反三，我们应该扩展文物的概念。文物不只限于传统的青铜器、瓷器、玉器、字画等方面，也不应简单地按某一年代做界限。近年来我们对文物的认识在深化，许多具有科学、艺术、历史价值的东西，或是反映当代某些重大历史事件的物品，以及反映特定地区、时代、民族的图片、实物，当代的一些有代表性的艺术品等，都应作为文物开始收藏、抢救。这是个大问题，可做的工作很多，我们的思路应该更开阔，早一点动手去抓。

其二，发挥各地博物馆的藏品优势，多办一些独具特色的专题展览。故宫博物院拥有上百万件文物，品类繁多，过去办过不少专题展，这次包装艺术展则独辟蹊径，给人们认识故宫文物提供了一个新的视角。其他一些博物馆包括省级，甚至不少地市级博物馆，虽然藏品与故宫难以相比，但亦自有特色，完全可以多办专题展，或围绕一个专题，多家联合举办。这种专题展小大由之，只要创意好，内容则可经常翻新。最近美国纽约大都会博物馆亚洲艺术部配合一个奇石展，拿出一批与石头有关的馆藏中国书画和漆器雕刻进行专题展，规模不大，但别出心裁，亦是一例。这样做的好处，一方面促使博物馆对藏品经常进行研究，多动脑筋，工作更能充满生气，且费用一般不会太高，容易举办；另一方面可使观众较为系统地了解某一方面的知识，常有新鲜感，密切与博物馆的关系。

其三，这个展览是故宫博物院与法国吉美博物馆合作举办的，也很有意义。法方筹资解决了展览经费。展览还附有吉美博物馆收藏的反映中国包装的8件文物，从西周青铜装饰物到清乾隆的袱系瓶；而法国收藏家杜泽林的34件藏品，则全是中国民间传统包装，且多是从当代小城镇收购的，例如成捆的竹扦、装稻谷的麻包以及河南的柳条筐、广东的陶姜罐、内蒙古清水河腌菜缸的外包草绳等，反映了一个外国人钟情中国包装艺术的独特视角，对我们也当有所启发。与这些重视包装的外国博物馆同行合作举办展览，有利于我们扩大交流，开阔视野，提高学术研究水平。据悉，这个展览将与国外具体洽谈，一旦落实，还要远涉重洋，赴日本、法国、比利时等国展出。愿更多海外观众领略和喜爱中国包装艺术的风采，从而进一步了解中国传统文化，了解中国。

（原载《中国文物报》，2003年3月19日）

紫禁城的书画艺术氛围

中国书画艺术历史悠久、源远流长，经过历代书画艺术家的不断探索、创新，逐渐形成了鲜明的民族风格和民族气派。它是中华民族光辉灿烂的古代文化艺术的瑰宝，也是世界文化艺术的奇葩。传承与发扬这个宝贵的文化传统是我们当代文化工作者的义务和责任。

由故宫博物院紫禁城书画艺术协会与洛阳市美术馆主办的"古韵新声——故宫博物院书画家作品展"将传承与发扬书画艺术作为主题，很好地诠释了这个概念。展品由两部分组成，一是我院紫禁城书画艺术协会会员作品，二是我院文保科技部职工所临摹的院藏历代书画精品。

故宫博物院不但拥有海内外首屈一指的中国书画藏品，而且还有浓厚的书画艺术氛围以及良好的群众基础。建院以来涌现出了一批在书画艺术领域造诣精深、享有社会声望的专家学者，如马衡、朱家溍、金仲鱼、郑竹友、刘炳森、徐邦达、冯忠莲等诸位先生，同时还有许多的普通职工，他们热爱书画艺术，并乐于提高自己的艺术审美和书画创作能力。紫禁城书画艺术协会扎根于这片沃土之中，成立于2003年，拥有会员近百人，现已成为我院规模较大、具有特色的协会之一。本次参展的会员分布在我院不同的部门，从事不同性质的工作。他们的作品尊重传统，努力表现传统文化的深邃内涵，并体现出了奋发进取、不断创新的时代精神。有些会员有较高的社会知名度，如杨新、董正贺、金运昌、常保立等，其作品反映了传承的厚度，大致体现了我院当代书画的创作水准。

以手工复制古代书画作品，是保存、传播远古文化艺术的一种重要手段，在我国亦有悠久的历史。例如院藏唐人临摹的几种王羲之《兰亭序》，就是后人了解、研究、学习这位"书圣"的重要资料。在中国古代，多数书画家都是从临摹起家，许多好的艺术风格也是在临摹的基础上形成的。为了继承这一传统，早在20世纪50年代，我院就专门建立了书画临摹室，担任起对院藏珍贵的古代法书名画的手工临摹复制工作。这里展出的另一部分作品，即是从多年来我院文保科技部职工手工复制的古代书画作品中挑选出来的。这些复制品，从使用材料，到艺术风格，真实于原作，可以说达到了"乱真"的程度，也同样成为故宫博物院永久性的藏品。

展览恰逢洛阳牡丹花会前夕。洛阳为九朝古都，历史文化名城，"若问古今兴废事，请君只看洛阳城"（宋·司马光）；洛阳牡丹早负盛名，"洛阳地脉花最宜，牡丹尤为天下奇"（宋·欧阳修）。每年4月15日至25日的牡丹花会，正值牡丹花开时节，姚黄魏紫，艳冠群芳，流光溢彩，倾国倾城。人们赏花观灯，徜徉其中，是一项非常难得的文化享受。

相信这次展览对于提高会员的书画水平、拓展不同的书画风格，以及促进文博界的交流，都是很有裨益的。

（《古韵新声——故宫博物院书画家作品展》序言，紫禁城出版社，2007年）

六品佛楼梵华楼

　　故宫庄严宏伟的古代宫殿建筑群及其无与伦比的文物收藏，记载着明清两代500多年的历史风云，刻写下中华民族多元文化交汇的精彩篇章。藏传佛教文物就是这一篇章的真实记录和生动反映。

　　藏传佛教作为藏族文化的一个重要部分，在清代宫廷文化中占据重要地位。故宫藏传佛教文物分两部分：一是遍布紫禁城中的佛殿建筑，为不可移动的文物；二是数万件可移动的藏传佛教文物，包括佛经、佛像、佛塔、供器等。这些文化遗产充分显示了中华民族大家庭各兄弟民族血脉相通、中华文化多元一体的特性。

　　梵华楼是紫禁城内藏传佛教佛堂之一，位于宁寿宫后部东路。在众多的原状佛堂中，梵华楼占有重要地位。乾隆三十七年（1772年）仿建福宫花园静怡轩后慧曜楼修建，四十一年（1776年）完工，建筑完好，至今仍基本保持着乾隆时期的原貌。佛堂文物陈设齐整，现存文物1058件，包括造像、唐卡、法器、佛塔等诸多文物。按照藏传佛教显密兼修的思想，供设造像、唐卡、供器，全面系统地表现了藏传佛教诸佛、菩萨、护法等尊神的形象，是研究我国藏传佛教文化的重要遗存。

　　《梵华楼》一书是故宫博物院首次出版的原状佛堂专题报告。它不是一本展览图录，也不是某一类文物的精品选集，而是集古建筑与可移动文物于一体，借鉴考古学方法完成的一部考察报告。参与此项工作的同志以严谨的科学态度，严格按照工作程序，一步步地完成了室内外建筑的测量、照相、制图，全部文物的整理核对、测量、照相、制图，以及查找清代档案资料，考证建筑与文物历史，进行文字编撰等一系列繁重的基础工作。主编王家鹏先生更是付出了大量心血。全书收入图版1400多幅，墨线图150幅，文字38万字，大至建筑构造，小至佛像、唐卡的细微之处，全面展示了梵华楼的方方面面，是一部文字准确、图版清晰的梵华楼档案。

梵华楼对于六品佛楼的研究有着重要意义。藏传佛教格鲁派主张修学佛法当由显入密、显密兼修，将整个修行过程分为6个次第亦即六品，以此六品经典教义为基础，以佛造像、唐卡、佛塔等法物具象地、立体地供奉，系统表现其修行思想的佛堂即是六品佛楼。从乾隆二十二年至四十七年间（1757—1782年）清宫先后修建和装修的六品佛楼达8处之多，其中多数已经面目全非，不为人知，或者夷为平地，被人遗忘，梵华楼是其中唯一的目前仍保存完整的原状，也是六品佛楼陈设模式的定型之作，成熟之作。

乾隆皇帝耗费巨大财力，建造六品佛楼，梳理庞杂纷繁的藏传佛教神系，从表面上看，反映了他对藏传佛教信仰的高度热情和祈福的心态。从深层来看，清代疆域和政治的大统一不可避免地在思想界产生影响，即对思想上的大一统的要求。这在乾隆身上显得尤其突出。他在位的大部分时间里，中国的广阔疆域内各民族交流频繁，天下富足，承平日久，加之乾隆本人深厚的文化修养，许多巨大的文化工程得以进行并完成，最著名的如《四库全书》《同文韵统》等的编纂。在佛教方面也是如此，汉文、藏文、满文《大藏经》的整理、翻译和刊刻以及《四体番咒全藏》的编纂，六品佛楼的设计与建设等均应是此思想的反映。

藏传佛教神系纷繁复杂，要将其条理出来，工程浩大，在西藏本土也无先例，况且六品佛楼还要求将黄教的根本思想通过佛堂的布局、诸品神系的安排以及诸神图像学特征具象地、立体地表现出来，其难度可想而知。设计者必须对黄教教义有广泛而深刻的理解，对藏传佛教神系有清晰的认识和把握，对图像学有极为丰富的经典修养和实践经验。所以我们可以把梵华楼的内部陈设看作是清乾隆时期对密教4部神系完整的和系统化的建构，是最为丰富、最为庞大的藏传佛教图像学的宝库，是宏观把握藏传佛教神系构架的有力尝试。

藏传佛教图像学和神系的研究一直是藏传佛教研究的基础学科，梵华楼内部陈设的造像、唐卡正好为此研究提供了重要的原始材料，此材料具有很高的权威性，也就具有很高的学术价值。因此《梵华楼》一书的出版必将引起学术界的关注，进一步推动此领域研究的发展。

科学研究的基础必须建立在研究资料的全面掌握上。故宫文物种类繁多，各学科专业之间分工细致，但故宫总体的历史文化环境、各学科专业之间的紧密关联则不能忽略。因此应注重跨学科跨专业的综合性研究。如故宫的原状佛堂是古建筑与可移动文物一体的古代遗迹，只有做整体性的综合研究，才能把许多重要的历史信息保留下来。本书对梵华楼古代建筑及室内陈设的藏传佛教文物进行了系统的基础研究，注重材料的客观性、完整性，是院内藏传佛教研究的新成果。

梵华楼从未向公众开放过，本书首次将梵华楼古建筑及可移动文物对外公布，不仅为喜爱藏传佛教文化艺术的读者提供了一部珍贵的资料，而且对于文物考古研究、佛教艺术史研究都有重要的意义。希望有更多的人喜欢它，研究它，也希望在大家的共同努力下，进一步挖掘故宫的丰富内蕴，推动故宫学的深入发展。

（《梵华楼》序言，紫禁城出版社，2009年）

《宋画全集》的意义

　　宋代文化艺术在中国历史上具有极其重要的地位。陈寅恪先生曾经指出："华夏民族之文化，历数千载之演进，造极于赵宋之世。"宋代绘画是中国绘画发展史上的全盛时期，创作题材广泛、表现手法丰富，代表了中国绘画艺术的高峰。对宋代文化艺术的整理和研究意义十分重大。

　　众所周知，故宫博物院既是明清紫禁城与宫廷史迹的保护管理机构，也是以明清皇室旧藏文物为基础的中国古代文化艺术品的收藏、展示和研究机构。作为中国文物收藏最丰富的博物馆和世界著名博物馆之一，故宫博物院所藏文物品类丰富，体系完备，有着非常重要的历史、文化价值。

　　在故宫博物院收藏的文物中，中国古代绘画作品多达5万余件。其中，宋代绘画254件，包括人们熟知的宋徽宗的《听琴图》《芙蓉锦鸡图》、马麟的《层叠冰绡图》、张择端的《清明上河图》、王希孟的《千里江山图》等等。因文物保护的需要，这些珍贵的绘画作品人们难得一见。此外，尚有许多古代绘画为人们所不知，其中蕴藏着大量有待开发和挖掘的丰富内容和信息。故宫博物院的绘画藏品不只是研究中国绘画史的学者需要，还能为其他相关的多种学科，如建筑、音乐、舞蹈、美学、民俗、宗教，乃至政治、经济、科学技术等，提供不可多得的形象资料，这是文献记载所不能替代的。随着研究的深入与开展，它的珍贵性和重要性将越来越明显。

2005年9月，浙江大学党委书记张曦，浙江省文物局局长鲍贤伦专程到故宫博物院，和我及肖燕翼副院长商议合作编辑出版《宋画全集》"故宫博物院藏品卷"事宜。在听了张曦书记和鲍贤伦局长的介绍后，我们感到这项大型文化工程的意义巨大，当即表示故宫博物院将全力支持。

2006年，我去浙江大学，在参观了《宋画全集》的图版制作过程后，对《宋画全集》的图片质量感到十分满意。在此后的近5年中，故宫博物院、浙江大学、浙江省文物局等有关单位的工作人员呕心沥血、精益求精、反复斟酌，对编辑出版《宋画全集》"故宫博物院藏品卷"的各个细节进行了周密考虑并逐一付诸实施，使《宋画全集》"故宫博物院藏品卷"的整体质量得到了充分保证。

今天，我们在这里举行《宋画全集》第一卷（故宫博物院藏品）首发式暨专家座谈会，对故宫博物院来讲，是一件值得庆贺的大事。在这一卷书籍中，囊括了故宫博物院所藏之五代、两宋、辽、金全部绘画作品，其规模之完整、图版质量之高，堪称"空前"。对于让世人了解故宫博物院所藏宋代绘画的全貌，更好地为人们研究、鉴赏宋代绘画等不同需要服务，发挥博物馆的社会教育功能，具有十分积极的作用。

《宋画全集》第一卷（故宫博物院藏品）出版的意义在于：

第一，随着藏品的全面公布，必将有力地推动海内外宋代文化艺术研究的发展和深入，不仅能很好地解决文物保护和文物利用这对矛盾，使研究者能全面、系统、完整地了解宋代绘画的全貌，一览宋画发展、变化、演变的全过程，而且为当代从事绘画创作、宋代历史研究的画家、学者提供了良好的研究条件，彰显了"学术为天下之公器"的理念。

第二，故宫博物院是世界上宋画收藏的重镇，随着故宫藏品以及其他原收藏于清宫的宋画的面世，为故宫学的研究创造了有利条件。

明年中期，台北故宫博物院收藏的宋画也要出版，据《宋画全集》的编辑人员介绍，两个故宫博物院宋画收藏量基本相当，共500余幅，约占《宋画全集》总收录量1000余幅的一半。在另外的500余幅中，也有相当一部分是从清宫流失出去的。这说明了什么？说明清宫收藏的宋画是相当丰富的，或者说这些宋画与清宫、与清代帝王有着密切的关系，它们的集中出版，对于从故宫学视野深入研究这些宋画，对于更多的机构与个人投入故宫学研究，无疑起着积极的推进作用。

《宋画全集》陆续编印出版，且即将告竣，是颇为不易的一件事。说实话，当5年前张曦同志提出这一设想时，我是将信将疑的。但是，事实最具有说服力，5年努力，已结硕果。"事非经过不知难"，其中的甘苦、曲折自不待言。我想，没有保护传承中华文化的神圣使命感，没有知难而进、坚忍不拔的拼搏精神，没有一个高效率、干实事、负责任的工作团队，同样，没有众多的收藏机构的大力支持，要取得这样的成果是不可能的。在此，我特向张曦同志，向浙江大学出版社的同志致以敬意，也期待着《宋画全集》全面完成的那一天！

［2010年12月28日在"《宋画全集》第一卷（故宫博物院藏品）首发式暨专家座谈会"上的讲话］

重印《石渠宝笈》缘起

　　《石渠宝笈》初编、续编及三编，清乾隆九年（1744年）开始编辑，至嘉庆二十年（1815年）始告完成，前后历时70余年。此书编纂之时，正逢清朝盛世，宫廷收藏极富，藏品无论数量还是质量均为历代之最，书中著录除释道以外列朝帝王及名家的书画作品，内府书画珍品悉数辑录。

　　《石渠宝笈》各编的编纂，按收存地点分类编次，如《石渠宝笈》初编第一函8册，所辑书画为乾清宫藏品；第二函6册，所辑书画为重华宫藏品；第三函8册，所辑书画贮藏于御书房及养心殿；等等。以贮藏地编次后，又按照册、卷、轴等不同装裱形式著录，详记作品名称、质地、书体、题材内容、本人款识、印章、他人题跋等项，并集中了张照、梁诗正、励宗万、董邦达等大批饱学之士的研究、鉴定、编辑、著录，遂成为我国书画著录史上集大成之作，具有很高的史料价值和参考价值。虽然其中收录的作品有部分定名以及时代的错讹，但仍为书画鉴定、收藏、研究的必读之作。

　　《石渠宝笈》各编定稿之后，曾分别抄录数本。《清高宗实录》乾隆五十八年（1793年）二月记载，续编书成，"着缮写正本五分，分贮乾清宫、宁寿宫、圆明园、避暑山庄、盛京五处"。清人胡敬《西清札记》卷四记载，三编"发缮正本凡八分"。这些版本后有流散。目前，台北故宫博物院有抄本留存，南京博物院、上海图书馆等地藏有部分《石渠宝笈》抄本，辽宁博物馆藏有部分稿本，等。北京故宫博物院图书馆收藏《石渠宝笈》最丰，藏有部分《石渠宝笈》稿本和两部半抄本（其中有部分虫蛀等损坏），从书中钤印来看，曾储于宁寿宫、乾清宫等地。经过图书馆工作人员的努力，从现有藏品中，挑选整理出装帧精美、保存完好的大陆唯一完整的清内府旧藏朱丝栏精抄本。2009年6月9日，经国务院批准，该抄本入选《第二批国家珍贵古籍名录》。

《石渠宝笈》作为书画研究的重要参考书，国人早就看到其价值，曾有过多次印刷出版。《石渠宝笈》初续两编有过民国七年（1918年）上海涵芬楼影印本（初编为文渊阁四库全书本，续编版本未详）；续编有民国三十七年（1948年）开平谭氏区斋影印本（版本不详）。后来，1969年台北故宫博物院影印《秘殿珠林石渠宝笈》初续三编合刊本；1988年上海书店翻印台北故宫博物院影印《秘殿珠林石渠宝笈》初续三编合刊本，此本流传较广，成为书画鉴定研究的必要参考书。

需要说明的是，以上诸多版本，均以数据查阅为目的，为单色印刷的缩印本，原书之精美风貌，世人难见。以故宫藏清内府朱丝栏精抄本为例，原书用纸为连四纸，朱丝文武栏刻板刷印，提抬手画补边栏，此种印刷与手绘边栏结合的排版形式，为武英殿本中首见。文字为馆阁体精抄，四眼双线订。封面为藏蓝湖绫，明黄签。函套为五色织锦。作为皇帝的御览之书，堪称朱栏玉楮，纸墨莹洁，字体端秀，装潢精致的经典作品。如今，紫禁城出版社和三希堂藏书以故宫博物院图书馆所藏清内府朱丝栏精抄本为底本，按原大仿真影印再造出版，材料质地，无一不追溯原物，使皇家秘本化身千百，裨益各界，使爱书人共享，可谓文化盛事。

（影印本《石渠宝笈》序言，紫禁城出版社，2010年）

《钦定武英殿聚珍版丛书》序

　　《钦定武英殿聚珍版书》为清乾隆帝敕命刊行。清乾隆三十八年（1773年），乾隆帝决定辑校《永乐大典》中的佚书，特命将"流传已少，其书足资启牖后学，广益多闻者"汇付剞劂。其时，随着《四库全书》纂修工作大规模展开，"四库全书馆"征得各地进呈秘笈中亦多有必要"寿之梨枣，以广流传"。源于二者的珍本卷帙浩繁，总管内务府大臣金简在以雕版刊刻《易纬八种》《汉官旧仪》等4种珍罕遗书之后，鉴于"不惟所用版片浩繁，且逐部刊刻，亦需时日"，故提出制作枣木活字、摆版刷印书籍之建议，获乾隆帝首肯。为此，先后制成大小活字25万余个，工料俭省悬殊，摆印"工程"由此大规模展开。因"活字"之名不雅，乾隆帝更名为"聚珍"。至嘉庆八年（1803年），连同先前雕印的4种书籍，共计刊行图书138种，是为《钦定武英殿聚珍版书》。

　　《钦定武英殿聚珍版书》因其内容精善重要，且多辑自珍罕孤本，再加上校雠之精，刊刻精美，实为清殿本书中之翘楚。而木活字的大规模统筹运用则为中国活字印刷史上仅有，金简所撰《武英殿聚珍版程式》具有里程碑意义，把我国古代活字印刷术推向了新的高峰。幸得《钦定武英殿聚珍版书》刊行，诸多珍本得以广布学林，诸多孤本得以保存并借此传诸后世，竟多有成为该书存世母本之"幸"。

　　《钦定武英殿聚珍版书》刷印数目有限，一经颁发，即供不应求。乾隆帝鉴于此，特应允各地依循本书翻版通行。各地遂自行筹办翻版之事，其间多择其要目以雕版刊行，更有超出原有子目增刻者亦自行归入"武英殿聚珍版"之目。为做区分以正视听，凡原版刊印138种者，名为"内聚珍"，余者皆称"外聚珍"。

时至今日，"内聚珍"旧物幸存者散落世间各处。公私藏家或有幸善存，然零种居多，据子目统计完整者甚罕。诸如美国普林斯顿大学尚存两套，然多为散落各处之书拼凑而得，其一便由缪荃孙先生历时12年多处觅得拼就。其余公私藏本，据考察多于流传过程中几经重新装订、修复，亦多函册混乱，开本变动，且多为据子目拼凑而成，原书面貌难以辨析。

《钦定武英殿聚珍版书》，因之巨大的文献价值、版本价值，海内外多有出版之呼声，然皆因规模巨大，耗资颇费，底本流散，全本难觅而退。如今，故宫出版社和三希堂藏书为古籍守护之责任，文化传承之使命，历时两年原大影印出版全套凡138种《钦定武英殿聚珍版书》，殊为不易，难能可贵。综合当下本书存储实况，选取保存其原始面貌最可靠者北京故宫博物院藏本为底本，藏本尚缺6种自复旦大学图书馆、天津图书馆所藏"内聚珍"藏本补配，复现宣纸线装样式，原函原册分装，意在追溯原物风貌，严谨再现殿本精华。因本书依循四部分类之法归纳，138种图书据此合为一脉，依当下图书命名之法，将影印出版物命名为《钦定武英殿聚珍版丛书》，于此略做说明。

故宫博物院作为世界文化遗产，是世界上最丰富、最重要的中国古代文化艺术品的宝库，亦是中华民族优秀文化传统的保存和传承机构，有责任有义务承担文化传播和建设的重任。包括《武英殿聚珍版书》在内的展现故宫藏品的大量优秀图书的出版，既有利于专家学者充分利用故宫的藏品资源进行研究，充分发挥故宫博物院藏品的历史价值、科学价值和艺术价值，促进学术进步；更使广大人民群众得以欣赏到灿烂辉煌的中华文明。这是时代的要求，也是故宫的愿望。

（原载《钦定武英殿聚珍版丛书》，故宫出版社，2012年）

《中国历代法书精品大观》

　　大家知道，中国书法是一门特别注重传统的艺术，历代的书家都刻意在传统笔墨技巧上下功夫。然而由于时代久远和书法作品质地的特殊性，能够留传下来的历代名家墨迹很少。同时，历朝历代由于宫廷的大力搜求，能够留传于世的法书名帖，大多被收罗入了皇家内府，普通的书家和百姓是难以看到的。自古以来，不论是书家或是收藏家，能得到前代名家的片纸只字，都视若拱璧。

　　后人的书法艺术总是要学习前人的，为了能更好地欣赏和学习前人的真迹，早在唐宋就有了临摹、选帖刻石等多种方法。美中不足的是墨迹一经钩摹、刻石和传拓，虽然也有"下真迹一等"的效果，但是费工费时，产量过少，又或多或少地混入了临摹者的个人艺术风格。书法的点画位置、笔势形态都会受到影响；章法气韵的贯通流动，也会流失原貌；线条的运动速度和微妙变化，消失殆尽，不能不令人引以为憾事。近现代从西方引进的印刷技术，虽然有所进步，但依然存在着形神难两全的不足。

　　当今，恰逢盛世，人们对传统文化的重视前所未有，收藏鉴赏书法的风气正盛，学习书法也已经成为众多国人的爱好。在这样的形势下，故宫博物院紫禁城出版社、文物出版社和圣彩虹文化发展有限公司3家合作，充分发挥彼此的优势，从全国各地的收藏中，精选晋唐以来驰名天下的名家名品辑为百册，采用目前最先进的数码印刷技术，仿真印刷，真实地再现古代书法的艺术神韵，给书法爱好者、研究者和鉴藏家提供了学习、临摹和研究的范本。

这套百册《中国历代法书精品大观》中，编入的许多故宫藏品，是我国书法史上具有深远影响的作品。比如，西晋陆机的《平复帖》，这是迄今为止我们所知的最早的书家墨迹；王羲之的《兰亭序》的摹本中，有两个唐人的最好摹本；王献之的《中秋帖》、王珣的《伯远帖》，是清朝乾隆皇帝"三希"中的"二希"。此外，还有苏轼、黄庭坚、米芾、蔡襄等人的佳作。可以说，故宫所藏的古代书家的名迹大多可在这套书中看到。这也表明故宫作为一个博物馆在弘扬优秀文化传统、为公众服务中所持有的开放态度。

最后，祝愿我国的文化事业蓬勃发展、书法艺术更加辉煌，也祝我们的这套书能得到大家的珍爱。

［2008年12月18日在《中国历代法书精品大观》（文物出版社、紫禁城出版社）首发式上的致辞］

千古《兰亭序》

　　书法艺术是我国民族传统文化的重要组成部分，王羲之被尊为"书圣"，《兰亭序》更代表其巅峰成就。《兰亭序》真迹相传被唐太宗随葬昭陵，但自唐代起不断摹拓传播，化身可谓成千上万，对历代书家都有巨大影响。本院此次兰亭大展，观众不仅能见到故宫珍藏虞世南、褚遂良和冯承素等公认最逼近原作的摹本和临本，还向世人完整地展出乾隆集诸家大成的《兰亭八柱帖》。历史上还没有任何一幅书法作品能如此受到膜拜、研习、传承和论辩，蔚为千古奇观。

　　从《兰亭序》的产生、至尊地位的确立以及对后世的影响，可以看到在皇权社会中帝王对文化艺术的巨大引导和推动作用，以及后世书法追踪的方向、文人的生活情趣、生活方式的潮流和对普通人生活的示范效应。这次展出多种珍贵的兰亭题材文物，更旁及绘画、诗文乃至工艺美术和建筑等诸多领域，体现了社会、思想、艺术的变化，也凝聚了千百年来人们情感的共鸣。

　　修禊不是自兰亭开始，却因兰亭而不朽。兰亭和修禊的主题表达的是人们的高远的精神追求，超逸的艺术品位，平等的人间友谊和豁达的人生态度。兰亭，已经成为中国的一种文化符号，成为延绵不衰的文化现象和广博开放的文化体系。其影响也已遍及海内外，成为人类文化宝库中的珍贵财富。

　　与以往不同，本次大展由"兰亭特展"和"兰亭珍拓展"两个展览组成，分别在午门和延禧宫展出。旨在普及"兰亭文化"和对专家学者的研究两方面都有所裨益。在图录的编写方面则更注重学术性，除了对四大类文物的综述文章外，还邀请知名学者撰文论述，加深人们对兰亭内涵的了解。之后，配合展览还将召开"兰亭国际学术研讨会"。希望通过展览、研讨会和系列宣传活动推动兰亭书法的传播，使兰亭文化继续发扬光大。

本次展览得到日本东京国立博物馆、香港中文大学文物馆、黑龙江省博物馆、南昌市博物馆、南京市博物馆等单位的鼎力支持，谨致衷心的感谢。

（《兰亭图典》序言，故宫出版社，2011年）

兰亭大展在故宫展览史上的意义

　　2011年9月28日，"兰亭特展"在故宫博物院午门展厅隆重开幕，位于延禧宫古书画研究中心展厅的"兰亭珍拓展"也同时向公众开放。这是故宫博物院经过两年多时间精心组织的又一届年度大展，展览的成功举办，在故宫博物院陈列展览史上具有标志性意义。

　　故宫由皇宫变成博物院，陈列展览一直都在殿堂中进行。建院以来的近90年，利用宫殿建筑，开辟了大量的陈列展示场所。利用宫殿建筑展示宫廷文物，往往可以收到相得益彰的效果。但囿于宫殿建筑自身的特点，陈列展览也受到诸多限制，主要体现在两个方面：一是大型陈列展示场所仍然为数甚少。像东西六宫，过去是宫中后妃居住之所，一个院落中的前后殿相加也不过是300平方米左右，而大型宫殿的庑房，又多为长条形结构，作为大型展览场所使用也有很大的局限性。二是老宫殿密封性不好，又缺乏恒温恒湿的设施，不利于书画、服饰等珍贵易损文物的展出。为了解决"宫"与"院"的这一矛盾，10多年来，故宫博物院着力于筹建新的现代化展馆，在选址、论证上做了大量工作，至今仍在继续推进。但是，在新的现代化展馆建成前，故宫是否还有适合作为大型展陈而又设施先进的场所？或者说，即使有了新的展览场所，原有宫殿在大型展览上是否仍可发挥作用？

　　经过认真调查研究，人们把目光转向了午门城楼。午门在1917

年划归当时的历史博物馆，午门城楼曾长期作为展厅对外开放，一直到1949年后。1954年5月，毛泽东主席就曾在午门城楼连续两天参观"全国基本建设工程中出土的文物展览"。午门城楼建筑达千余平方米，其内部格局早已改变，具有改造成大型综合性陈列展示场所的基础。加之地处故宫南门入口，有利于吸引游客，也便于管理。我们便坚持保护第一、合理使用的原则，在不改变古建筑原貌的前提下，决定使用高科技产品，营造恒温恒湿的环境，加强灯光设计与利用，在使用上使之可展示各种类型的文物。因此考虑采取画廊式展柜结构，加大内部空间与进深，利用辅助材料，最终达到平立面相结合的使用功能的原则。经过两年的设计、论证、施工，2005年初，随着"中法文化年"活动中重要项目之一的"'太阳王'路易十四——法国凡尔赛宫珍品特展"的开幕，午门城楼展厅也以崭新的面貌开始迎接来自世界各地的宾客。

整修油饰后的午门城楼，外观金碧辉煌，流光溢彩，进入展厅则别有洞天：极具现代感的灰色高档地面，高大的通体金属结构展柜，向上看则是钢结构框架和中空玻璃构成的一层天花。正是这层天花将高大的午门城楼内部分隔成两个空间，一个是极富现代感的现代化展厅，一个是保留着清代原状的天花彩画。实际上，这层天花的四周向下扣在地板上，形成了一个金属与玻璃构成的使用面积达750平方米、高度达6米的巨大空间，这就是午门展厅的展示区域。在灯光上分为上下两层，上层灯光将午门城楼内部清代内檐装修的华美表现得淋漓尽致，下层灯光照明则突出现代感，使人仿佛置身于现代建筑之中。古老与现代在这里有机地融为一体。这种新颖的设计，有效地解决了古建保护与利用之间的矛盾，创造了良好的展示条件，同时又营造了别致而又温馨的环境氛围。改造后的午门展厅受到博物馆界的高度认同，也获得联合国教科文组织的高度评价，并于2005年将"文化历史遗产保护创新奖"颁发给该项目，同年还获得了"2005年全国十大科技成就奖"。午门展厅也因此成为故宫博物院范围内硬件设施最好，展示条件最为优良的展示场所。

午门展厅自启用以来，举办了一系列引进的国外重要展览，有些是配合国家外交，如2005年的"'太阳王'路易十四——法国凡尔赛宫珍品特展""瑞典藏中国陶瓷展"，2006年的"克里姆林宫珍品展"，2007年的"英国与世界——1714—1830"展、"西班牙骑士文化与艺术——马德里皇家博物馆珍品"展，2008年的"卢浮宫·拿破仑一世"展，等等。这些展览分别从法国、瑞典、英国、俄罗斯、西班牙等不同国家引进，合作单位大多是世界著名的博物馆，像英国的大英博物馆、法国的卢浮宫博物馆、俄罗斯的克里姆林宫博物馆、西班牙的马德里皇家武器博物馆等。与此同时，故宫博物院还在午门展厅举办了一些院藏文物的重要展览，如"经纬无尽——故宫藏织绣书画展"（2006年）、"天朝衣冠——故宫博物院藏清代宫廷服饰精品展"（2008年）、"永乐宣德艺术展"（2010年）等，也引起很大轰动。这些展览的组成也各不相同，有专门以某类文物为展示对象，也有综合性展览。各个展览在内容上的不同，也决定了其形式上的不同。总的来看，午门展厅的多功能性，通过这些陈列展览得到了充分的体现。同时，这一高水平现代化展厅的建成，为中国观众提供了了解世界多元文化的机会，也是国外游客了解中国历史文化的重要窗口，增进了中国与世界的联系，正在成为故宫博物院与世界博物馆界交流与合作的重要平台。

故宫博物院认识到，有了好的展陈条件，未必一定能办好展览。展览水平是全院业务水平、科研成果的综合体现，并与办院宗旨、展览理念、管理能力紧密结合。从2005年以来，在午门展厅举办的10多项重要展览中，故宫也在不断探索，不断改进，努力提升展览水平。例如，展览所选展品不应简单追求有多少"精品"，而要注意其与主题的关系，并重视发掘文物背后的故事及其历史文化内涵；展览要有学术研究的支撑，重要展览应与学术研讨会结合；故宫藏品尽管丰富，但为了使展览内容更为充实，必要时应向国内，甚至国外博物馆借展品；重要展览要动员全院力量，既落实项目负责人和部门，同时各有关部门要大力支持；重要展览要有一定的时间保证，不仓促，不突击；展览大纲与内容设计、形式设计都要反复征求意见，认真制订实施，精益求精；展览是全院重要工作，主管院领导要亲自抓，院主要领导也要过问，或者一起研究，帮助解决问题，共同推进。

故宫藏品的丰富，社会对故宫的期望，故宫的社会责任，都要求故宫博物院进一步办好展览。而故宫长期办展特别是午门展厅启用以来所积累的经验，都为故宫展览水平的突破性提高创造了条件。而"兰亭特展"的举办，就是故宫展览提高到新水平的重要标志。

"兰亭特展"是故宫博物院2009年所确定的2012年度大展项目。从确定选题、全面筹办到正式展出，近3年时间。这次成功展览，有以下几个特点：

第一，主题选得好，对专业人士和广大观众都有吸引力。魏晋时期是中国文化发展的一个重要时期，书法艺术更是在这一时期取得了突出的成就，王羲之作为书法艺术的代表人物更是成就卓著，被后世尊为"书圣"。而他在永和九年（353年）集会上创作的《兰亭序》是其书法艺术的巅峰之作。《兰亭序》真迹相传被唐太宗随葬昭陵，但自唐代起不断摹拓传播，化身可谓成千上万，对历代书家都有巨大影响。在中国艺术史上还没有任何一幅书法作品能如此受到膜拜、研习、传承和论辩，蔚为千古奇观。从《兰亭序》的产生、至尊地位的确立以及对后世的影响，可以看到在威权社会中帝王对文化艺术的巨大引导和推动作用，以及后世书法追踪的方向、文人生活情趣、生活方式的潮流和对普通人生活的示范效应。这次展出多种珍贵的兰亭题材文物，更旁及绘画、诗文乃至工艺美术和建筑等诸多领域，体现了社会、思想、艺术的变化，也凝聚了千百年来人们情感的共鸣。这个展览，无疑对公众很有吸引力。

第二，展品丰富，发挥院藏文物优势，也展出了从国外、国内博物馆借来的展品。故宫博物院有着180余万件藏品，其中涉及兰亭文化的藏品为数众多，且涉及门类广泛，书画、陶瓷、玉器、竹木牙角等文物类别中，兰亭的符号比比皆是。此次"兰亭特展"，观众不仅见到了故宫珍藏虞世南、褚遂良和冯承素等公认最逼近原作的摹本和临本，还向世人完整地展出乾隆集诸家大成的《兰亭八柱帖》。展览更得到日本东京国立博物馆，中国香港中文大学文物馆、江西省考古研究所、黑龙江省博物馆等国内外博物馆的鼎力支持，出借其珍贵典藏，共襄盛事。

第三，认真制订展览大纲。自展览筹备工作开始后，以古书画部为内容统筹部门，各相关业务部门积极配合，在查阅大量资料、提看众多实物基础上，结合各门类专家以及陈列展览相关部门的意见后形成展览大纲的初稿。其后，又经过院内专家专门讨论，邀请社会上的专家、学者共同研究讨论，最终形成了呈现给观众的陈列展览。这份陈列大纲可以说是集合了众多院内外专家、学者的智慧，有着深厚学术基础的陈列大纲，也成为我院在陈列展览内容设计上更加注重学术化和规范化的代表作。

第四，设计理念与兰亭文化的契合与统一。一个好的展览，必须是内容与形式的高度统一。"兰亭特展"在形式上追求简洁淡雅的设计理念，与兰亭文化高雅平和的主旨相契合，这是与内容设计和形式设计之间密切配合，相互理解分不开的。在展览内容设计阶段，负责形式设计的展览部即参与其中，部门间多次沟通，广泛征求各方面的意见。与此同时，内容、形式、宣传等多部门联合组织了考察采风活动，分赴浙江、山东、陕西等省，充分了解与王羲之、与《兰亭序》有关的史迹，起到了启发设计灵感，完善设计思路的作用。在经过院内外专家充分论证之后，最终形成完整的形式设计大纲并得以实施。

第五，从实际出发分为两个展场，适应专业人员与普通观众的不同需要。由于藏品数量的丰富，内容又与主题十分切合，尽管在数量上进行了多次调整，依然有为数众多的展品无法集中于午门展厅进行展示。最终我们选择了重要的碑帖类藏品专门集中于延禧宫古书画研究中心展厅，形成"兰亭特展"的第二展场，并冠以"兰亭珍拓展"之名加以展示。从两个展场的展出效果来看，第一展场更适合大众口味，第二展场更适合专业人员的需要，二者互为补充，又特色鲜明，成为本次展览满足不同层次观众需求的服务亮点之一。这种展览模式，在今后不同专题的陈列展览中仍然可以借鉴和使用。

第六，宣传教育工作贯串始终。在短短的两个半月展期内，"兰亭特展"的参观人数达到13万余人次，他们当中有许多是专门为参观展览而来，其中不乏专业工作者，也有喜爱传统文化的普通观众，更有许多是大、中学生，足以证明展览对于多层次观众的吸引力。而这种喜人结果的形成，与故宫博物院就该项展览进行的前期宣传工作密不可分。故宫博物院宣传教育部是展览的主要推广责任部门，在展览筹备期间，即与内容、形式设计部门密切配合，推出了一系列的前期宣传活动，诸如专题讲座、中小学生京城寻找兰亭等活动，充分利用国际博物馆日、世界文化遗产日为宣传契机，对展览进行了大范围的推广。此外，利用故宫网站进行宣传，通过媒体发布信息等形式，都为展览的推广起了重要作用。

第七，成功举办兰亭国际学术研讨会。在展览期间，故宫召开了为期两天的兰亭国际学术研讨会，中国大陆（内地）及港澳台地区与来自日本、瑞典、新加坡的书画、碑帖等领域的62位代表出席会议，提交论文45篇，就兰亭书法、碑帖、绘画、文献、文化的相关问题进行了深入探讨，涉及兰亭艺术、文化的交流传播，兰亭书画风格成就、临仿收藏，兰亭文献的校录梳理，兰亭书法碑帖的版本留传等6个方面，或视野开阔，或资料搜集整理翔实，或在个案研究上有突破，或尝试新的视角，有力地推动了兰亭学术研究的深入。

第八，切实保护展示文物的安全。为了保证展示文物的安全，全院多部门密切配合，对展览设备、安防系统、消防系统、空调系统、用电安全等方面进行了细致认真的检查和改进。为使展品始终处于所需的湿度环境中，展览部专门对全部通柜加装了湿度控制设备，并经过长时间的测试，运行情况良好。从展览过程中记录下的数据可以证明，展示环境湿度状况良好。同时，对柜内照明系统也进行了改造，安装了照度可调的新型LED灯具，使展品始终处于安全可靠的光环境中。此外，还完成了引进德国进口展柜的采购工作，并使之成为重点文物的硬件保障。行政服务中心对整个午门空调系统进行了优化配置和湿度控制系统改造工作。保卫处对安防、消防设备进行了整体检查。总之，各方面设备在展览期间运行正常，最终达到了既让观众欣赏到精美的藏品，同时最大限度地保护展品的目的。

第九，集团作战精神与综合业务能力的结合。一项展览其实是一个庞大的工程，需要多方面的积极配合与协调，需要具有集团作战的精神，考验的是一个单位的综合业务能力。通过"兰亭特展"，我们欣喜地看到，故宫博物院各部门相互协调顺畅，综合业务能力有了很大提高。可以说，硬件水平的提升与管理工作的细致，是"兰亭特展"顺利进行的重要保障。

"兰亭特展"无疑是一次成功的展览，一个标志着故宫博物院陈列展览水平的展览，一个受到广泛欢迎的展览，一个弘扬祖国优秀传统文化的展览。在这个展览中，全院上下付出了辛勤的劳动，在工作中也激发出许多创新点，因此，对"兰亭特展"进行认真的梳理总结是非常有必要的。这本《兰亭展事纪实》就是"兰亭特展"各方面工作的记录和客观的评述。艺无止境。通过这个总结回顾，相信故宫博物院的展览水平会有更大的提高。也希望能够通过本书，让更多的人了解故宫，了解故宫的陈列展览，同时也留下一份珍贵的档案资料，对后人了解故宫博物院、展示历史有所裨益。

（《兰亭展事纪实》序言，故宫出版社，2012年）

《清明上河图》

  在故宫博物院珍藏的100多万件文物中，北宋张择端所绘的《清明上河图》以其高度的写实性和超凡的艺术技巧，兼具重要的历史价值和极高的艺术价值，从而成为最令世人瞩目的国宝之一。

  全图描绘了清明时节北宋都城汴京世俗生活的繁荣富庶景象，场面宏大而结构严谨，笔墨技巧精纯老练，刻画的人物生动传神，各类物象皆精细逼真，表现出作者在人物、山水、界画等各个画科的全面修养，令人叹为观止。

  如此一幅画史杰作，自问世以来，不断地被临摹、仿造，出现过许多赝本，有些仅见于历代书画著录，有些现在还流传于世。几十年来，以我国著名古书画鉴定家徐邦达先生和著名书画史论家张安治先生为代表的一大批专家、学者对此进行了全面而充分的考证、研究，去伪存真，最终得出了科学的结论：在各种所谓"张择端《清明上河图》"中，只有现在故宫博物院收藏的这一件曾经清代内府《石渠宝笈》三编著录的长卷，才是真迹！

  从作品本身看，此图不仅具有鲜明的宋代绘画的时代艺术特征，而且图中描绘的很多物象，都是后世作伪者难以想见的。如图中的城墙为土筑，正符合宋代城墙的建筑特征；特别是虹桥，以木材架构，结构繁复，而能描绘得如此细致入微，非身临其境者莫办。这些都与那些"砖城""石桥"的伪本有着根本的区别。

从其他辅助材料看，研究者们根据图上的鉴藏印记、卷后的题跋文字以及各种文献记载，为我们较为清晰地描绘出这卷《清明上河图》在宋、元、明、清先后进入御府又辗转民间，最终回到人民怀抱，入藏故宫博物院的一段传奇经历，可谓"流传有绪"。特别是卷后张著等金、元人题跋，距北宋最近，明确指出了此图的作者和创作年代，为此图"验明正身"提供了有力的旁证。

专家们的研究、分析鞭辟入里，结论是令人信服的。

在对这卷《清明上河图》的研究、阐释中，有学者提出，该图具有歌颂"太平盛世"的主题思想，因此"清明"一词也可理解为"清明盛世"。现在，线装书局运用先进的科技手段，使这件国宝以金版形式再现于世，也堪称当今清明之世中文化事业蓬勃发展的一段佳话吧。

（金版《清明上河图》跋，线装书局，2005年）

你所不知道的永宣时代艺术

2010年，紫禁城正式落成590周年，同时迎来了故宫博物院建院85周年。逢此典庆之际，故宫博物院举办一系列专题展览、研讨会等纪念活动。9月26日在午门城楼拉开帷幕的"明永乐宣德文物特展"，即是其中重要展项之一。

明代永乐、洪熙、宣德三朝，历时33年（1403—1435年）。史学界一直以为，明朝政权统治在这一时期达到了鼎盛。施行的一系列大政国策，使当时的明朝成为遥领世界之先的东方强国，对后来中国历史的发展演进也有着深刻、广远的影响。我们今天熟知的诸多重要大事，如营造北京城、郑和下西洋、撰修《永乐大典》，更有包括故宫博物院的前身——紫禁城的肇建等，都是发生在永宣时期。

任何时代文化，总是与其当时社会政治、经济等诸多因素密切联系并不断发展的。永乐、宣德时期，两位帝王不仅于治国理政中颇显韬略，同时也是雅好文墨、具有良好文化修养的"雅士"。史载，永乐皇帝好文喜书，书法甚为奇崛，常常将墨宝赐予亲眷和臣僚。宣德皇帝更是诗词文赋、书画丹青无所不能。故宫博物院现藏明代皇帝御笔绘画作品7幅，其中有5幅即为宣德皇帝所画。这些记载和遗存，足见永宣二帝的文化追求与品位。在帝王本人的直接倡导和参与下，明代前期宫廷文化艺术多姿多彩，取得了令后世瞩目的成就。明永乐、宣德文物的专题展出，正是以丰富多样的文物珍品，真实再现这一时期的辉煌艺术。

"明永乐宣德文物特展"，从故宫博物院所藏明代早期（以永乐、洪熙、宣德三朝为主）大量文物中，共遴选出有代表性的文物精品150件，分类展出。展品涵盖了书画、瓷器、漆器、玉器、金银器、珐琅器、佛造像、宣铜等8个门类，力求尽可能多角度、全方位地展现这一盛世时代的宫廷生活和社会风貌。由这些展品可以看出，当时的宫廷艺术可谓五花八门、蔚为大观。其中，花色繁多的瓷器，曾随着郑和下西洋的宝船远走南洋各国，享誉世界；色泽润美的雕漆，工艺之娴熟达到历史巅峰，后世亦无法企及；婉丽飘逸的台阁体书法、笔墨工谨的"院体"绘画，尽开一代书画之新风；尤其是数百年来一直为人们津津乐道，又一直未成定论的"宣德炉"，作为那个时代留给今人的文化之谜，激励着我们以科学的方法去探索去解答。其他如珐琅、玉器、金银器、佛造像等等器物，也都可谓满目琳琅，令人称奇。这些门类各异的艺术品，无不反映出当时社会的审美意识。此番集中展出，观众自可从中体味永宣艺术的非凡魅力，感受当时艺术水准的高超与精湛。

这次展览，由于场地条件所限，所陈文物种类、数量相对有限，而如此大规模集中展示明代永宣时期的文物珍品，在国内乃至世界博物馆展览中尚属首次。众所周知，由于朝代鼎革、频遭兵燹等种种历史原因，造成了明代档案的缺失和严重匮乏。至今，明代前期特别是明成祖迁都北京之后的一些史迹情形，学界大多无从稽考。每论及此，也往往由于档案、实物依据的欠缺，语焉不详。这些久藏禁闱深宫的皇家珍品首度亮相公众，以物证史，以物言世，一定程度上弥补了明代档案材料不足的缺憾，相信这对于学术界特别是明史学界的相关研究，亦是大有裨益之事。

回想2009年10月，台北故宫博物院举办雍正时期文物大展，北京故宫所藏的雍正皇帝画像等数十件文物精品渡海赴台，合作办展。两岸故宫博物院时隔60年后首度合作，引起各界广泛关注，反响热烈，大展取得了预想不到的空前成功。展览期间举办的题为"为君难——雍正其人、其事及其时代"学术研讨会，更是开启了两岸故宫专家、学者学术交流的大门。借本次"明永乐宣德文物特展"开展之机，北京故宫博物院也将举办"永宣时代及其影响——两岸故宫第二届学术研讨会"，邀请多位台北故宫博物院同人出席会议。我们相信，两岸故宫专家、学者的再度聚首，一定会在已有基础上为促进两岸学术交流、为弘扬中华文化做出应有贡献。

一项展览的成功举办，有赖于社会各界各方面的支持与配合。本次展览在筹备过程中，得到国内明史学界许多学者的热切关注。这些学者从各自专业角度提出了中肯的意见和建议，保证了展览在学术上的规整、严谨，也使展览内容更为丰富、完善。在展陈文物方面，西藏自治区博物馆、青海省博物馆、湖北省博物馆、首都博物馆等各兄弟馆，都有馆藏文物精品不吝相借，使本展览大为增色。在此，谨代表故宫博物院，对这些单位和个人给予的大力支持表示衷心感谢。

（《明永乐宣德文物特展》序言，紫禁城出版社，2010年）

天朝衣冠

　　"天朝衣冠——故宫博物院藏清代宫廷服饰精品展"在举世瞩目的2008年北京奥运会开幕之际与广大观众见面了！

　　这是故宫博物院建院80余年来举办的规模最大、质量最精、规格最高的服饰展览，其中绝大多数是经年深藏宫中的珍品首次面世。在奥运会隆重举行的这个黄金时间段举办如此大型展览，我们旨在与中国人民第一次在自己这片古老国土上向世人精彩地诠释"更快、更高、更强"的现代奥林匹克竞技精神的同时，也向世人提供一个展示中华民族独具特色的更精、更巧、更美的古代优秀灿烂文化的窗口和平台。毕竟，它们都是人类文明的共同组成部分，都是人类精神家园的宝贵财富。

　　包括清代宫廷服饰在内的中国古代宫廷服饰，其最表征的元素是作为物质形式存在的制作服饰的原材料丝绸。丝绸自古即以其优良的服用性能和华丽的装饰效果而备受人们的青睐，中国古代帝王无不以其为奢侈生活的珍贵之物。大量的田野考古资料已证明，中国是丝绸的发源，丝绸几乎是与具有5000年文明史的中国的文明同时产生并同步发展的。公元前5世纪，中国丝绸已开始远播海外。到汉唐时期，举世闻名的"丝绸之路"更是将中国人发明的丝绸源源不断地传到了世界各地。它犹如一条蜿蜒万里的绚丽丝带，把欧亚大陆和东西方文明紧紧地联系起来，促进了世界科技的发展及东西方政治、经济和文化的广泛交流，对世界人类的进步和繁荣做出了巨大贡献。因此，丝绸也赢得了中国古代的"第五大发明"的美誉。

数千年来，中国古代丝绸在生产技艺上始终保持了精益求精的不断创新精神，因之具有十分旺盛的生命力，长期引领世界丝织技艺的先进水平。清代进入中国古代最后一个封建王朝，封建的政治、经济和文化也达到相对最为繁荣的阶段。当时宫廷服饰所用的丝绸面料几乎都来自于中国江南的南京、苏州和杭州3处皇家御用的丝织机构。由于这些产品主要用于满足封建最高统治者豪华奢侈生活的需要，故在制作上不惜工本，极力追求丝织面料的丰富多样和珍贵奢华，因此无论是工艺质量，还是花色品种等方面都代表了清代丝织技艺的最高水平。虽然此次展览的展品数量有限，尚远不足以反映清代丝织技艺水平的全貌，但见微知著，它们在很大程度上也显示出了清代丝绸绚丽多彩和技艺高超的一面，同时也是中国数千年丝绸文化辉煌灿烂的一个缩影。

服饰不仅是物质文明的结晶，而且也是精神文明的产物，是人类精神和文化生活的映照。几乎是从服饰起源的那天起，人们就已将其生活习俗、审美情趣、知识经验，以及种种文化心态、宗教观念和社会意识等都积淀于服饰之中，构筑成了服饰文化十分丰富的精神文化内涵。在中国古代，服饰是礼乐文明的一个重要组成部分，所谓"中国有服装之美，谓之华；有礼仪之大，故称夏"。表明中国自古以来就以衣冠礼仪的美誉"华夏"作为族称。服饰制度以其具有礼治教化和等级辨识等重要功能而备受历代统治者所重视，他们无不在改朝换代时制定有别于旧朝的新的服饰制度，以作为王朝更替的象征及维护巩固新兴政权统治秩序的工具。

清代也不例外。清朝统治者在取代明朝而统治中国后，全面废除了中国古代汉族传承了上千年的冕服制度和宽衣博袖式服饰，而强制推行本民族具有游牧骑猎特色的紧身窄袖式服装，给中华传统服饰以前所未有的巨大冲击和改变，由此奠定了清代服饰风格迥异历朝的鲜明特色与时代个性。这一方面反映了清朝统治者以衣冠服饰的改变来作为王朝兴替的重要标志，另一方面也反映了他们对本民族文化的高度重视和坚定护守。但是，清朝统治者毕竟置身于源远流长、博大精深的汉文化氛围之中，清代宫廷服饰也继承和吸收了大量历代汉族传统服饰的特点。可以说，清代宫廷服饰从一个侧面反映了满汉文化的相互影响与交融，集中体现了满汉服饰文化的主要特点，呈现出中华民族服饰文化多元发展的丰繁竞采的时代特点。

清代统治者制定的服饰制度体系之庞杂、条律之琐细在中国历代服饰史上无出其右。这无非是要通过服饰这种在社会生活中形式最为外露直观、最易标明一个人身份地位的物质载体来处处体现皇家身份地位的无比显赫尊贵及神圣不可侵犯，处处体现君臣官民及上下级之间"贵贱有级，服位有等"的严格的等级思想，以维护封建集权专制下森严的等级制度。中国古代服饰所被赋予和承载的强烈政治色彩和礼制意义在有清一代的宫廷服饰中可谓臻于极致。

清代宫廷服饰，反映出古代中国人民高超精湛的丝织技艺水平和丰富的创造力，凝聚着他们无尽的聪明才智，也折射出我们民族精神文化的灿烂光辉，是我们足可引以为豪的珍贵的民族文化遗产。无论岁月沧桑变幻，它的华美之彩丝毫磨蚀不去，独特的文化魅力历久不衰。我们为之欣赏和赞誉，更为之继承并创新。

（《天朝衣冠——故宫博物院藏清代宫廷服饰精品展》序言，紫禁城出版社，2008年）

清宫医事

　　故宫博物院是在明清两代皇宫基础上建立的博物馆，保存了大量皇家生活的遗物，其中包括清代太医院和御药房的实物。这批实物，既有宫廷药材药具，也有帝后用药底簿等医案，是研究清代宫廷医学的重要资料。

　　清代宫廷医学是中国医药史的重要组成部分，它在一定程度上代表着当时中国医学发展的最高水平。故宫博物院现存医药文物在研究宫廷医学方面具有不可替代的作用，在某些方面甚至可以弥补文献、档案记载之不足，从这个角度来看，其价值弥足珍贵。

　　故宫博物院所存的清宫医药与医事实物，是帝后医疗保健活动的珍贵文物，也从一个侧面反映了清代帝后的生活。清代医学在养生学方面贡献良多，已有专家进行研究，并涉及帝后保健，但以故宫实物为依托的科研，还很薄弱。因此，深入整理研究清代宫廷医药与医事，就显得十分迫切与重要，它既可向世人展现一部活的清代中医医疗养生保健史，弥补科技史上的不足，又可用以启发现代养生保健方式。此类研究，在提倡全民保健、注重健康的时代氛围中，备受社会关注，颇具现实意义。

　　恽丽梅女士是故宫博物院的副研究馆员，从事文物保管和研究30余年，她的科研始终基于宫廷历史文物及与明清宫廷史有关的史料，并能将自己的研究与故宫实际工作紧密结合起来，已有不少文章发表，在西洋钟表研究方面颇有建树。

近10年来，恽丽梅同志着力于清宫医药文物的研究，她采用档案、文献与实物相结合的方法，深入研究故宫收藏的清代宫廷药材药具和档案馆的医药档案，多次参加学术交流和研讨活动，发表了多篇论文，引起该领域同人的关注。恽丽梅同志的《清宫医药与医事研究》一书正是她长期以来所进行的清代医药文物研究的阶段成果。她的这部著作，系统地论述了清宫医疗、制药及帝后保健等相关问题，不仅丰富了中国医药史发展的研究，对故宫文物研究领域的拓展及深入也有实际意义。

因此，在本书即将付梓之际，我应邀写下如上文字，希望能引起人们对这一领域的关注。

（《清宫医药与医事研究》序言，文物出版社，2010年）

"样式雷"

　　故宫、天坛、颐和园等清代皇家宫殿、园林是世界著名的名胜古迹，其中蕴含了深刻的中国建筑理念、建筑美学、建筑文化。这些皇家建筑被列入《世界遗产名录》，每天都有成千上万的中外游客在其中流连忘返，沉醉在宏大的建筑群中，静心感受建筑的美妙，但却很少有人知悉这些建筑的设计者，这些建筑设计所依据的理念，这些建筑建设的过程。有些在民间流传的故事也是充满了神话色彩，仿佛这些建筑就是天公所为。这个天公当然是我国古代的劳动人民，他们中最杰出的代表就是被称为"样式雷"的建筑世家雷氏家族。

　　"样式雷"尽管不是故宫的主要设计建造者，但他们负责设计修建的圆明园、颐和园、东西陵寝等等大量皇家经典建筑足以证明他们是世界杰出的建筑师。今天，我很高兴地看到了以揭示"样式雷"图档、表彰"样式雷"业绩为宗旨的"华夏建筑意匠的传世绝响——清代样式雷建筑图档展"与广大观众见面。这意味着"样式雷"图档中所蕴含的优秀传统文化将被传播、弘扬，意味着华夏杰出建筑意匠"样式雷"将得到社会广泛认知。但愿"样式雷"这样优秀的建筑师们能像著名的铁路工程师詹天佑一样家喻户晓，成为中华民族引以为豪的杰出人物。

　　"样式雷"图档涵盖了几乎所有清代皇家建筑，这些建筑绝大部分都是世界文化遗产、全国重点文物保护单位，"样式雷"图档清晰地反映了这些建筑的选址、规划设计和施工等多方面详细情况，对相关文物建筑的保护、复原及研究具有十分重要的意义。事实上，"样式雷"图档在这些方面正在发挥巨大作用。

这是一个非常有意义的展览，希望能到更多的地方展出，让更多的人了解"样式雷"及其建筑图档，让更多的人从中进一步认识勤劳睿智的中华民族，让更多的人懂得保护文化遗产的重要。

（2007年9月9日"国家图书馆日"在"大匠天工——清代'样式雷'建筑图档荣登《世界记忆名录》特展"上的讲话）

最后王朝的世纪旧影

　　清代后期，西洋摄影技术传入中国，后传入宫中，宫中因此留下了大量照片，自溥仪出宫后由故宫博物院收藏。故宫还留存一批民国时期的照片。故宫收藏的这些老照片，共10000余张。这部《最后的皇朝——故宫珍藏世纪旧影》系列影集，收录了距今一个世纪前后的珍贵历史照片1200余幅，占故宫收藏的1/8。按照图像内容，分编为宫殿、陵苑、帝后、宫廷、工业、军务6个分册，它们代表了故宫旧藏照片的主要品种，其中大部分是首次发表。

　　老照片作为文献特藏，一直受到各界关注，也成为近年展览、影视和出版物的热门题材之一。紫禁城出版社曾于20世纪90年代出版过《帝京旧影》《故宫珍藏人物照片荟萃》，披露了大量清宫照片，并开启了日后"老照片热"的先河。近年来为人所熟知的有《老北京皇家建筑典藏》《老照片中的大清王府》《图说百年体育》等专题选集，有《南昌民俗》《同济老照片》《湖南百年老照片》等地域图集，还有一些人物、事件、机构的历史图籍，等等，不胜枚举。这主要缘于摄影技术的真实性和直观性——把历史上的某一瞬间固化成图像，原汁原味地记录存真。尽管很多图像未留下拍摄地点、时间及拍摄者姓名等文字，今人无从了解所摄画面的完整信息，甚至无从知晓某些照片的确切来历，但它们作为第一手资料，让我们看到了逝去的历史和事件，结识了久违的历史人物，领略了遥远的风土民俗，反映出社会的风风雨雨和方方面面，引发了观者的诸多感受与思考，而不仅仅供作怀旧和欣赏，这即是老照片的价值和魅力所在，也正是我们编辑此集的初衷所在。

此部影集所特有的清宫收藏背景，决定了它与其他影集的不同之处：首先，从晚清至民国初年，时间跨度相对集中，而图像内容十分广泛，从帝后及其亲属、仆役，到皇宫殿宇及各地建筑，再到经济、军事等领域，当时宫廷和社会的动荡变化、新旧鼎革、东西方交融等种种家国世态在各集之中都有所反映；其次，照片形式除单帧外，还有许多成套相册，从一些人物、场景等相册的装潢形式和题签来看，是专为进呈等用途而组织拍摄制作的，其历史信息相对系统；再次，少量作品出自服务于宫廷的外国摄影师，绝大部分则出自中国摄影师之手，说明照相技术在中国的普及程度，其中不少作品称得上是经典之作；最后，很多照片都是难得一见的珍稀史料，有的拍摄对象已入选《世界遗产名录》，有的相册已入选《中国档案文献遗产名录》，其历史价值毋庸置疑。一个个转瞬即逝的历史镜头汇于一编，足以见证百年前的王朝更替、社会变迁、建筑沿革及世事变幻，弥足珍贵。

众所周知，故宫博物院藏品以清宫旧藏为主要特色，近现代史上的几次播迁散出使藏品数量有所减少，但文物门类依然齐备。自建院80多年以来，无论世事如何变化，故宫同人始终秉承阐扬传统文化艺术的宗旨，不断将藏品整理成果向社会公布。作为老故宫传统的赓续之作，相信此部图籍的问世会对学界有所助益。

（《最后的皇朝——故宫珍藏世纪旧影》前言，紫禁城出版社，2011年）

赫赫巨帙　沪上腾光

　　上海博物馆同人常有惊人之举。用"晋唐宋元书画国宝展"作为庆祝自身五十华诞的重头戏，就是他们创新思维的又一体现。这无疑是黄浦江畔一场中国传统文化的盛筵，典雅的也是大众的，热闹又不流俗。

　　书画艺术是中华民族智慧与创造力最集中的表现之一。晋、唐、宋、元，绵延千余年，是中国书画艺术史上最辉煌、最重要的阶段。这期间的优秀作品，像光耀千古的璀璨明珠，对中国书画这一我国独特的艺术形式的发展产生了至为深远的影响，其艺术魅力至今依然熠熠夺目。由一个个艺术珍品连缀而成的亮丽壮观的艺术长河，尽现跨度千年的中国艺术的丰神意韵。展览的这一主题，反映了主办者的不凡眼光与宏大气魄。

　　引起震撼的还是为数众多的国宝级书画展品。辽宁省博物馆、上海博物馆、故宫博物院，都是收藏我国早期书画非常丰富的博物馆，而所选展的72件作品，又多是声名烜赫、久藏深闺的稀世瑰宝。故宫提供的东晋王珣《伯远帖》就是一例。此帖同王羲之《快雪时晴帖》、王献之《中秋帖》为乾隆皇帝的"三希"帖，然而《快雪时晴帖》为摹本、《中秋帖》为临本，唯此帖为真迹，且是东晋名书家的唯一手迹。大家董其昌曾评曰："王珣书潇洒古澹，东晋风流，宛然在眼。"我们仍能想象乾隆当年珍之爱之、细品慢赏的惬意神态。这件文物自1951年周恩来总理批准以重金由香港购回后，世人难得一见，这次因上海博物馆大庆的缘分，与其他21件国宝级文物首次离开故宫博物院外展。辽宁省博物馆的18件，上海博物馆的32件，同样幅幅大名鼎鼎，件件价值连城。这批文物荟萃，可谓花团锦簇，分量之重，不言而明，观众自可体会到山阴道上、美不胜收之慨。说实在的，我们真羡慕上海人的福分。

围绕展览举办的"千年遗珍国际学术研讨会"，当然也是庆贺活动中一个浓墨重彩的部分。海内外数十位中国书画研究名家莅临会议。名家名作欢聚，本身就是一件盛事。时间安排也颇见用心。研讨会从11月29日至12月1日，展览的开幕式则是11月30日上午。当学者们通过观摩研究，切磋交流，渐入佳境时，展览的帷幕便隆重拉开了。不仅时间上交合，效果上也是互动的。展览为系统地、集中地参观研讨提供了绝好的机会，而研讨成果反过来又对展览起了宣传、提升、引导的作用。可以肯定地说，这个展览是非常难得的展览，这次盛会也会把我国早期书画的研究推进到一个更加深入的层次和更高的阶段。

前面说到举办这个展览似是"惊人之举"，其实联想上海博物馆近年来的所为，就一点也不惊奇了。博物馆以收藏为基础，它的功能则主要通过藏品的展示来实现。活生生的物质存在，能够更直接、更朴实、更容易被人们接受和理解。不断推出精美的展览，向群众提供丰富的精神食粮，是上海博物馆留给我们的一个深刻印象。这些年来，上海博物馆的展览接连不断，既有国内珍品展，又有异域文明展；既有内地省份文物展，也有边疆地区精品展；既有专题展，又有综合展，办一个成功一个，且往往是社会效益与经济效益兼得。这些展览，对于观众，不是迎合，而是引导，促进着人们审美趣味的提高与文化生活品位的提升。以展览为要务，多办好的展览，办好每一个展览，才会吸引更多的观众，博物馆也才有蓬勃的生机与不竭的活力，这既是基本常识，也是先进的理念。上海博物馆在大庆时用一台精品展以飨观众，可以说传达的是他们坚持这一理念的一个信息。

50年风雨，上海博物馆走过了不平凡的历程，但其巨大变化还是承改革开放之赐。近年来，上海博物馆在国内外影响日隆，我感受最深的是他们永不满足，不断设定新的目标，不断超越自己的魄力与气度。上海博物馆立足于深厚的传统文化底蕴，又有容纳百川、开风气之先的海派文化的特色；上海博物馆的领导者有着上海人特有的精明，又有干大事业者的气魄，在新的发展机遇面前，一定会与时俱进，创造出骄人的业绩。这也是全国博物馆同人的衷心祝愿。

这里，谨填《水龙吟》一阕，向上海博物馆五十华诞表以贺意：

> 冲寒且赏珍奇，同源书画双峰峙。鸭头晋帖，簪花唐卷，更增光熠。异代知音，同时入室，堪称多士。看人头攒动，申江旖旎，千年展，倾城怿。
>
> 华诞适逢五秩。喜而今、名惊当世。搜珍聚宝，文明传续，藏为信史。思每清新，论常奇崛，最终求实。任沧桑变幻，与时俱进，一腔豪气。

（2002年11月30日在"晋唐宋元书画国宝展"开幕式上的讲话）

明清绘画历程

由故宫博物院与中国美术馆联合主办的"明清绘画精选展"，在2008年北京奥林匹克大会期间与广大观众见面了。这让我们在现实空间领略着体育竞技的快速与紧张的同时，又可以穿越时空，感受到中华文明的古远与中国艺术的优雅。

展出作品从故宫博物院与中国美术馆数以万计的藏品中精选而出，数量尽管不是很多，却较全面地展现了明清数百年间中国绘画的发展历程：戴进、吴伟为首的"浙派"画家，取法郭（熙）、李（唐）并参马（远）、夏（圭），以苍劲的笔墨和粗犷的画风雄霸明初山水画坛；以林良、吕纪为首的宫廷画家，分别以率意的水墨和精细的工笔显现出花鸟画的不同品位。被称为"吴门四家"的文、沈、唐、仇宗法元人笔墨并注重诗、书、画、印之融合，以秀逸清雅的笔墨在明中期独领风骚。明代晚期的松江、武林、云间等画派，又以不同的绘画主张与风格各自标榜，形成了绘画派别风起云涌的激荡局面。"四王"与"四僧"拉开了清代绘画的序幕，"正统"与"创新"也作为两种截然不同的创作观念贯穿于整个清代画坛。"四王"为代表的正统派，推崇董（源）巨（然）及元四家，秉承董其昌的文人画理念，强调儒雅平和的"书卷气"；活动于江南地区的"四僧"、"金陵八家"、"新安画派"以及"扬州画派"诸画家，在师法传统的基础上，又注重对景写实，以"我用我法""物我合一"的方式，抒发性灵、张扬个性，他们共同构成清代画坛中一股创新的势力。"海上画派"和"岭南画派"的画作中既有对传统文人画的继承、对民间艺术的学习，也有对西洋绘画技巧的吸收，以及对金石学的借鉴，等。他们以对于市民审美的追逐及造型、色彩、主题等绘画语言的新表现，开启了近代乃至现代绘画的先河。

此次大展是第29届奥运会期间一道亮丽的文化景观，在奥林匹克的旗帜下，它将以艺术的形式把中国文化向四海传扬。

（2008年7月1日在故宫博物院、中国美术馆合办"明清绘画精选展"开幕式上的祝词）

六如遗墨

　　故宫博物院、上海博物馆和辽宁省博物馆是海内外著名的收藏中国古代书画的三大机构，一直有着很好的合作关系，并成功地举办过多项书画联展，取得了良好的社会效果。此次三家再度携手，在沈阳举办"六如遗墨——唐伯虎书画作品特展"，既是辽宁省博物馆的盛事，也是古书画研究尤其是明代唐寅书画研究的一件大事。

　　中国美术史上著名的画家很多，其中不乏具有非凡的创造力且被历来美术史家认可者，但是像唐寅一样，除了在美术史上占有重要地位，具有深厚的艺术造诣外，其个人经历、逸事又在民间广为流传、受到追捧的画家，却是凤毛麟角。他的艺术兼具阳春白雪与下里巴人的特质，雅俗共赏，影响深远。

　　唐寅的一生跌宕起伏，从少年时代的意气风发、志得意满直至考上"南京解元"，到中年失意潦倒、混迹烟花，再到晚年勘破世情，潜心佛学，治圃桃花坞，可谓历经坎坷。虽见多识广、内心丰富却又无可奈何，以纵情声色作为抗争命运的一种方法。正如其印章"龙虎榜中名第一，烟花队里醉千场"所示，艰辛磨难与天赋才情因缘际会，铸就了这位旷世才子。

　　唐寅是明代中期主流画派"吴门画派"的代表，"明四家"之一，是艺术史上少有的全才。他的诗歌文章婉约华丽、通俗畅晓，即兴抒怀，以才情取胜，在中国文学发展史上是一位有影响的人物。

据有人研究，清代小说家曹雪芹在其巨著《红楼梦》中的一些诗歌即受唐寅影响，如《黛玉葬花词》与唐寅的《花下酌酒歌》《桃花庵歌》，竟是如此相近。其书法学习元代大家赵孟頫，丰腴婉丽，参差错落，率意任情，也有很高的成就。画山水、人物、花卉翎毛无一不能。山水画既有浙派的行家手法，也有元人绘画的笔墨意境，多用院体的笔意画出元画的精神，能够化浑厚为潇洒，变刚劲为和柔。其皴法虽似北宗，实得南宗之神髓。景境优美，秀润超逸，含英咀华，卓尔不群，这样的山水画在有明一代是很少见的。他的人物工笔画工致绝伦，写意画楚楚有风神，其中美人画尤为后人称颂。花鸟画更有生动形象与书法用笔互相生发的超迈境界。

有"江南第一风流才子"之称的唐寅在民间被附会了太多的传奇故事，一方面说明人们对他的喜爱，另一方面也说明对他的了解不够。真实的唐伯虎到底是怎样的人，其艺术的精髓是什么？通过这样一个大型的专题展览，既能满足普通百姓的好奇与趣味，也给专家学者一个更好的研究平台，对美术史研究的深度和广度的拓展都具有重要意义。历经世事变迁、战乱纷扰，今逢盛世，倾三院（馆）合作之力，传一代才人流风，是历史之幸、时代之幸，更是观众之幸。

（2010年8月20日在"六如遗墨——唐伯虎书画作品特展"开幕式上的祝词）

归去来兮赵孟頫

　　赵孟頫是元代"文人画"的开创者和推动者，是元代最负盛名的书画家之一。他托古改制，师法晋唐五代和北宋，主张书画创作要有"古意""士气"，倡导"书画同源"，注重师法自然，从而奠定了元代文人画的理论基础。同时，他博采众家之长，大胆实践，在诗文、绘画、书法、音乐等领域拥有全面才识，而尤以书画方面成就最为突出。绘画方面，山水、人物、鞍马、花鸟、竹石兼善；书法方面，篆、隶、真、行、草书无所不精，为一代之冠。赵孟頫在书画理论和实践上的创新，不仅在有元一代影响巨大，而且下启明清，数百年间，可谓源远流长。

　　赵孟頫的书画作品，历代收藏家均珍若拱璧。明清著名书画鉴藏家，如明代项元汴、清代梁清标、安岐等都曾收藏。特别是到了清代乾隆时期，内府大力搜求历代法书、名画，仅《秘殿珠林》《石渠宝笈》诸编著录的赵孟頫书画就约400件，当然，其中真伪杂糅，瑕瑜互见。这些书画中的一部分，后来陆续流出清宫，散落民间。新中国成立后，故宫博物院通过各种渠道征集到一批赵孟頫书画真迹，其中就有曾经清宫收藏的。此次故宫博物院参展作品中，曾经清内府收藏的即有《秋郊饮马图》卷、《水村图》卷、《行书万寿曲》卷、《行书洛神赋》卷、《道场何山诗册页》、《道德经生神章卷》以及《赵孟頫管道昇尺牍合璧卷》等。这些作品，代表了赵孟頫书画创作各个方面的典型面貌。如《秋郊饮马图》卷，是现存赵孟頫唯一有供职内廷期间年款的画迹，取法唐人遗韵，青绿设色而兼有文人儒雅气息；《水村图》卷，以水墨写江南水乡景色，为赵氏成熟时期枯笔淡墨山水艺术风格的典型代表；《行书洛神赋》卷是赵孟頫同类行书中最精彩的一件，反映了赵孟頫行书的最高水平。

赵孟頫是湖州人。湖州历史上素有"文化之邦"的雅称，人文荟萃，人才辈出，书画史上开宗立派的大师众多，如元代钱选、赵孟頫，近代吴昌硕等，于是有了湖州人民写就中国"半部书画史"之说。同时，历代名士贤达多与湖州结缘，如王羲之、颜真卿、陆羽、苏轼等名流，受湖州影响很大，在湖州留下了大量行迹。江南水乡特有的人文气息至今仍深深地蕴藏在湖州的小巷故宅之中。近几十年来，湖州市经济发达，社会稳定，浙江省委、省政府高度重视湖州文化事业的发展，积极推动湖州"文化大市"建设。适逢新的湖州市博物馆建成开馆，特举办赵孟頫书画真迹展，意义甚大，对于挖掘湖州的文化传统内涵将起到积极的作用。

此次展览汇集了故宫博物院、上海博物馆、辽宁省博物馆、浙江省博物馆4馆所藏赵孟頫书画精品。如此大规模荟萃赵孟頫书画精品的集中展示，实属难得。众多珍品不但真实地展现了赵孟頫在各个时期的艺术特点和全面的技能，为观众奉献上一场不可多得的文化盛宴，更可由此加深对中国传统文人画发展、演变的研究和把握。这离不开浙江省文物局、湖州市人民政府的鼎力支持，也只有在国家强盛、社会稳定、文化繁荣的大环境下才能实现。

众多的赵孟頫书画珍品回到湖州，回到他的家乡，自是难得。湖州市博物馆印制的展览图录，书名叫《归去来兮》，我以为很有意思，恐怕赵孟頫本人也未必想到过自己这么多的作品能一朝聚在家乡，这应是告慰于他的一件喜事、幸事。

（2007年9月28日在"归去来兮——赵孟頫书画作品回家展"开幕式上的祝词）

明清紫禁城内外的竞技游戏

　　竞技游戏是人类日常生活中最有趣味的组成部分之一，也是人类终身不可缺少的活动。它包括流行于广大民众生活中的嬉戏娱乐活动，以及各种形式的赛力、赛技巧和赛技艺的活动。它给人们带来各种各样的欢乐、愉悦与激奋，也曾忠实记录了历代社会中无数的趣闻逸事与世态风情。在当代，随着娱乐休闲文化价值功能日益被人们所认识，竞技游戏也越来越受到社会的认同和重视，并且在各个领域中充分体现出它的独特作用。

　　竞技游戏的萌芽、产生，是与人类的物质生产、军事战争、社会风俗等方面紧密相连的。在远古的采集和渔猎时代，原始人类在为了生存的劳动和斗争中，要进行走、跑、跳、投掷、攀越、游泳等各种活动。这些活动原本是具有十分鲜明的功利性目的的，它们是延续生命、维持生活的必不可少的条件。但随着社会生产力的发展，在人类物质方面的需求得到较为圆满的解决后，它们的功利性因素便会逐渐淡化，就出现了由功利性目的向娱乐性、消遣性目的的转移。于是，这些原本都是属于物质层面的社会活动，便会逐渐演变成为精神层面的，具有浓厚娱乐、消遣性质的竞技游戏形式了。

　　明清是中国历史上最后的两个封建王朝，明清时期也是中国古代竞技游戏的最后一个高峰。明代的开国皇帝朱元璋出身贫寒，他统一天下后，在生活上较为注重节俭，在意识形态上也控制较严，因此明初的竞技游戏活动受到较大的限制。但是到了明代中、后期，这种情况发生了很大变化。宫廷中开始追求声色享受，娱乐性活动大大增多，特别是自万历后，宫廷和豪门中的奢侈挥霍程度更是日甚一日。这种风气也对下层民众产生了重大影响。明代中叶以后，民间的娱乐文化活动普遍兴盛起来，如元宵节放花灯长达十夜之久，端午节的龙舟竞渡、玩狮舞龙活动也盛行于各个村社街巷，京师和杭州等一些大城市中，各种娱乐文化活动如杂技百戏、旱船秧歌等等更是如火如荼。这种社会风气，一直延续到清代仍然没有改变，并深刻地影响到清代宫廷中的娱乐活动。以端午节的龙舟竞渡为例，从雍正皇帝开始，每逢端午节都在圆明园福海举办龙舟竞渡活动。届时，"画船箫鼓，飞龙鹢首"，"兰桡鼓动，旌旗荡漾"（昭梿《啸亭杂录》），皇帝及诸王公大臣，皇太后及众后妃们都到圆明园观看。

在竞技游戏的形式、种类上，明清两朝堪称集大成者，凡是在中国古代流行过的诸多竞技游戏活动，诸如蹴鞠、打球、相扑、斗禽、秋千、风筝等等，到了明清时期均得到了继承和发展。有些项目最终演变为近现代体育项目，如围棋、摔跤、射箭等。此一段时期的另一大特色是武术的空前发展以及清代有着北方少数民族特色的摔跤、狩猎、冰嬉等的空前活跃。明清时农民起义不断，民间习武之风盛极。随着民间习武活动的广泛开展，其健身、娱乐的作用日益明显，至明代，终于形成了一个专门的运动项目——武术。清代以骑射立国，除军队强调骑射外，并令八旗子弟以骑射为本务，不得荒疏。早在关外，努尔哈赤及皇太极就效法古制，通过"秋猎"演练军队。清入关后，经康熙皇帝提倡，并定"秋狝"之制，每年上木兰围场狩猎遂成定制。这一时期冰嬉运动也极为兴盛。冰嬉原为北方各地传统的冬季活动，明代较为流行的是"冰床"。《明宫史》曾记载，当时德胜门外的河流"至冬冰冻时，可拉拖冰床……行冰上如飞"。满族聚居关外时，更是早有冰嬉的习俗，并有擅长溜冰的军队。《清语择抄》载，努尔哈赤的将官费古烈，"所部兵皆着乌拉滑子，善冰行……一日行七百里"。清人入关后，每年于太液池（今北京南海、中海、北海）冬月表演冰嬉。届时，从八旗将士和内务府上三旗中，挑选"善走冰"者一千多人集中训练，冬至过后，开始在太液池正式比赛和训练。表演时，皇帝会乘坐华丽的冰床观看，旗手和射手相间排列，沿着画好的弯曲冰道，迅速穿梭于旌门间，扬弓搭箭飞射门上方悬挂着的彩球。表演结束后，射手按照射中的箭数的多寡，可得到三等不同的赏赐。故宫博物院所藏金昆、程志道、福隆安《冰嬉图》卷就生动地反映了这个场景。清代民间冰嬉也很活跃，有一种"冰上杂戏"，即将舞狮、龙灯、彩船、弹弓等杂戏移到冰上，在滑行中表演，颇受群众欢迎。宝竹坡《冰嬉》诗是这样描述的：

> 朔风卷地河水凝，新冰一片如砥平。
> 何人冒寒作冰戏，炼铁贯韦当行膝。
> 铁若剑脊冰若镜，以履踏剑磨镜行。
> 其直如矢矢逊疾，剑脊镜面刮有声。

当时的冰鞋比较简单，多在木板下镶铁条或有刃的铁片，绑在鞋下即成。

值此我国首次举办当今世界人类共同的体育盛典——奥林匹克运动会之际，故宫博物院与首都博物馆联合举办"紫禁城内外的竞技游戏展"，可谓恰逢其时。展览通过文物这个特殊而珍贵的历史印记，融知识性和娱乐性为一体，直观而生动地反映了明清时期紫禁城内外的王公贵族和平常百姓的娱乐休闲及生活百态。让我们通过展览来回眸中国古代体育运动，去体会它独具中国社会文化特色的风味吧。

（2008年7月10日在故宫博物院、首都博物馆合办"紫禁城内外的竞技游戏展"开幕式上的祝词）

第二编

故宫是世界文化遗产，故宫博物院是享誉世界的著名博物馆，故宫以每年千万游客成为中外文化交流的窗口。故宫博物院以更为开阔的视野和更为开放的意识，积极参与、加强沟通与国际间的联系，其中最主要的是到海外办展览。故宫也有计划地引进国外的展览，在中华文化走出去的同时，让国人也可以在故宫看到不同民族的文化瑰宝，看到世界文化的多元性。

清末宫廷文化艺术

　　中日两国是一衣带水的邻邦，中日两国的文化交流历史悠久。自隋唐以来，这种大规模文化交流就绵延不衰，促进了两国文化的相互交融。

　　故宫自建成至今已有580多年的历史，明清两朝24位皇帝曾在这里居住生活。在这里不仅留有保存完好的古建宫殿群，还收藏着180多万件珍贵文物。从20世纪70年代开始，在日本各界人士的支持和协助下，故宫博物院已在日本举办了近30个故宫文物展，展场遍及日本全国各地，使广大日本人民对中国的传统文化，对紫禁城——故宫——故宫博物院的了解不断加深。此次"故宫博物院展——清代末期的宫廷艺术与文化"，所展出的主要是与清朝末期慈禧和溥仪宫中生活有关的物品，其中包括绘画、家具、首饰、服饰、美容化妆、工艺美术作品以及学习用具等。

　　慈禧太后叶赫那拉氏（1835—1908年），是清朝咸丰帝之妃，同治、光绪两朝的最高统治者。那拉氏，祖居叶赫（今吉林四平附近），故称叶赫那拉，满洲镶蓝旗人。17岁以秀女被选入宫，封兰贵人。咸丰六年（1856年）生皇长子载淳。咸丰十一年（1861年），咸丰帝病死，6岁的载淳即同治帝继位，尊她和钮祜禄氏（咸丰皇后）为皇太后，徽号慈禧、慈安（慈安于光绪七年即1881年去世），俗称西太后、东太后，自此开始了为期47年之久的"垂帘听政"。其间，同治十三年（1874年），同治帝病死，由4岁的载湉继位，光绪三十四年（1908年），光绪帝死于西苑（今中南海）瀛台涵元殿，慈禧太后懿旨让不满3岁的溥仪继位后，于光绪帝死后第二天逝去。慈禧除作为统治者独揽朝政近半个世纪外，作为女人亦有广泛的爱好，擅长书法绘画，注重身体调养、美容和梳妆打扮。

中国封建王朝的最后一位皇帝——宣统皇帝爱新觉罗·溥仪，生于1906年，是光绪皇帝之侄，醇亲王载沣之子。1908年11月，光绪帝和慈禧太后在相隔一天的时间内先后死去，不满3岁的溥仪继承帝位，1912年退位。退位后继续在宫内生活至1924年。

慈禧和溥仪作为中国封建王朝末期的统治者，在中国和日本都是最为人们所熟悉的历史人物，相信"故宫博物院展——清代末期的宫廷艺术与文化"在日本举办期间，一定会吸引众多的观众前来观看展览。

（2006年1月21日在日本"故宫博物院展——清代末期的宫廷艺术与文化"开幕式上的祝词）

后妃文化

    "地上的天宫展"是故宫博物院与东京富士美术馆继1995年首次合作成功举办"故宫博物院名宝展"后，再度联袂举办的又一个大型文物展览，这是两馆间又一次协力同心、增进交流与合作的结晶。

    本次展览旨在通过200余件精美文物的展示，较全面地反映中国古代宫廷后妃和皇子的物质生活与精神世界。展品包括书籍、绘画、金银器、玉器、珐琅器、瓷器、漆器、竹木器和织绣等多个门类，它们是从故宫博物院180余万件文物中精心遴选出的。展品丰富精美，题材独特，规模宏大，大多数展品都是首次展出。

    在中国古代，后妃文化是宫廷文化的重要组成部分，它包括物质文化和精神文化两个方面。其中物质文化方面包括后妃的衣食住行。由于后妃等级地位的尊贵显赫，可以说后妃文化中的物质部分就是后妃所处时代最优秀的物质文化的代表之一，集中反映了那个时代物质文化发展的最高水平。后妃的精神文化方面则包括后妃参与的祭祀、典礼、政务、娱乐，以及自身的贤德、才智、教育和信仰等等。后妃文化既具有相对独立性，同时又附丽于中国古代传统的以男性为中心的帝王文化之下，起到维护和巩固帝王政权的辅助作用。因此，了解和认识后妃文化对于更全面地认识中国古代帝王文化、宫廷文化，以及中国古代社会的发展等，都具有十分重要的意义。

    这些深藏宫中的精美珍贵的展品，曾经见证了中国古代庭院深深、宫禁森严的后宫生活的一幕幕历史场景及其沧桑变幻。现今，当它们再次展示于世人面前，犹如揭开了中国古代历史文化的一层神秘的面纱，这让我们穿越时光，置身于充满神秘色彩的"地上的天宫"——紫禁城，近距离地领略和感受中国古代后宫生活的尊贵典雅、精致奢华，以及艺术情趣和文化品位，进而对中国古代博大精深的传统文化有更全面更深入的了解。

中国与日本是海天相望、一衣带水的友好邻邦，两国的友好往来和文化交流源远流长、连绵不断。我们有理由相信并期待，"地上的天宫展"作为展示和传播中国古代灿烂文化的一个独特窗口和平台，对促进两国间文化的再次交流，加深两国人民的相互了解、信任和友谊，必将起到积极而重要的推动作用。

（2011年7月18日在日本"地上的天宫展"开幕式上的祝词）

国宝多波澜

今年适逢中日邦交正常化40周年，在日本东京国立博物馆举办"国宝观澜——故宫博物院文物精华展"，其意义深远。

故宫博物院是在明清两代皇宫的基础上建立起来的，除拥有历史悠久、至今保存完好、金碧辉煌的古建筑群外，还珍藏着180余万件珍贵文物。这些文物上起远古，下迄近代。其种类之繁多，艺术内涵之丰富均为举世罕见。多年来，以西冈康宏先生为代表的东京国立博物馆研究人员，一直努力争取在日本东京国立博物馆举办故宫博物院文物精品展，让广大日本观众有机会饱览中华5000年的艺术瑰宝。

此次举办的"国宝观澜——故宫博物院文物精华展"，所展出的基本上都是中国古代艺术中的精华。展览的第一部分，是从故宫庞大的收藏品中遴选出的绘画、书法、青铜器、玉器、陶瓷器、漆器、珐琅器、织绣等众多领域的精品，特别是北宋张择端的《清明上河图卷》更是以荟萃多个画科的形式反映了现实生活的艺术经典，这也是它首度走出国门。展览第二部分，以宫廷为中心从4个方面全面介绍清朝文化，同时再现了乾隆皇帝观赏美术品的书斋"三希堂"。每一件展品都是中国传统文化的瑰宝，也是世界艺术的奇葩。

中国北京故宫博物院与日本东京国立博物馆已经签署了合作协议，这次展览一定能够加深我们两馆的交流与协作。今年是东京国立博物馆建馆140周年，我在此表示祝贺！

　　我相信本次展览也一定会受到日本观众的欢迎，他们在体味中华5000年文化的同时，一定会想到自盛唐以来中日文化的交融，中日两国人民之间的睦邻友好。

　　预祝展览圆满成功！

　　（2012年1月2日在东京国立博物馆、故宫博物院、朝日新闻社等合办的"北京故宫博物院200选"开幕式上的祝词）

"中国之梦"在丹麦

应丹麦皇家展览基金会的邀请，故宫博物院第一次远赴美丽的北欧举办重要展览，"中国之梦"伴着夜莺动人的歌声，来到丹麦这个童话王国，在金碧辉煌、气势恢宏的昔日皇宫克里斯钦堡宫，展现了17世纪、18世纪的中国以及中国和丹麦两国之间在不同方面的相互影响。

在此我谨代表中华人民共和国文化部、故宫博物院对此次展览的举办，表示热烈的祝贺！

故宫是中国明清两代的皇宫，又名"紫禁城"，建成于1420年，曾有24位皇帝居住于此，执政长达491年。故宫博物院就是在明清两代皇宫的基础上建立起来的。今天的故宫，不仅以其宏伟壮丽、保存完整的古代建筑被联合国教科文组织列入《世界遗产名录》，更以珍藏的上百万件艺术珍品而令人心驰神往，是中华民族传统文化的深厚积淀和历史缩影，有着丰富的历史内涵和璀璨的艺术魅力。

此次"中国之梦"展览以清代宫廷活动为主题，通过皇权威仪、宴饮御膳、几暇格物、宫尚西技4个方面再现了清代皇家政务、内廷生活和中西文化交流等方面的活动。所选用的314件故宫博物院的文物均为清代皇家御用的宫廷文物，最具宫廷文化特色、最能反映帝后宫廷生活的各个方面。它们凝结了当时的礼仪制度和民俗风情，是过往岁月真实而珍贵的形象记录；那些形象生动的庆典画卷，雍容富丽的帝后服饰，古朴典雅的木制家具，精巧绝伦的各类器皿，既是封建礼制的物化，又是民族工艺的精粹，使人们恍如置身紫禁城中，跨时空、零距离地体验清代帝王的审美情趣和文化品位。

我们相信这个展览将有助于加强两国之间的文化交流和增进两国人民之间的友谊，必将在中丹两国友好史上写下重要的篇章。

预祝"中国之梦"展览圆满成功！

（2006年10月4日在丹麦"中国之梦"展开幕式上的祝词）

鲜活的明清宫廷生活

　　故宫与卢浮宫均系在各自古代皇（王）宫基础上建立的世界上著名的综合性博物馆，均坐落在各自国家的首都，均为中国和法国各自文明的象征。作为在世界上均有重要影响力的著名博物馆，双方于2005年10月签署了合作协议，建立起全面、长期的合作关系。

　　2008年4月5日至7月3日，双方合作在故宫博物院成功举办了"卢浮宫·拿破仑一世"展，卢浮宫博物馆珍藏的100件精美文物首次在故宫博物院亮相，展览取得圆满成功。根据对等原则，2011年9月28日至2012年1月9日，双方合作将在卢浮宫博物馆举办"重扉轻启——明清宫廷生活文物展"。

　　故宫博物院此前在巴黎、凡尔赛等地曾多次举办过陈列展览，但在卢浮宫举办展览还是第一次，这也是东方文物首次在卢浮宫亮相，因此，堪称一项值得关注的东西方文明与艺术穿越时空的交往，具有重要而深远的意义，必将作为中法友好交流的一项盛事而载入史册。我谨代表故宫博物院对本次展览的举办表示热烈祝贺！并向为促成本次展览付出心血的各有关方面的朋友，表示诚挚的谢意！

　　此次将与观众见面的143件文物，是从故宫博物院180余万件藏品中遴选出的，展览分为政务篇、艺术篇、晏居篇和建筑篇4个部分。文物种类包括在北京建都的金、元、明、清4个朝代的绘画、服饰、家具、陶瓷、青铜、玉器、漆器、珐琅器、印玺、建筑构件等，它们既是封建礼制的物化，又是民族工艺的精粹，集中体现了中国传统儒家文化的内涵，折射着那个时代的历史风貌。

展览定名为"重扉轻启"，意在将禁卫森严、多重院落的紫禁城层层宫门徐徐打开，让观众徜徉其中，领略明清皇宫神秘的政治活动以及典雅、精致的文化与艺术生活。

我深信此次展览的举办，一定会为法国人民带来美好的心灵感受，也必将有助于进一步增强中、法两国人民之间的友谊！

预祝展览圆满成功！

（2011年9月28日在法国卢浮宫"重扉轻启——明清宫廷生活文物展"开幕式上的祝词）

故宫对外交流的新篇章

1935年，故宫博物院成立10周年，在这一年，故宫的700余件文物赴英国伦敦，参加在皇家艺术学院伯灵顿宫举办的"伦敦中国艺术国际博览会"。这是中国文物第一次远赴重洋出国展览，也揭开了故宫博物院对外文化交流的第一页。这是一次意义深远的活动，为英国人民了解中国悠久的历史和璀璨的文化打开了大门，在英国甚至欧洲掀起了一股"中国热"。

时光过去了70年。在2005年，即故宫博物院成立80周年之际，故宫又与英国皇家艺术学院合作，精选400余件文物，在伯灵顿宫举办了"盛世华章·中国：1662—1795"展览。这个展览，以丰富的内容、翔实的史料，向英国观众再现了清代康熙、雍正和乾隆三朝历时130余年间政治、宗教、军事、文化、艺术等各个领域的强盛与辉煌，在英国媒体上再次掀起讨论中国文化的热潮，并再现了70年前的盛况。

1935年与2005年的两次故宫文物在英国的展览，都是不同寻常的，都引起了强烈的反响，但两次展览毕竟相隔了整整70年。70年的岁月，中国社会发生了翻天覆地的变革，故宫博物院也有了根本性的变化。2005年的展览，可以说既是1935年展览成果的继续，又有新的特点。高大典雅的伯灵顿宫见证了这一切。

第一，主题鲜明，展品精美。

　　1935年的伦敦展览，是以中国故宫博物院的文物为主，又有欧洲一批公私收藏的中国文物，虽然琳琅满目，精品纷呈，使观众看到中国文化艺术的博大精深，但缺少一个鲜明的主题，陈列的文物之间缺少联系，影响到观众对文物内涵的进一步认识。

　　2005年的展览则有一个鲜明、集中的主题——清代康雍乾盛世时的诸多成就和文化艺术。围绕这个主题，分成若干个专题，通过精心布置的一个个展室和引人入胜的展示方式呈现给观众。由皇帝颁旨绘制的宫廷绘画是这次展览的亮点之一。这些清代宫廷画，或者说带有西方绘画技巧的中国宫廷画，都集中在康、雍、乾三朝，描绘了清代宫廷的许多重要事件。在众多人物中，皇帝的形象比其他人物突出是中国的特色，而人物形态逼真细腻、色彩斑斓则是西画的特点。有表现清代皇帝木兰秋狝（木兰围场）以及康熙和乾隆数次下江南的壮观景象的画轴、手卷，如《康熙戎装像》、《塞宴四事图》轴、《紫光阁赐宴图》卷、《万树园赐宴图》、《哨鹿图》轴、《康熙南巡图》卷、《乾隆南巡图》卷等；有描绘康熙和乾隆生日庆典盛况的长卷，如《康熙六旬万寿庆典图》卷、《乾隆八旬万寿庆典图》卷；还有展示清代宫廷帝后生活的画卷、画册，如《雍正观花行乐图》轴、《胤禛妃行乐图》轴、《雍正行乐图》册、《雪景人物读书图》轴、《弘历古装行乐图》轴、《岁朝行乐图》轴等。正是这三位皇帝对于西方文明和科技有着不同寻常的兴趣和包容精神的共同特点，清代宫廷中所以不仅有西洋画法的绘画，还有西洋钟表、天文仪器、装潢艺术品等。这些展品同样引起英国观众的极大兴趣。

　　第二，注重协商，友好合作。

　　一个好的展览要有充分的、较长时间的准备。1935年的英国展，在中国来说是首次外展，加之故宫文物为世所瞩目，对是否去伦敦参展意见不一，争论激烈。在决定参加展览后，从文物的遴选、预展、包装、护送等各个环节，故宫博物院的工作人员都十分认真，自始至终，毫不懈怠，保证了文物的安全，达到了预期目的。当时挑选文物的原则有二：一是非属精品，绝不入选；二是凡少有存世极品，绝不入选。我国选送文物786件（其中故宫735件），未陈列展出的165件。当时中方已就展品编写了说明，并译成英文，但英方在编目时，未征求中方同意，多有更改，有些改得并不妥当，其中书画最多，铜器瓷器次之。这些都不是太大的问题，多是未能协商的原因。

2005年英国展览的筹办，故宫博物院与主办方皇家艺术学院十分注重沟通，充分协商，共同为办好展览而努力。这次展览肯定要挑选精品，但什么是"精品"，看法并不一致。例如，在展品的选择上，英方开始提出了一个包括许多历代著名书画在内的展品目录，一级品太多，超过了国家的有关规定，不大可能批准，同时有些文物因自身的保管状况，不适合到海外展出。为此故宫与英方进行了协商。主题既是康雍乾三代的业绩及文化艺术，可选择的文物就很多，例如如意，故宫藏有各种材质、形式的数千个，是宫中常用之物；又如佛像、唐卡等藏传佛教文物，既是清代民族宗教政策的具体反映，又有很高的艺术价值；还有清代的书画，过去重视不够，但在中国书画史上自有其价值。不是级别高就一定有利于表现主题，凡能更好反映主题的文物都是可用的。在反复协商后，认识统一了，选择了许多反映清宫文化活动的文物。也有一些从未展出过的珍贵文物，双方也很满意。

双方的友好合作还反映在确保展览的提前开幕上。为了配合胡锦涛主席2005年11月初对英国的国事访问，"盛世华章"展拟提前3个月展出。我驻英使馆给皇家艺术学院做工作，多次磋商，故宫博物院也同意出借珍贵展品和对于因提前开展造成的展期延长在费用上给予优惠。中方的诚意以及这次高质量展览的强大吸引力，终于促使英国皇家艺术学院下决心提前举办展览，并且退掉了预定的其他展览，提前腾出场地。双方协商合作，终于使这一大型文物展览提前筹备完成。

第三，这次展览展示了中国的"软实力"，加强了文化的交流。

文物保护与国家的盛衰有着直接的关系。20世纪30年代，中国积弱积贫，列强的干涉、日本帝国主义的侵略，有着辉煌文明史的中国在国际上没有地位。1935年的伦敦展是在"九一八"事变后和"七七"事变前举办的。正是为了防止日本的劫掠，大批故宫文物精华才运往中国南方，赴英国展的文物就是从南迁文物中挑选出来的。中国的艺术珍品虽然在英国乃至欧洲引起巨大反响，但中华民族却到了最危难的时刻。当时的中国还是一头"睡狮"，是被外国人所看不起的。故宫博物院派去英国办展览的一位先生就对此很有感触，他说："夫艺展之在英伦，固曾轰动一时，若谓由是可以增睦邦交，提高国际地位，虽非缘木求鱼，亦等镜花水月。"正如英国人喜欢研究印度艺术，但印度仍为英国殖民地。因此，"夫国于今日，必有以立，国步不强，其他何足道焉。"（庄严《山堂清话·伦敦中国美术国际展》）

新中国成立了，中国人民站起来了，中华民族又自立于世界民族之林。改革开放以来，中国经济建设快速发展，综合国力日益增强，在国际上产生着越来越大的影响，源远流长、光辉灿烂的中华文化也成为中国的"软实力"。作为中华文明发展载体和重要象征的故宫，往往在这方面发挥着重要的、独特的作用。

2005年11月8日至10日，胡锦涛主席应英国女王伊丽莎白二世邀请，对英国进行了国事访问。9日下午，胡主席夫妇和伊丽莎白女王夫妇共同出席了故宫文物展开幕式并为之剪彩，随后一起观展。参观过程中，胡锦涛主席极为愉悦地以主人身份为女王介绍展品以及中国的文化与历史，其为中华文化骄傲自豪之情溢于言表。展览的英方顾问和总策划、牛津大学莫顿学院院长杰西卡·罗森女爵士在陪同胡主席参观后，曾对笔者说："真没想到胡锦涛主席对自己国家的历史文化如此热爱和熟悉。"胡主席参加文物展开幕式的消息成为中外媒体最广泛报道的新闻之一，中国国家主席对于本国文化的热爱与熟悉也随之为英国人民所了解并赢得了他们的尊敬。"盛世华章"文物展为配合胡锦涛主席访英提前开幕，极大地展现了我文化外交的魅力并提升了英国民众对中国和中国文化的兴趣，并且为随后展开的更为丰富多彩的"2006伦敦中国季"活动做了极好的宣传。而"盛世华章"文物展和"2006伦敦中国季"的一系列文化活动，有力地展示了我国的软实力，推动了两国人民的相互了解和双方文化交流朝着健康的方向深入发展。

回顾故宫博物院对外交流的历史，会有很多感触。1927年3月7日上午10时，德国博物院东方美术部部长曲穆尔博士参观故宫博物院并进行演讲，这或许是故宫也是我国与国际进行的最早的有关博物院管理与陈列形式的学术交流活动；1929年，接中华国际图书馆协会通知，故宫博物院将文渊阁建筑之内外构造，文渊阁藏书及庋藏图书之设备拍成照片6种，并加染色，作为展品，参加国际图书馆协会于6月在意大利罗马举办的国际图书展览会，这大概是故宫第一次以图片的形式参加国际展览；1929年6月4日，故宫博物院接受美国陆佛先生捐款5000美元修缮慈宁宫花园，这大概是故宫第一次接受国外的捐赠进行古建筑保护；1935年的赴英参加文物展览，是故宫博物院也是我国文物赴国外展览迈出的第一步；1956年5月，故宫博物院吴仲超院长赴苏联参加特列嘉柯夫画廊100周年纪念大会，大约是故宫首次参加国际性的会议；1958年5月，"罗马尼亚民间艺术展览"在故宫昭仁殿开幕，展品91件，这也许是国外艺术品首次在故宫办的展览；1985年5月，杨伯达、徐邦达应邀参加美国纽约大都会艺术博物馆举办的"图像与文字：中国诗、书、画的关系"国际学术研讨会，为故宫研究人员到海外学术交流开了个头；1989年，故宫举办了"明代吴门绘画国际学术研讨会"，这是故宫筹办的第一个国际性的学术研讨会；2003年，中日故宫数字化应用研究所挂牌成立，反映了故宫对外交流的新水平；近年来，故宫与大英博物馆、卢浮宫博物馆、艾尔米塔什博物馆及纽约大都会艺术博物馆先后建立了长期的合作关系，标志着故宫与国际博物馆同行的交流与合作进入了一个新的层面……

　　80年的沧桑岁月，故宫对外交流有经验，也有教训，但总在不断地发展和进步。"盛世华章"展的成功举办，则是故宫博物院对外交流谱写的新篇章。

　　故宫是世界文化遗产，故宫博物院是享誉世界的著名博物馆，故宫以每年八百来万的游客成为中外文化交流的窗口。故宫的这一特点，要求故宫博物院应以更为开阔的视野和更为开放的意识，积极参与、加强沟通与国际的联系，促进中外文化交流。故宫对外交流的步伐不断加快，交流的范围不断扩大，交流的形式也不断变化。总的发展趋势表现在以下3点：一是由过去单一的对外展览为主转变为全方位多层次的交流；二是从以前单方面赴外展览转变为与从国外引进展览、交换展览并重；三是从过去只针对发达国家的交流转变为面向更加广阔的国家和地区，包括更多的发展中国家。同时，继续保持与港、澳、台等地博物馆的展览和学术联系，特别是保持与台北故宫博物院的联系。

　　一个展览的成功举办就是一个集体研究的课题。展览隆重开幕，仅是课题成果表现的一种方式。围绕课题进行的每个环节，都是总课题下的子项目。"盛世华章"展背后还有许多研究内容与值得借鉴的工作经验，如方案的制定、文物的精选、展览说明的撰写、展场布置与实施等等。因此，出版一本展览图录，把展览中容纳不下的、与展览密切相关的历史与文物研究，包括对筹备展览的研究以及开幕式盛况的整理汇编，用图文并茂的形式保留课题研究的成果，保存有价值的资料，成了所有参与"盛世华章"展工作同人的心愿。于是就有了《盛世华章》这本书。

（《盛世华章·中国：1662—1795》序言，紫禁城出版社，2008年）

中华皇家服饰在英伦

中国故宫博物院与英国维多利亚和阿尔伯特博物馆首次合作的交换展览已拉开序幕。应英国维多利亚和阿尔伯特博物馆之邀，"紫禁城皇家服饰展"将走出国门，向世人展示中华民族独具特色的古代服饰文化。而维多利亚和阿尔伯特博物馆馆藏的文物精品，也将于2013年在故宫午门展厅展出。我们为此感到由衷的高兴！

中华服饰是中华民族传统文化的重要组成部分，清代帝后冠服作为最具宫廷特色的一部分，是彰显皇家身份地位的物质载体，也是"贵贱有级，服位有等"的等级制度的体现。清代帝后在重大典礼和大的祭祀活动时都要着礼服；一般的典礼、重大吉庆及时令节日等活动穿吉服；出行围猎、巡幸则有行服；在军事活动中，最能显示皇帝军威的是戎服；在处理一般政务时，穿常服；晏居宫廷时着便服；遇雨雪天，则备有雨服。皇帝的礼服、吉服、常服、行服、戎服、便服和后妃的礼服、吉服、便服以及相配套的饰品，在这次展览中均可以看到。

一件件华丽精美、风格迥异的袍服，让人遐想起往昔的辉煌。皇家服饰从纹饰到颜色的使用，有着独特的审美情趣，同时蕴含着深刻的寓意及丰富的内涵。礼服上日、月、星辰、山、龙、华虫、宗彝、藻、火、粉米、黼、黻十二章纹样，是皇权的象征；吉服中九条龙的纹饰，蕴含着皇帝九五之尊的帝王之躯；明黄色袍服又是皇帝、皇后所专用不可僭越的标志；而便服中的图案纹饰，以象征、寓意、比拟的手法，无不渗透着吉祥寓意，虽然是人们所知所见的图案，却表达了一定的社会审美意识和生活理想。在中国数千年服饰文化史中，清代宫廷服饰是其中光彩夺目的一页。

这些织造精美、色彩富丽的清代服饰，是以华丽柔软的丝绸面料做成。绫、罗、绸、缎、纱、锦，绚丽多彩的织物，正是南京、苏州及杭州等江南织造工艺水平的体现。其品种之多，内容之丰富，技艺之精美，款式之绚丽，风格之多样，堪称无与伦比。展览中为数不多的十几件匹料，织造工艺精湛，色彩斑斓，光华熠熠，展示出皇家御用织造机构的最高水平。

此次展品是北京故宫博物院从馆藏十几万件的织绣文物中遴选出来的精品，品种齐全，可全方位了解清代帝后的服饰制度，也是对清代帝后吉庆典礼、政治活动、宫廷生活的真实写照。

衷心祝愿展览取得圆满成功！

（2010年12月6日在英国"紫禁城皇家服饰展"开幕式上的祝词）

再序兰亭

　　"再序兰亭——中国书法大展"是中比两国政府2009年合作举办的"欧罗巴利亚中国艺术节"的项目之一。具有中国特色的书法艺术加盟"欧罗巴利亚中国艺术节"，是一个很好的创意，为比利时以至于欧洲社会了解中国书法和中国文化，提供了一次绝好的机会。

　　以"再序兰亭"为主题在比利时举办中国书法展览，是将中国独有的文化艺术推向世界，展示中国的历史和文化的博大精深，也让不同文化背景的欧洲了解、探索、解读中国文化与西方文化之间的异同。"再序兰亭"是以中国历史为背景，以东晋书法家王羲之的《兰亭序》帖为线索，引发兰亭为社会带来的种种历史文化现象，并由此产生的文化思想、理念、情感等，以至成为千古不衰的话题。在对中国书法这一独特的历史文化现象进行全新的解读的同时，人们可进一步探讨中国书法与世界文化的关系，探索东西方文化沟通的有效途径和方法。

　　故宫博物院是世界上收藏中国古代书画最多的博物馆，此次展出的80件作品，是从众多藏品中精选出的，全面系统地展示了"再序兰亭——中国书法大展"展览宗旨。展品又从中国文化的各个层面展示了书法的文化作用：从书法与汉字中了解中国的书体演变；从兰亭情境的绘画图片中展示兰亭故事的特殊内涵；从书法与正统的关系中说明上层意识形态的指导作用；从书法与政治中关注帝王书法、韬略与气度；从书法与宗教中发现艺术融通的精深境界；从书法与文学中通晓社会文化的影响力；从书法与绘画中探讨书画同源关系；从书法与线条中显示艺术形态千变万化的自然现象；从书法与观念中理解人类自然生活的变化规律。这次展出的作品从商代的甲骨文，周代的金文，战国时期的石鼓文，秦代的篆书，汉代的隶书，魏晋时代渐变的书体以及隋唐的楷书，直至现代的各种书法艺术，精品萃聚，洋洋大观，从古到今形象地展示了书体的变化过程，每一件作品都从不同的角度呈现着它的历史。

这次"再序兰亭——中国书法大展"能够使西方人士欣赏到中国历代书法家的铭心绝品，感受一点一画所构筑的艺术时空的无限魅力。同时，对于继承和弘扬传统文化，提高中国书法艺术的地位，提升书法的人文品格，促进书法艺术的繁荣和发展，将起到积极的作用。

（2009年10月14日在比利时"再序兰亭——中国书法大展"开幕式上的祝词）

乾隆花园的魅力

　　清代对紫禁城进行重修、改建最多的是乾隆朝，而乾隆朝最大的改建工程是修建宁寿宫区域，乾隆花园则是这一区域中的得意之作。

　　乾隆皇帝是清朝历史上最为杰出的皇帝之一，也是中国历史上最长寿的帝王，他自诩有"十全武功"，同时在文治上也颇有作为。在他统治的60年中，虽然也埋藏了隐患，但总的来说国家还是比较稳定与繁荣，这一时期也成为中国封建社会政治、经济、文化诸方面经过漫长沉淀之后的集大成的时代。

　　乾隆25岁时登基，即位之际就立下在位满60年便归政退闲的誓言。在他人生最辉煌的时期，兴建宁寿宫区域以备自己归政后养老休憩，而乾隆花园就是他为此区域营建的花园。乾隆把平生最得意的建筑搬到了这里，按照自己的意图构建了归政后的寓所。他把自己的归政视同为文人的归隐，同时赋予乾隆花园以延长寿命的理想——"天下太平，万民长寿"。他在诗中说道："亿万人增亿万寿，太平岁值太平春。"乾隆皇帝80岁高龄时，曾于皇极殿举办了盛况空前的"千叟宴"，庆祝太平盛世的到来。乾隆花园正是在他的规划下，处处折射出儒家文化的深厚底蕴和作为一国之君为黎民祈寿和为社稷谋安的理想。花园里的建筑、内装修、家具陈设等无不精美而奢华，丰富且高雅。它不仅展现了儒家文化的精髓，还融入了乾隆皇帝的宗教信仰；花园中所供奉的西方极乐世界道场，则从宗教的角度进一步阐释了太平盛世的理想。如今，当我们置身于花园时，所感受到的不仅仅是对过往岁月及乾隆皇帝生活的凭吊与欣赏，也是对博大精深的中国文化的体味和认同。我们欣慰，乾隆皇帝留下的不仅仅是一段辉煌的历史，也留给我们如此美妙绝伦的宫廷花园。

"乾隆花园古典家具与内装修设计展"所展示的就是位于紫禁城东北的乾隆花园里最精美的原状陈设，这是故宫博物院首次如此大规模和全面地赴外展出原状文物和内装修。展览展出的艺术品门类繁多，包括绘画、书法、瓷器、铜器、玉器、家具，还有难得赴外展出的故宫建筑构件，甚至花园中的山石，等等，这些代表了乾隆朝鼎盛时期的精美的文化艺术品，在乾隆花园里静静地守候着历史。近年来，我们与美国世界建筑文物保护基金会合作修复了乾隆花园，这次又应皮博迪埃塞克斯博物馆的邀请，将这些精美绝世的艺术品首先展示给美国观众，使人们从内装修和家具陈设这两个独特的视角来全面了解乾隆花园的精美景致和乾隆皇帝的思想、情趣以及追求；我们也期待着这些凝聚着中国灿烂文明的文物，同时带来文化上的沟通，更加促进和加深两国人民的相互理解和友谊。

让我们走进展览，一同感受和品味，并预祝此次展览取得圆满成功。

（2010年9月14日在美国"乾隆花园古典家具与内装修设计展"开幕式上的祝词）

晶莹玉世界

中国具有8000年以上使用玉器的历史。古人认为玉是自然界的精华，在远古时期人们用玉供奉神灵，希望用玉沟通人与自然，沟通人与神灵，形成了玉器的礼器、祭器体系。

古代的大思想家孔子，针对当时的佩玉风气，提出"君子比德于玉"的观点，认为玉代表了人类的11种品德。这一认识产生了巨大影响。人们佩戴玉器，不仅表示身份，还显示自己的修养、人格。时至今日，人们仍认为玉是十分珍贵且神圣的物品，玉器的使用经久不衰。

古人把玉视为珍宝，用玉雕刻了动物、植物等世间万物，希望玉能赋予它们以生命。其中不少作品经过数千年的岁月，留传到了今日。通过它们，我们可以看到一部用玉的历史，看到人类历史的一个侧面。

故宫博物院是建立在明清两代皇宫基础上的最大的中国古代艺术品宝库，是中国皇家收藏传统的延续。在故宫博物院约180万件文物藏品中，86%以上是清代宫廷旧藏。这些珍藏是国之瑰宝，是民族文化的重要载体和历史缩影。

故宫博物院藏有3万多件古代玉器，是现存比较集中的中国古代玉器收藏。此次从故宫博物院藏玉中精选以表现自然界为题材的玉器120件，共计204件展品，包括了自新石器时代至清代各时期的玉器精品，其中多数为清代皇家收藏。展品从一个侧面表现了中国古代玉器的发展历史及中国玉文化的基本情况。

经过与新南威尔士艺术博物馆多年的准备，故宫博物院玉器展即将举办，这也是故宫博物院首次在国外举办的玉器专题展览。感受中国皇家收藏的精美绝伦，领略中国玉文化的源远流长，由此进一步了解中国，了解中国的文化和传统，是这次展览的目的。我相信，这批玉器珍品一定会受到澳大利亚观众的喜爱；我也相信，这次展览的举办，对于促进中澳两国博物馆之间的合作以及中澳两国的文化交流必将产生积极的影响。

（2007年8月30日在澳大利亚"晶莹的世界——故宫藏中国古代玉器展"开幕式上的祝词）

皇家韵致与中意文化交流

　　皇帝是历史的产物。在漫长的中国封建社会里，皇帝是国家的象征，是专制主义中央集权的核心。同样，以皇帝为核心的宫廷是国家的中心。中国由于皇权的至高无上，财富、权力、尊严都集中于皇家。历代皇帝为了满足自己奢华的欲望，通过各种手段将大量的绝世精品吸纳入宫，从而使皇宫成为中国文物珍宝最为宏富、最为精美的收藏地。因此，历代宫廷既是政治中心，同时也是文化艺术的中心。

　　故宫博物院是在明清两代皇宫及其收藏基础上建立起来的综合性国家博物馆。其中的180多万件文物珍藏，大部分是清代宫廷遗留下来的，不仅蕴藏着中华民族文化艺术极其丰富的史料，同时也反映了清朝帝王之家宫廷生活的各个层面，为认识和研究清代典章制度、工艺美术、中外交流和清宫皇家生活提供了重要实物佐证，有着极为重要的历史价值和艺术价值。

　　此次故宫博物院从自己藏品中遴选出120件珍贵文物，在罗马举办"皇家韵致展"，通过丰富多彩的藏品展现清代宫廷生活的诸多方面以及中意之间文化交流的盛况，这在故宫博物院的历史上还是第一次。

　　展览由清宫典制、内廷生活、宫尚西技、意籍画家4个部分组成。"清宫典制"以一组宝座景观为主，展示宫廷典礼的气势；清代帝后在举行祭祀、朝会等重大典礼时穿用的朝袍昭示了清朝的服饰典制；

《乾隆皇帝大阅图》与盔甲类文物则是举行军礼时检阅八旗的直接见证；编钟、编磬、镈钟、特磬，为宫廷坛庙祭祀和殿陛典礼帝后升座所奏中和韶乐的重器。"内廷生活"包含三个内容，分别展现帝后的物质生活、文化生活以及宗教信仰。物质生活部分按"衣食住行"的顺序展开，"琴棋书画"是帝后文化生活的反映，佛像、宝石塔、乾隆帝佛装像以及精美的璎珞法衣等，展现了帝后的宗教信仰。"宫尚西技"，主要展示清宫典藏的钟表、科技仪器、珐琅器等，从而反映出中西文化交流的盛况，以及西方科技对中国的影响。其中如铜镀金三辰公晷仪是测日月星的仪器。受"天圆地方"观念的支配，中国传统浑仪的造型是圆形的环架，配以方形座。但这件仪器一改传统方形座，而设计成圆形，显然是接受西方天文学理论的结果。"意籍画家"，通过服务于清宫中的意大利籍画家郎世宁为清宫绘制的各种画卷，展现中意之间文化交流的广泛和深入。

中国和意大利都是历史悠久的文明古国，两国之间的交往也岁月绵长。从古代罗马帝国与中国汉朝开始接触以来，其间不断有意大利人来到中国。在漫长的历史长河中，中国与意大利的交往成为中西文化交流中最为重要的部分。通观中意文化交流的历史，有三位著名的意大利人是不能不提到的，那就是马可·波罗、利玛窦和郎世宁。这三位不同时期的意大利人在中国的经历，折射出中意间文化交流不断广泛和深入的进程。可以说，他们开创和奠定了中意乃至中西文化交流的基础。

13世纪，蒙古人征服了东自中国、西抵多瑙河畔的大片土地，东西交通也因此变得畅行无阻。欧洲的商人和传教士不绝于途地前往东方，威尼斯商人马可·波罗就是其中最具代表性的一位。他在中国居住了10多年，足迹遍及中国各地，回国后由其口述经他人笔录，留下了著名的《马可·波罗游记》。该书记录了其在东方的见闻，向欧洲打开了神秘的东方之门，是西方人感知东方的第一部作品。

15世纪至16世纪，随着欧洲地理大发现和东西方航路的开辟，激起了基督教向东方传教的热情，一批批传教士纷纷来华，形成了具有深远影响的明清时期基督教在华传教和中西文化交流的浪潮。而站在这一浪潮最前面的就是被称为"在华传教事业奠基人"的意大利人利玛窦。他尊重中国文化和习俗，穿华服，讲华语，改变了在华传教策略，赢得了士大夫文人的好感。又是他以自鸣钟等"西洋奇器"打开了紧闭着的紫禁城大门，取得了明朝皇帝的信任，从而为基督教在中国的传播找到了最强有力的支柱。

18世纪是中西文化交流一个极为重要的历史时期，也是中意之间文化交流最为繁盛的时期。其间许多意大利籍传教士来到中国，利用自身的一技之长，在清宫中供职，与中国皇帝建立了极为密切的关系。他们之中既有医术高明的鲍仲义、何多敏、澳尔塔，也有擅长钟表机械的李衡良、德天赐，更有康熙皇帝的音乐老师德里格。其中最著名的当数宫廷画家郎世宁。郎世宁1688年生于意大利米兰，从青年时期就在著名的艺术工作室接受严格的绘画训练，熟练掌握了包括透视法在内的系统的西洋绘画技术，画艺精湛。之后，他加入了欧洲基督教下属的宗教组织耶稣会，并于清康熙五十四年（1715年）以传教士的身份漂洋过海来到东方，次年抵达澳门，入乡随俗起汉名"郎世宁"，继而北上京师，于康熙末年进入宫廷供职，在紫禁城里度过了他的后半生。在郎世宁长达数十年的清宫画家生涯中，创作了包括纪实绘画、人物肖像、花鸟静物等多种题材的作品。他以高超的写实技巧记录清宫的重大活动和帝王的生活场景，例如此次展出的《乾隆皇帝射猎图》《乾隆皇帝岁朝行乐图》等。郎世宁的肖像画细腻传神，为兼顾中国人的欣赏习惯，他在绘制人物面部时有意减弱明暗对比，用柔和的色调表现出丰富的立体感，这样的处理方式在《乾隆皇帝戎装像》和《果亲王像》上有明显的反映。郎世宁尤以画马而闻名。扎实的绘画基础，严谨的解剖知识，加上细致的观察，使得他笔下的马千姿百态，极富动感。郎世宁还是一个善于学习吸收的画家，他在发挥自身优势的同时融合中国传统绘画取材构图的特点，创造出中西合璧的"郎氏"画风。郎世宁还受命在宫廷教授学徒，学徒之一张为邦所画的《岁朝图》从构图到技法都明显模仿郎氏画风，虽然技法还显稚嫩，但却是东西方文化交流的重要实证。郎世宁的艺术和人生为清代宫廷绘画增添了多彩的一笔，也成为中国美术史中不可忽略的组成部分。

回顾历史是为了创造更美好的未来。我们崇慕那些在历史上曾为中意文化交流做出重要贡献的人们，我们也期盼通过我们的努力续写两国文化交流的辉煌篇章。而今，这120件承载着中国优秀文化传统和两国友谊的文物珍品远赴万里之外的意大利展出，其中凝聚着我们的真诚和期盼。相信此次展览必定会对增进两国的相互了解和友谊产生积极的影响。

（2007年11月20日在意大利"皇家韵致展"开幕式上的祝词）

"雍正——清世宗文物大展"序言

10月，与故宫有缘。

84年前的10月，故宫博物院宣布成立。84年后，同样是在10月，两岸故宫博物院同人在分离了整整一个甲子之后，为"雍正——清世宗文物大展"齐聚一堂。两岸故宫博物院的交流是历史的必然，必然性中又有偶然。台北故宫博物院举办雍正大展，北京故宫博物院参展，共襄盛举，就是必然中的偶然。的确，在此我们应该感谢雍正皇帝，正因为有了他，才有了这次令世人瞩目的雍正大展；也正因为有了这个展览，才有了两岸这一个难得的契机，才有了两岸故宫人翘首期盼的这一次亲密合作。

雍正皇帝在位时间并不长，却是中国古代最关切宝岛台湾的君主之一。他曾多次面谕：治台应以"和衷"为本。所谓"和衷"，即和睦同心。在"和衷"思想指导之下，雍正皇帝将台湾视为要紧的海疆重地，不断强化台湾的军政管理机构，相继增设了彰化县、淡水厅，升澎湖巡检司为澎湖厅，改台厦道为台湾道，将台湾总兵升为挂印总兵，在原住民聚集区设巡检衙门。他选拔内地出色的官员经略台湾，对台湾各级官吏赏赐颇丰，劝勉尤多。在文治方面，他强调以儒学为宗，建立了台湾学政，添设了督导文教事宜的各级官员，掌理府县各学事务，开设了6所书院，将大陆文教体制移植到了台湾，令赴台子弟的风化教育得到了延续。雍正皇帝对台湾原住民更是施恩布教，维护其耕猎之地不受侵扰。自雍正三年（1725年）起，清政府和福建泉州、漳州等地每年包销大量台湾稻米，以平抑大陆沿海粮价、缓解台湾粮食滞销。雍正五年（1727年），他删改禁令，谕准垦荒的大陆民众可以携眷过台，令宝岛人丁兴旺、粮果丰登。经过数代人的奋力，台湾成为清代"康乾盛世"下的一片热土。雍正皇帝"和衷"思想指导下的诸多德政，对于当年台湾经济、文化、教育的发展，自是起到了良好的推动作用。

"天位艰哉"是《古文尚书》所记商初伊尹教导继位的太甲的训词，而"为君难"则是雍正皇帝在紫禁城养心殿里的切身体会。对于雍正皇帝，其历史评价从来就是毁誉参半。然而不可否认的是：他是一个勇于改革的皇帝，并且带动了一个革新的时代，在清代具有承前启后的历史地位。

这次雍正大展，正是要重新诠释历史上清世宗雍正皇帝的本来面目，而所借之途径乃是雍正时期留下的珍贵文献档案与精美书画器物。两岸故宫博物院都是中华民族文化的圣殿，都以清代皇家庋藏的历代文物精华为基础，这当中包括有大量雍正朝的文物精品，具有不可分割的联系和互补性。台北故宫博物院拟定的展览和研讨会主题是"为君难"，这件开题文物——"为君难"印章就是北京故宫博物院的藏品。而此次北京故宫博物院借出的《十二美人图》画面上陈设的一件汝窑椭圆花盆，则是台北故宫博物院的藏品。两岸的珍贵文物在这次"雍正大展"上重新聚首，珠联璧合，交相辉映，从而使展品具有非同寻常的完整性、代表性，这也使该展览成为名副其实的大展。

雍正大展是一个结合了政治史、文化史和生活史的综合展，分"雍正其人"和"文化与艺术"两个单元，整合了文物、图像和文本等多方面数据。在"文"与"物"相会的空白处，以筹展者对当时器物、史料的诠释，将有关史实衍生为观者可以触摸和领会的历史细节和生活感悟，充分展示了传统文化艺术的强大魅力，引导人们通过了解雍正皇帝的政治、文化活动，感知他的苦心和艰难；通过观赏名师巨匠们的艺术精品，体味他们的创意和精心。这无疑对于我们深入了解雍正皇帝及其时代有所裨益，也一定会引发现代人对历史文化的认同和思考。

东西方文化之间应该进行交流。中华民族文化的继承者同宗、同源，相互之间理应进行更多、更深的交流。由于后继者各自的研究角度和认识层面的不同，这种交流极有益于全面、深刻理解传统文化的精髓。交流后的学术成果，其本身就是民族文化传统的延续和发展。这是两岸故宫同人的历史责任。此次两岸故宫博物院的交流与合作，不仅是珍贵文物的重新聚首，更是两岸民众对于中华民族共同的灿烂文化和悠久历史的深情拥抱，也是两岸故宫同人对于共同的历史担当的体认和践行。故宫掀开了新的一页。历史将铭记这一时刻。

祝展览成功。

（"雍正——清世宗文物大展"序言，台北故宫博物院编印，2009年）

国之重宝在香江

　　香港回归祖国已经整整10个年头了。今天，我们在香港举办"国之重宝——故宫博物院藏晋唐宋元书画展"，希望以这种特殊的方式来庆祝这个富有纪念意义的日子！

　　这个展览由故宫博物院和香港艺术馆发起，是故宫所藏早期书画最集中的一次出宫，同时也是在内地以外地区举办的最高级别的文物展览。

　　晋、唐、宋、元是中国古代书画史上的重要阶段，这一时期书体完备、画科齐全，产生了无数的书画杰作，但由于年代久远、朝代更迭、自然损伤以及社会动荡等原因，使大部分作品已消逝在历史的长河中，能够保留到今天的已是凤毛麟角，弥足珍贵。

　　本次展览遴选的30余件作品均为故宫所藏：有"三希堂"法书中王珣的《伯远帖》，这是唯一的晋人原作；有我院近年重金收购的隋人书《出师颂》，有皇皇巨制冯摹《兰亭序》，有北宋书法四大家苏、黄、米、蔡的大作。宫廷画家如唐代阎立本，五代周文矩，南宋刘松年、梁楷等代表了不同时期宫廷绘画的最高艺术成就和艺术新创，特别是北宋张择端的《清明上河图》更是以荟萃多个画科的形式反映了现实生活的艺术经典。每一件展品都是令后人高山仰止、无法替代的中国传统文化的瑰宝，也是世界艺术的奇葩。

　　这些作品能汇聚在这里是非常不容易的，其中大多数文物原是清宫旧藏，被溥仪在民国初年盗出皇宫，如晋代王珣《伯远帖》、唐代阎立本《步辇图》卷、五代《潇湘图》卷、北宋王诜《渔村小雪图》卷、张择端《清明上河图》等，都曾流落民间，辗转收藏，历经沧桑，新中国成立后由政府出资征集，又回到了宫中。其中晋代王珣《伯远帖》，被溥仪携出宫后于20世纪40年代末典当给香港一家外国银行，人民政府知悉后，经周恩来总理批准以重金购回，入藏故宫博物院。合浦珠还，体现了中央政府对文化的保护。

香港一直是我国对外文化交流的窗口，回归10年来，在中央政府和文化部的大力支持下，两地文化交流更加频繁，并日益深入。特别是2005年《内地与香港特区更紧密文化关系安排协议书》的签署，使内地与香港的文化交流不断取得新的突破和发展。

故宫博物院与香港历来都有学者互访与学术交流的传统，改革开放后，故宫在香港举办了10余次文物展，得到了良好的社会反响。不同以往的是，此次展览是在中央政府的特别批准之下才得以成行，集中了故宫所藏晋、唐、宋、元时期的书画重器，内地和香港同胞共享祖国传统文化的甘霖，充分体现了中央政府对香港特别行政区高度的政治重视和深情的文化关怀。

国土回归和国宝复得，只有在我们这个伟大的盛世才能使一个世纪的民族梦想成为现实。中国是有5000年历史的文明古国，独特而悠久的传统文化是我们中华儿女的骄傲。中国书画是我们民族精神和文化不息的血脉。从这些珍品中，我们能够触摸到中国历史的纵深，寻找到我们精神的家园，感受到中国艺术强大的生命力以及中国文化的伟大与不朽！

我相信，这次展览一定能够加深我们对中国古代书画的研究，增强民族自信心和自豪感，必将在内地与香港的文化交流史上留下浓墨重彩的一笔！

（2007年6月28日在香港"国之重宝——故宫博物院藏晋唐宋元书画展"开幕式上的祝词）

佛门妙谛

　　此次"妙谛心传——故宫珍藏藏传佛教文物展"，虽已是故宫博物院与澳门艺术博物馆的第五次合作，但这样一个以集中展示宫廷藏传佛教内容为主题的文物特展，对于我们双方应该都是不寻常的：这是澳门艺术博物馆第一次承办藏传佛教展，同时也是故宫博物院首次在院外举办此一题材的专题展览。

　　佛教自7世纪传入西藏以来，渐次形成为以密宗为特征的大乘佛教重要一支——藏传佛教。从13世纪起，藏传佛教传入内地，其影响深入宫廷，虽经元、明、清三代之更迭，而它与宫廷之关系则日益密切，乃至在宫廷宗教信仰、政治统治以及文化生活等方面都担当了极为重要的角色。

　　在故宫的众多藏品中有数万件精美的藏传佛教文物，它们与遍布故宫中的几十处佛殿建筑共同构成了独具特色的宫廷藏传佛教世界，这个鲜为人知的佛国世界以藏传佛教本身的神秘，加之皇家禁宫的特殊背景环境而尤为引人入胜。

　　故宫所藏藏传佛教文物种类丰富，内涵深邃。此次展品之遴选即以宗教、艺术、历史三者并重为原则而规划以教理体系，分造像、唐卡、法器、经籍4部予以展示，通过实物对藏传佛教的宗教义理进行系统、感性之诠释。展览最后设景观两组，类比展示佛堂实景，期以直观的方式使观者对宫中佛堂之形制、陈设等有所认知，而因客观开放条件所限，即使观众现在身临故宫实地也是难得亲见这些佛殿内景的。"妙谛心传"展览的百余件藏传佛教文物中，若以艺术审美的标准衡量则有精美的艺术品，如永乐、宣德时期的金铜造像等堪称完美；而依宗教信仰之取向判别又有极具价值的"佛门圣物"，如佛舍利是信仰者心目中的无价之宝；再从历史文化的角度考察则许多是重大史实的历史物证，如乾隆御笔《喇嘛说》即是清代"兴黄安蒙"国策的直陈。而事实上，许多文物是兼具此三者于一身的。一些展品仍然保留有清代宫廷的原始文字记录，标明它们是由蒙古、西藏等的世俗或宗教领袖作为珍贵礼物进献给朝廷的。这些文物既是艺术珍品，又被赋予了神圣的宗教内涵，同时也是国家统一、民族团结的生动物证。在澳门回归祖国即将迎来5周年之际，这个展览在澳门的隆重举办则又有了一层深远的意义。

（《妙谛心传——故宫珍藏藏传佛教文物》献词，澳门艺术博物馆编印，2003年）

日升月恒古钟表

　　"日升月恒——故宫珍藏钟表文物展"，是故宫博物院与澳门艺术博物馆第六次联袂举办的大型文物展，也是故宫博物院首次在院外举办的大型钟表展览。一次性精选120件钟表出院展览，在故宫历史上绝无仅有。

　　明万历年间，西方来华的传教士为了谋求教务发展，几经摸索、权衡，采取了展现西方科学为主旨的传教策略。他们以自鸣钟为"铺路石"，在广东有了最初的立足之地。1601年，利玛窦以两架自鸣钟作"敲门砖"，进而叩开了紫禁城的大门。明清之际以传教士为媒介的中西文化交流上有着特殊意义的一页，就这样揭开了。这两件自鸣钟是皇宫中拥有的最早的近代机械钟表。此后，利玛窦又向明朝皇帝进献过自鸣钟。从那时起，把玩品味造型各异的自鸣钟表成为中国帝王的一种新时尚。明亡清兴，江山鼎革，但传教士仍把进献钟表作为亲近皇帝的重要手段，而大清皇帝与大明皇帝对钟表有着相同的嗜好。到了乾隆年间，西洋钟表的应用相当普遍，不仅宫廷大量收藏，且为达官显贵、富商巨贾、文人学士加倍珍爱并大力搜购。钟表成了中国人认识西洋文化的重要途径之一。

　　与中国传统的计时器相比，西洋自鸣钟具有复杂、紧凑、耐用的金属结构，走时准确度高，使用方便、可靠，报时直观，造型新颖多样，尺寸可大可小，等等。因此，致使国人竞相仿制，清廷也概莫能外。在经历了明末清初单纯仿制的风潮后，中国钟表开始了自主发展的道路，18世纪出现了几个生产中心，制造着具有各自特色的钟表类型，如清宫做钟处、广州等地。

清宫遗存中、外钟表1000多件，制作年代从18世纪至20世纪初。外国钟表包括了英国、法国、瑞士等国所产；国产钟表则有清宫做钟处所造的各式钟表、广州制的钟表等。尽管各自的文化背景决定了它们以不同的造型出现，但装饰华贵、制作精美、功能复杂、机械水平旗鼓相当，它们代表了当时钟表制造的最高水准。

钟表是故宫博物院丰富藏品中一个十分特殊与珍贵的种类，在世界博物馆的同类收藏中也名列前茅。此次所精选的120件，按其产地和反映的内容可分为6部分展示，每一部分展品既有其地域特色又相互联系。第一部分的英国钟表大多通体镀金，造型多样，巧布各种活动玩意装置。第二部分法国钟表则主要展示了工业题材钟表以及四明钟。第三部分展示以透明珐琅、珐琅微画为装饰手法的瑞士钟表。第四部分为做钟处钟表，其中的御制钟为了突出皇家的富有和豪华，多用紫檀木、红木为外壳，以楼台亭阁的传统建筑形式为造型，上嵌珐琅或描以金漆等，烘托出古朴与威严。第五部分广州钟表最突出的特点，是其表面多饰以色彩鲜艳的蓝、绿、黄等色广珐琅。展览的第六部分是与钟表相关的文物，汇集了有钟表形象的器物、绘画等，宫中钟表的使用由此可见一斑。

钟表不仅仅是计时器，更是中西文化交流的载体。当年来华传教士一般先在澳门落脚，使得澳门成为中西文化交汇之地。今天在此举办钟表专题展，其意义不言而喻。

（《日升月恒——故宫珍藏钟表文物》献词，澳门艺术博物馆编印，2004年）

清宫仿古文物

在故宫博物院与澳门艺术博物馆精诚合作下，"邃古来今——庆祝故宫博物院建院八十周年清宫仿古文物精品展"开幕了！

今年是故宫博物院80周年华诞，在此展览可以说为故宫的院庆画上了一个圆满的句号。从1999年至今，澳门艺术博物馆与故宫博物院已经合作举办了8届展览。每一次都产生了很好的反响。6年来，澳门艺术博物馆的同人们以独特严谨的艺术视角，精益求精的工作作风，与故宫博物院的工作人员一起策划研究，使每一个主题的展览都能为观众展现中国古代宫廷文化的不同侧面。在注重知识性的同时兼顾趣味性和教育性。这一系列展览对在广大的南部中华文化圈传播弘扬祖国博大精深的传统文化起到了重要作用。不仅深受澳门同胞的欢迎，而且影响远及中国香港、中国台湾及东南亚地区，正在成为一个有影响的文化品牌。在这里我谨代表故宫博物院预祝本次展览圆满成功，同时感谢澳门民政署、澳门基金会、澳门特别行政区政府旅游局及《澳门日报》等各界对展览举办的鼎力支援。

满洲贵族从17世纪建立清王朝起至20世纪初王朝灭亡，经历了一个从生活方式、语言文字、社会制度、价值观念等全方位汉化的过程，最终成为中华民族重要组成部分。进入"全盛之世"的乾隆朝，"国泰民安"的社会环境不仅为手工业提供了安定的社会保障，而且随着人们对豪华奢侈的追求，也对手工业提出了更高的要求，激励着这一行业不断以高、新、精的标准去追求完美。在诸多因素的促发下，乾隆朝的手工业异彩纷呈，为中国的工艺史增添了一笔绚丽的色彩。这一时期的手工业制作，不仅能将传统的手工业品做得更精美，而且还能不断地推陈出新。乾隆皇帝自幼好学，接受汉族传统文化，颇谙治理之道，他把所学用于政治实践中，以儒家思想教化天下，形成了以儒学尤其是程朱理学为理念基础的治国方略，保持了"大一统"的稳定局面。乾隆仿古器物正是这一思想的物证。

清代宫廷制作了大量仿古器物，这些器物既是仿古又有创新。我们遴选了包括青铜、书画、陶瓷、工艺四大类别，其中工艺又分玉器、漆器、珐琅、竹木角雕、匏器、石砚等。徜徉在170多件展品中，有该时期仿制的商周的玉璧、玉琮，战国的虎符，汉代的博山炉，宋代的哥釉瓷，明代的斗彩及仿前朝的绘画。清代宫廷御制的仿古文物大部分出自乾隆朝，当时社会经济的有力支援，加之乾隆皇帝自身的文化素养和魄力，造就出精美的乾隆仿古器。在追寻前朝的古风古韵的同时，又能感受到大胆创新，用瓷、玉、竹、珐琅等仿制商周青铜礼器，这些器物均具有本朝的特点，且工艺精湛。

让我们走进展览，走进历史，去欣赏这些精美珍贵的文物。

（《邃古来今——庆祝故宫博物院建院八十周年清宫仿古文物精品特集》献词，澳门艺术博物馆编印，2005年）

青藤与白阳

　　在中国民间故事中，徐渭是个睿智勇敢的神童，但他成年之后的人生道路却并不平坦。坎坷命运与卓越才华的撞击，造成了徐渭独特的个性与风格。"半生落魄已成翁"的徐渭曾经慨叹自己"笔底明珠无处卖"。然而400多年后的今天，他的书画不仅已经价值连城，在艺术史上的崇高地位也是无人能够动摇的。

　　陈淳出身于苏州书香门第，他的祖父陈璚与沈周交好，父亲陈钥与文徵明情厚，因而他的书画技艺从小就得到吴门大师的陶甄，根脚极厚。在文氏的门人中，他是当之无愧的佼佼者。可是他并没有像许多师兄弟那样，终生趋师法，稳稳当当地做老师作品的"影印机"，而是选择了一条艰难又危险的创新之路，最后终于站在前辈巨人的肩膀上获得了辉煌的成功。只此一点精神，就足以令人由衷地钦佩！

　　他们二位的书法，都洒脱奔放，非常善于抒写胸臆，张扬性情。绘画则都以写意花卉为主，常常不假丹青，纯用隃麋，浓淡之间，出神入化，把中国画的"墨法"推进到了极致。他们作品的意境，恰如元人王冕《墨梅》名句所写的："不要人夸好颜色，只留清气满乾坤。"难怪后人要将"青藤白阳"合龛顶礼！这一次，故宫博物院与上海博物馆联袂，拿出二位大师的100多件力作到澳门展出，规模之大，前所未有。相信这场艺术的盛筵一定会给热爱祖国传统文化的澳门人民带来金秋的喜悦，也会对艺术家和美术家的创作与研究有所助益。

澳门艺术博物馆在中央、特区政府及社会各方面的支援下，致力于澳门与祖国内地的文化交流。7年来，我们已经进行了11次成功的合作。我祝愿此次展览和学术研讨会同样取得丰硕成果！

（《乾坤清气——故宫上博珍藏青藤白阳书画特集》献词，澳门艺术博物馆编印，2006年）

渊海缥缃

由澳门民政总署、澳门艺术博物馆等机构与故宫博物院共同主办的"永乐文渊——清代宫廷典籍文化艺术特展",是故宫博物院首次在院外以宫廷典籍为中心的展览,它将向观众展示其独具特色的装帧形式与深厚的思想文化内涵。

清代是中国封建社会的最后一个王朝,统治者在加强社会意识的控制、实行严厉的文化专制主义的同时,也非常重视以读书、藏书、编书、刻书等文化活动为手段以达到其政治目的。在此基础上,出现了两大文化现象:一是对传统文化进行集大成式的总结,使得《四库全书》《古今图书集成》等一部部蕴蓄极富的大书相继问世;二是对各民族文化兼容并蓄,形成多元文化并存的局面。

故宫博物院的藏书以流传有绪的清宫旧藏为主要特色,其渊源可上溯至宋元,其中,有尽善尽美的武英殿刻本、明清内府精抄本,品种繁多的历代佳刻及满蒙藏等民族文字古籍等,还有异彩纷呈的佛道经籍、升平署戏本、各种图档及清宫书籍雕版等特藏,珍稀精品荟萃,风格特色鲜明。

本次特展以清宫典籍为主线,又辅以大量相关的器物和绘画等文物,分为"稽古右文""渊海缥缃""文学侍从""琅嬛珍赏"4个部分。"稽古右文"集中介绍清初诸帝博学思想,典学始终;"渊海缥缃"介绍浩如烟海的官修书籍;"文学侍从"则以人为出发点,介绍参与构建清代文明的文学侍从之臣及其学术艺术成就；"琅嬛珍赏"主要介绍典籍精品。4个部分以"人""物""人""物"之节奏，再现清初诸帝锐意吸收汉文化，成为中华民族传统文化的有力继承者和发扬者，勾勒出清初至清中期的宫廷文化面貌。可以说，每一部典籍都是时代的代表作，向我们述说着皇宫里曾经发生的历史故事，韵味悠长。展览名称截取自《永乐大典》及文渊阁，合成"永乐文渊"一词，意指从文治教化中获得恒久愉悦。

澳门艺术博物馆与故宫博物院合作办展览已坚持多年，每次都以引人的主题、精美的文物、悉心的布陈为世所称道。这第十一个展览的举办更有澳门的诸多文化机构的襄助，相信同样会引起关注，使观众领略清宫典籍文化的风貌。

（《永乐文渊——清代宫廷典籍文化艺术》献词，澳门艺术博物馆编印，2006年）

汇聚文化的河流

　　1999年12月20日，澳门正式回归祖国。在这普天同庆的日子，故宫博物院与澳门艺术博物馆合作，举办了以"盛世风华"为主题的故宫文物展，联系着传统与现代的康、雍、乾三朝书画器物精品，使庆典活动锦上添花。自此以后，到2007年12月，在整整8年中，故宫国宝次第亮相濠江，接连举办12次，金声玉振，反响甚巨。

　　这是一场场文化的盛筵。"盛世风华""金相玉质""海国波澜""怀抱古今""妙谛心传""日升月恒""邃古来今""永乐文渊""天下家国"等等，从这一连串深蕴传统文化内涵的展览名称中，就可见展览内容的多姿多彩。鲜明的主题，精美的文物，既可从中了解神秘的明清宫廷的文化生活，又对中华五千年文明史有了可触可感的具体认识。

　　这是两地博物馆携手合作、精心筹办的结果。澳门艺术博物馆是在澳门回归时应运而生的，它很年轻，但有一个富有远见又勇于任事的领导集团，它的成员朝气蓬勃，充满活力。故宫是个有八十来年历史的博物馆，养成了为人称道的谨严与认真。可贵的是，两个博物馆从发挥自身文化桥梁和文化媒介作用的高度认识合作办展的意义，看到这是自己应该承担的文化使命。在主题的确定上，在文物的选择上，在围绕展览的社会宣传以及学术讨论上，都是殚精竭虑，力求做得更好。不断地探索，不断地总结，故宫在澳门的展览已有了自己的特色，并成了人们关注的文化"品牌"。两馆的真诚合作也在不断发展，除过展览，还包括人员的交流、博物馆全面业务的交流，为博物馆间的合作交流积累了经验。

这一系列展览的成功举办，与澳门特区政府的重视及社会各界的大力襄助分不开，与澳门良好的文化氛围分不开。澳门人保护历史文物的意识很强，漫步在澳门历史城区，那20多处历史建筑保存完好，这是400多年来中西文化交流互补、多元共存的结晶。当我得知为了保护在清末以《盛世危言》一书轰动朝野的郑观应的郑家大屋，特区政府不惜为开发商支付了一大笔补偿费用，很为感动。在澳门人的努力下，澳门历史城区被列入《世界遗产名录》，这是澳门的殊荣。对于今天的文化建设，澳门也很重视。正是有了这个文化环境，故宫博物院的展览就首先受到澳门公众的热烈欢迎。人们通过故宫的历史文物——这座文化传承的桥梁，进一步加深了对源远流长的中华文明的认识，增强了民族认同感，提高了民族自豪感和自信心。

长期以来，澳门在中西文化交流史上具有独特的作用。从16世纪中叶到19世纪前期，澳门成为中国境内接触近代西方器物文化最早、最多、最重要的地区，是当时中国接触西方文化的桥头堡。同时，澳门过去也是外国人认识中国的一道门户。故宫的展览今天仍然发挥着这样的作用，这些展览不仅在澳门引起了反响，而且在中国香港及东南亚地区产生了重大影响，并波及欧洲，成为了解中国历史文化的一个途径。

继续加强合作，努力推出更多更好的展览，这是澳门艺术博物馆与故宫博物院的决心，也是双方的共同愿望。这样的合作办展如果坚持下去，再过10年20年，一个个展览就会融汇成光辉灿烂的中华文明的海洋，这是多么令人鼓舞和激动的前景！

（原载《紫禁城》，2007年第12期）

以物解史　以史为鉴

　　清朝是中国历史上最后一个封建王朝，时间上离我们今天最近，对现代社会的影响也最为深远。从1644年定鼎北京算起，到1911年被辛亥革命所推翻，它主宰中国命运长达268年。在秦朝以后2000多年的中国皇朝历史上，享国200年以上的大一统王朝仅汉、唐、明、清4个朝代，这个王朝不仅统治时间较长，而且曾空前统一昌盛，营造了中国封建社会的最后辉煌；又是这一时期，在封建因素积淀深厚的庞大国度开始了步履艰难的转型，逐步建立起适应近代社会的过渡体系。

　　清王朝又是少数民族建立的政权。满洲贵族入主中原，加速了满汉民族文化的交融。此时期又刚好是西方国家对外探索的蓬勃时期，中西接触点的扩张也丰富了清朝历史的内容。因此引来民间对清统治者以及满族这个民族的诸多兴趣，许多历史传说更成为小说、戏曲以及影视的常见题材。故宫作为这个庞大的封建王朝的最高权力中心所在地，它的每间宫室，乃至一砖一瓦，都饱含时代印痕、岁月沧桑；它珍藏的大量清朝文物，同样凝固着许多或辉煌，或灰暗的往事，成为我们解读历史的直接物证。

　　此次故宫博物院与澳门艺术博物馆再度合作，从故宫博物院所藏大量清代文物中遴选出120件具有代表性的文物，就是从一个侧面来展现清代的历史。这些文物包括书画、典籍、瓷器、织绣、服饰、武备、印章、科学仪器等多种类别，按照"清朝的建立和入关""缔造康乾盛世的由来""鸦片战争前后的中国""祺祥政变与同治中兴""戊戌变法及晚清新政"等5个部分，力求多角度和深层面地反映有清一代的政治、经济、军事、科技、文化、艺术、民族、外交等若干方面，以呈现给观众一幅丰富多彩而又栩栩如生的清代历史长卷。

与以往两馆多次合作的展览有所不同，这次展览不仅注重文物自身的艺术价值，而且力求以物见史，深入发掘文物背后的历史内涵。通过真实直观、形象生动的"长篇画卷"形式，引领参观者从不同角度、不同层面，对清朝那段波澜壮阔、荣辱并存的历史，进行观摩与思考。

这些展品，见证了中国历史上最后一个封建王朝的兴衰存亡，引领我们走进其跌宕起伏的历史进程之中。从清朝统治者于东北大地的白山黑水间铁骑狂飙、崛起勃兴，到入主中原并开创康乾盛世，再到晚清江河日下、羸弱不堪，长期闭关自守的国门在西方列强坚船利炮的冲击下轰然洞开，从而一步步陷入丧权辱国、灾难深重的半封建半殖民地的深渊，最终在辛亥革命的隆隆炮声中解体覆亡。其间不乏纵向比较足以傲视前代的辉煌鼎盛，但也有更多的放眼全球横向视野下的停滞沉沦与腐朽屈辱。这样的历史脉络当带给我们无尽的体味和深思。

清朝终结至今不到百年，是与我们当今时代紧密衔接的最后一个封建王朝。虽然数量有限的展品远不足以反映清朝历史的全貌，但管中窥豹，相信这些蕴含着丰富历史信息的文物能带给我们对于这个渐行渐远，却为普通大众所喜闻乐道、史学家所倾心研究、有识之士所深为反思的朝代以更加直观、更加丰满的了解和认识。以史为鉴，希望展览有助于我们近距离地接触和感知中国的历史，有助于我们再创辉煌傲世的中国之未来！

预祝展览取得圆满成功！

（《天下家国——以物见史故宫专题文物特集》献词，澳门艺术博物馆编印，2008年）

钧乐天听

    "钧乐天听——故宫珍藏戏曲文物特展"是故宫博物院与澳门艺术博物馆第十三次联袂举办的文物展。首次精选178件戏曲文物赴外展览，这在故宫历史上尚属首次。

    作为中国传统戏剧文化的戏曲，起源于上古乐舞与宗教仪式活动，可谓历史悠久。在其发展历史上，曾出现了汉代散乐、六朝伎艺、隋唐歌舞戏、参军戏、宋杂剧、金院本等多种艺术形态，又经过元、明两代的发展，至清代进入了一个新的历史时期。清代戏曲是中国戏曲史长河中波澜壮阔的一段江流。这一时期，繁荣发展的戏剧对清代宫中的文化活动产生了极大影响。

    清王朝入主中原以后，很快接受了儒家思想和文化，特别是中原的戏曲文化，不仅得以完整地保存，其发展更是前朝无法比拟的。戏曲文化以其特有的艺术魅力和独特的"寓教于乐"的教化功能，受到清代诸帝的格外关注。历史上首次将戏曲演出列入朝廷仪典始于清代。戏剧演出的剧本、演员、观众、戏台都被赋予了特定的内涵——大量剧本专为皇族创作；演员由太监伶人及民间伶人组成；戏台更是为皇家看戏而特意建造的。有清一代，看戏不仅是帝后们的文化生活需求，也是正式仪典的组成部分。而清代戏曲艺术在诸多方面所取得的高度成就，也与清宫频繁的戏曲活动和清王朝给予戏曲的特别关注有密切关系。

　　本次展览以清代宫廷戏曲活动为主线，分"昆乱开天""乐府争传""节庆承应""摹声绘色"4个部分。精选故宫博物院收藏的有关清代宫廷戏曲活动方面的各类文物，包含服装、道具、剧本、戏画、书画、瓷器、玉器等。展览从不同角度、不同层面向参观者展示了清代宫廷戏曲活动的时代演变、舞台风格等特点。同时，观众也将通过戏曲文物了解康乾盛世时演剧事兴，后随国运而每况愈下，慈禧太后虽曾为看戏大肆挥霍，却再没有了清朝前期那用来炫耀太平盛世的浩大恢宏的场面。

　　让我们走进展览，一起共同感受中华传统戏曲文化的魅力。

　　（《钧乐天听——故宫珍藏戏曲文物》献词，澳门艺术博物馆编印，2009年）

九九归一

　　无论人文还是自然，澳门从古至今都是一个阳刚与柔美并存的城市。在这里，英雄的悲怆，渔舟的晚唱，古刹的钟声，都已凝铸成了诗化的历史。今天，澳门又是面对世界开放的一个非常阳光的城市，一个有着深厚的文化底蕴的非凡的城市。

　　值此中华人民共和国成立60周年和澳门回归祖国10周年之际，故宫博物院和澳门艺术博物馆共同举办"九九归一——庆祝澳门回归祖国十周年故宫珍宝展"，共展出文物100件，这些精美的文物包括瓷器、漆器、珐琅器、玉器、金银器、青铜器、书画、佛像、织绣和杂项等，都是清宫的旧藏。这些具有浓厚中华传统文化特色的文物，是中华文明的见证，也从不同角度阐释了中华民族自古以来的统一和不可分割性，具有重要的历史文化价值。

　　中国有56个民族，其中人数较多的有汉族、满族、蒙古族、藏族和维吾尔族等。在长期的发展演变过程中，中华各民族创造了非常辉煌的古代文明。尽管古代中国战乱不断，但是阻挡不住中原农耕儒家文明、北方草原游牧文明、西北伊斯兰商业文明和雪域藏传佛教文明的相互交融渗透，民族交往热烈而频繁，并且最终促成现代中国多元一体文化格局全面形成。而一些封建帝王也采取了许多有利于社会安定和经济发展的积极措施。从而使得国力更为强大，政局更为稳定，国库更为充盈，文化艺术也得到空前发展。

故宫博物院自1925年建院以来，一直致力于保护中华民族宝贵文化遗产、促进世界文化交流的神圣使命。故宫博物院现收藏有各类文物180余万件以上。多年以来，故宫博物院对于民族文博事业极为重视，在文物征集、文物展览、专业人员培养等方面都做了积极的努力。有耕耘必有收获，今天的"九九归一——庆祝澳门回归祖国十周年故宫珍宝展"，也是我们工作成果的一个体现。

京澳两地文博界有着密切的交流与合作，多年来积极组织和筹划文博的社会教育的实践和研究活动，研讨新的传播模式和方法，探索在传统文化教育中充分发挥古代文物遗存的功能，并积累了宝贵的经验。这次活动无疑又是一个展示、交流和研讨的平台。故宫国宝从1999年以来，连续在澳门展出10多次，产生了重大影响；我相信，这次展览也一定会受到澳门市民的欢迎和喜爱，不仅有助于增进澳门与内地的交流，同时会加深澳门民众对中国历史和中华文明的深刻了解。

预祝展览获得圆满成功！

（《九九归一——庆祝澳门回归祖国十周年故宫珍宝特集》献词，澳门艺术博物馆编印，2009年）

斗色争妍的清宫御窑瓷

　　故宫博物院与澳门艺术博物馆有着多年友好合作关系，即将在澳门艺术博物馆举办的"斗色争妍——故宫藏清代御窑瓷器精品展"，是双方友好合作史上的又一新的里程碑。这是故宫博物院在澳门艺术博物馆举办的第十五个陈列展览，也是其中仅有的一个瓷器方面的专题展览。我谨代表故宫博物院对展览的举办表示热烈祝贺！并向为促成本次展览而付出心血的各有关方面的朋友，表示诚挚的感谢！

　　故宫博物院是世界闻名的在明清皇宫基础上建立的博物院，拥有恢宏庞大的古建筑群，而其以清宫旧藏为主的历代艺术品典藏，既是中华文明的历史见证，也是人类共享的宝贵文化遗产。在故宫博物院收藏的180余万件藏品中，中国历代陶瓷器约占35万件。这些精美的瓷器堪称中华传统文化之象征和博大精深的中华文明积淀之精华。

　　中国是世界上最早发明瓷器的国家，中国瓷器自唐代以来就大量远销海外，对世界各国陶瓷文化的发展产生过深远影响，中国也因此在世界上博得了"瓷国"之美誉。在故宫博物院丰富的陶瓷藏品中，宋代五大名窑（汝、官、哥、定、钧）瓷器、明清时期景德镇御窑厂烧造的御用瓷器堪称其中的强项。特别是所藏清代康熙、雍正、乾隆时期的御窑瓷器，不但数量庞大，而且品质精良，代表了中国古代瓷器发展至清代"康乾盛世"时期所达到的最高水平。此次展览，特别遴选了116件清代康熙、雍正、乾隆时期的御用瓷器及与之相关的4

件书画作品予以展示，瓷器品种涵盖了当时景德镇御窑厂和清宫造办处制作的各种色彩缤纷的彩绘瓷和五颜六色的颜色釉瓷，可谓琳琅满目，异彩纷呈，反映出这一时期御用瓷器在实用性与人们审美意识方面所达到的高度和谐统一。相信观众在参观后，定会从中感悟到这些瓷器所具有的高超艺术水准。

我深信此次展览的举办，必将会为澳门人民带来美好的心灵感受，也必将有助于进一步增强内地和澳门人民之间的友谊！

预祝展览圆满成功！

（《斗色争妍——故宫藏清代御窑瓷器精品集》献词，澳门艺术博物馆编印，2009年）

辉煌两宋瓷

　　自1999年澳门艺术博物馆与故宫博物院联合举办"盛世风华——北京故宫藏清代康、雍、乾书画器物精品展"开始，选取故宫博物院藏品举办一年一度的迎新春专题文物展已有过13次成功经验，此次双方合办"玉貌清明——故宫珍藏两宋瓷器精品展"，同样是这一宗旨与主题的延续。

　　13年来，通过双方的合作与努力，在澳门艺术博物馆定期举办的这一宗旨的系列展览已成为中国港澳台地区和东南亚华人华侨欢度春节时的一种期盼，成为澳门艺术博物馆的一个品牌，其影响力不言而喻。对故宫博物院来说，这也是我们通过馆际合作、利用馆藏文物展示古代艺术品并宣传中国文化的成功方法，是故宫博物院走出去、创建世界一流博物馆的一项重要举措。

　　继2010年"斗色争妍——故宫藏清代御窑瓷器精品展"之后，本次展览是又一个瓷器专题展。瓷器是中国古代先民的发明和贡献给世界文明的重要内容之一，经历代不间断地对外输出与传播，对世界各地的生活习俗和文化都产生了深远影响，如果以瓷器为考察对象，那么当今世界范围内的瓷器文化就是从中国东南部地区逐渐扩大并走向世界的，其历程清晰可见。

　　两宋时代是中国历史上文化空前发达的时期，表现在瓷生产上是窑系林立、名窑多见，有越窑系、建窑系、景德镇窑系、耀州窑系、定窑系、钧窑系等和汝、官、哥、定、钧五大名窑，在中国古代瓷器生产史上有重要的地位。从瓷器实物可以看出，两宋时代的瓷器既有典雅标致的汝窑、官窑、张公巷窑、龙泉窑瓷器，也有活泼生动、充分体现着民间风格的磁州窑系白地黑花、珍珠地划花等品种。而就器类看，在日用器外，礼祭器、茶具、酒具、香具也得以发展，正是通过雅、俗的互补，使得瓷器得以真正地普及，并进入世人的生活和文人的视野。我相信，通过展出的这些瓷器，我们不仅能充分理解"兔褐金丝宝碗，松风蟹眼新汤"（黄庭坚《西江月·茶》）、"纤纤捧，香泉溅乳，金缕鹧鸪斑"（秦观《满庭芳·茶词》）、"放下兔毫瓯子，滋味舌头回"（葛长庚《水调歌头·咏茶》）、"瓷碗试新汤"（吴文英《望江南》）等千古名句描写的诗茶场景和所用器物，而且能近距离感悟宋人的生活，同时更希望大家从这些瓷器中找到能使我们生活更加美好的灵感。

（《玉貌清明——故宫珍藏两宋瓷器精品集》献词，澳门艺术博物馆编印，2011年）

娄东派山水精品

　　澳门艺术博物馆2011年9月举办的"山水正宗——故宫、上博珍藏王时敏、王原祁及'娄东派'绘画精品展",是该馆近几年来先后举办的明清系列书画特展中的又一次大展,此项举措对明清书画研究的延伸和深化,将起到有力的推动作用。

　　澳门艺术博物馆自2004年起与故宫博物院、上海博物馆、南京博物院、浙江省博物馆、西泠印社等单位鼎力合作,每年均推出一项书画特展,先后有八大、石涛的"至人无法",董其昌的"南宗北斗",陈淳、徐渭的"乾坤清气",吴昌硕的"与古为徒",以及有关明清肖像画的"像应神全",明末清初遗民金石书画的"豪素深心",明末清初金陵画派的"秣陵烟月"等7次大展。如今,又选择清代规模最大、影响最深的"四王"画派,并分成以王时敏、王原祁为首的"娄东派"和以王鉴、王翚为首的"虞山派"两期,在今年和2013年相继展出,使明清书画展逐步系列化。这对系统了解、梳理和研究明清书画史的渊源、传承、发展和变化,均具有重要意义,同时也有力促进着澳门与内地的文化交流以及当地的文化建设。

　　"四王"画派是由清初极具影响力的4位画家王时敏、王鉴、王翚、王原祁倡导形成的,4人之间有亲属或师友关系,王鉴为王时敏族侄,王翚是王鉴学生,王原祁即王时敏孙子。他们的师承均近受董其昌影响,远绍宋、元、明文人画传统;艺术创作上注重仿古,强调笔墨，追求儒雅意趣，彰显文人画特色；他们的艺术思想和绘画风格得到清王朝的认可和提倡，因此被尊为"正宗"，追随者不绝，遂形成"四王"画派。

然而，"四王"画派在具体的师承关系和艺术追求上，又有所区别。王时敏直承董其昌衣钵，追踪"元四家"，尤其崇尚黄公望，从笔墨到情趣更多元代文人画意韵；其孙王原祁，继承祖法，更注重古法和笔墨，又由于他曾参与编撰皇家组织的大型书画典籍《佩文斋书画谱》，受到康熙帝赏识，并官至户部侍郎，故而学生和私淑者众多，遂形成"娄东派"，影响直至清末。王鉴在宗法元人同时，较广泛涉猎宋元至明代各家各派，笔墨富有变化，风格也趋多样；学生王翚受其影响，亦走"集大成"之路，功力更见扎实和深厚，他因参与《康熙南巡图》卷绘制，受皇室褒扬，其追随者也甚多，遂形成"虞山派"。

此次特展，以"娄东派"为主题，从国内收藏王时敏、王原祁及其传人作品最夥的两大博物馆中遴选，汇集了120件精品，虽难以囊括存世作品之全部，亦能较系统地展示"娄东派"的概貌。同时配合这次展览，还将邀请40位国内外学者，展开为期3天的学术研讨会。相信展览与研讨会的有机结合必将使这次活动取得重要成果，并为下一次的"虞山派"续展奠定坚实的基础！谨志以贺。

（《山水正宗——故宫上博珍藏王时敏、王原祁及娄东派绘画精品集》献词，澳门艺术博物馆编印，2011年）

与路易十四相遇

　　中国与法国虽远隔千山万水，但文化交流却有着悠久的历史。古老的故宫和凡尔赛宫就曾是这种早期交流的重要场所。

　　300多年前，法兰西土地上出现了一位著名君王——路易十四，他在位70余年，实际统治法国50余年。在此期间，法国国力强盛，经济繁荣，修建了举世闻名的凡尔赛宫殿建筑群，并为后世留下了宝贵的文化遗产。在凡尔赛宫中，路易十四曾经接见过暹罗使节，并由此引发了他对在遥远东方的中国的向往，并最终付诸实施，派遣传教士团远渡重洋，开启了早期法中两国间文化交流的大门。

　　与此同时，居住在壮丽雄伟的紫禁城中的康熙大帝，对于法国传教士们带来的科学仪器与西方文化非常感兴趣，他的钻研精神使传教士受到感动。故宫博物院收藏的2000多件西方科技文物，其中不少就是这种交流的见证。而中国的传统文化以及园林、瓷器、丝绸等，也通过传教士这个媒介而风靡法国。

　　作为来华传教士团中重要一员的白晋，受到康熙皇帝的接见，他在语言方面极具天赋，很快掌握了汉语和满语。白晋根据与康熙帝的直接接触，编写了《康熙大帝》一书，路易十四从中对这位与自己经历颇为相似的帝国之君有了更多的了解。1688年8月7日路易十四给康熙帝写了一封亲笔信，可惜未能转出，至今仍存放在法国外交部档案馆中。

处在东西方两大洲的两位伟大君主开创了中法早期交流的新局面，后来由于多种原因，这种交流慢慢冷却了下来。在数百年后的今天，这段尘封的历史却有了令人欣慰的续篇，中法两国在各个领域的交流与合作全面展开，"2004—2005中法文化年"既是这种日益活跃的交流活动的生动反映，也是一个有力的推动。

在中法文化交流盛典之中，故宫博物院与法国凡尔赛宫博物馆两度联袂，合办展览，成为系列活动中浓墨重彩的一章。2004年5月在凡尔赛宫成功举办了"康熙时期艺术展"，使法国人民再次领略了中国康乾盛世时期的文化艺术风貌。"康熙时期艺术展"共展出了各类文物350件，其中故宫博物院提供175件，北京古观象台提供2件，其余部分由法国凡尔赛宫博物馆、吉美博物馆、卢浮宫、法国国家图书馆等提供，使这一展览规模宏大，内容丰富，受到法国观众的热烈欢迎。今年，在北京故宫博物院展出的"'太阳王'路易十四——法国凡尔赛宫珍品特展"，使中国人民深入了解法兰西历史上这段值得回味的文化艺术的特色。两个展览都以宫廷文化为重点，选择的都是有代表性的文物精品，都引起很大的轰动。

"'太阳王'路易十四——法国凡尔赛宫珍品特展"由凡尔赛宫博物馆提供了84件精美展品，其中少量文物是从法国其他博物馆借调的。展品包含了路易十四时期政治、军事、生活、艺术等许多层面，内容相当丰富。展览按照太阳王——路易十四、路易十四的亲属臣僚、路易十四的华美殿宇几个部分，通过相关展品将路易十四的生平事迹、家族成员及重要的臣僚、凡尔赛宫豪华精美的建筑等分层次加以展示。

为了使这个展览更臻完美，故宫博物院在原有基础上又增加了"路易十四与康熙大帝"部分，从本院收藏的康熙时期来华传教士们带来的和当时宫廷仿制的科学仪器类文物中选择了一批展品，与法方提供的与中国宫廷相关的文物一起，共同组成这一反映两国早期交往的重要部分，以突出当时两位伟大君王为中法文化交流所做出的重大贡献。

"'太阳王'路易十四——法国凡尔赛宫珍品特展"在午门城楼新展厅展出，也是很有意义的。午门是紫禁城的正门，过去打了胜仗收兵回朝时，要在午门举行仪式，向皇帝进献战俘，皇帝亲自登午门接受献俘礼。故宫博物院把午门城楼改造成一个具有先进设施的展厅，展厅内部的现代化装饰与古建筑油漆彩画交相辉映，古典与现代的结合达于完美的境界。

本次展览是午门展厅的首度使用。精美的展品，良好的设施，必将为广大观众营造一个完美、理想的参观环境。

这种高层次展览的举办，对于促进两国人民间对相互历史文化的理解，加强博物馆间的相互交流，无疑将大有裨益。为此，我们专门印制了这本精美的图书，以使这一具有里程碑式的活动能够在人们心目中留下永久的回忆。

（《"太阳王"路易十四——法国凡尔赛宫藏珍集》出版祝词，紫禁城出版社，2005年）

拿破仑一世

　　法国是一个有着悠久历史和灿烂文化的国度，有着独特的文化底蕴和丰富的文化遗产。法兰西文化可以说是欧洲文化的代表，埃菲尔铁塔、巴黎圣母院、卢浮宫等承载着厚重历史的著名建筑堪称巴黎乃至法国历史的缩影。

　　卢浮宫是法国历史上最悠久的王宫，位于巴黎市中心的塞纳河畔。卢浮宫的建造和发展与法国历史交织在一起。卢浮宫从菲利普·奥古斯特二世到法国历史上著名的"太阳王"路易十四，再到拿破仑一世，作为多位皇帝的寝宫，记录了法国的大部分历史。作为最初的法国王室城堡，几个世纪以来，经过不断的修葺而成为规模宏大、气势宏伟的建筑群。法国资产阶级革命的暴风雨，虽然没有为卢浮宫再添奢华，却赋予了它全新的意义。1793年，法国国民议会宣布将卢浮宫改建成为公共博物馆。6年之后，拿破仑进入卢浮宫，在重拾法国王宫奢华的同时，依然保留了它的博物馆的功能。如今的卢浮宫不仅以其雄伟豪华的建筑闻名于世，而且以拥有许多世界重要的艺术珍品而成为全世界最著名的博物馆之一，被人们誉为艺术殿堂和万宝之宫，并以数万件艺术珍品的展示为观者讲述着一个个引人入胜的神秘与辉煌的故事。

　　拿破仑·波拿巴（1769—1821年），是法国近代史上著名的军事家、政治家，现代法国的缔造者，被法国人视为民族英雄。从少年时进入军校学习起，就开始了他的职业军人生涯。在经历了青年时代法国大革命的洗礼之后，拿破仑的魄力、雄心和智慧帮助他取得了政权，1804年拿破仑成为法兰西第一帝国的皇帝，又称拿破仑一世。拿破仑用金戈铁马开创了一个时代，并实现了多项改革，在法国和西欧许多国家的体制上留下了永恒的印记。他参与起草和颁布了《民法典》，捍卫了法国大革命的成果，其意义远不仅仅在法国和欧洲。《民法典》不仅为资产阶级的发展、建立民主社会奠定了基础，而且即使在今天，《民法典》仍然对许多国家的民法制定产生着重要影响，成为拿破仑一生最重要的功绩。拿破仑在圣赫勒拿岛总结自己的一生时说："我真正的光荣并非打了40次胜仗，滑铁卢一战抹去了关于这一切的记忆。但有一样东西不会被人忘却的，它是永垂不朽的，那就是我的《法典》。"

在法国，人们时时感到拿破仑的存在，他的名字与凯旋门、巴黎圣母院、卢浮宫等历史古迹紧密相连。在卢浮宫里，拿破仑的光彩持续了12年，直至功溃滑铁卢战役。拿破仑执政期间，除了不断扩张，称雄欧洲以外，还曾下令对卢浮宫进行大规模扩建，并把欧洲其他国家最好的艺术品搬进卢浮宫，以前所未有的方式丰富卢浮宫的馆藏。他热衷绘画艺术，他的传奇生涯吸引着众多著名画家为他作画，他的御用画师路易·大卫创作的《拿破仑一世的加冕礼》，更将拿破仑一世达到权力巅峰的时刻永远镶嵌在卢浮宫。

"卢浮宫·拿破仑一世"展，是故宫博物院与卢浮宫博物馆馆际交流的重要活动之一。展览为中国观众带来了卢浮宫收藏的拿破仑时代以及与拿破仑有关的艺术品，这些展品将拿破仑时代的辉煌呈现在我们面前，使我们有幸透过这些精致的展品，领略拿破仑一世王朝和卢浮宫领地的艺术品概貌。我希望这个展览给予中国观众的是突破了文字描述的、更加具象的、全方位的拿破仑一世。我相信"卢浮宫·拿破仑一世"展对中国观众进一步了解欧洲历史和法国的文化艺术具有积极的意义，也为今后进一步加强故宫博物院与卢浮宫博物馆，乃至与法国文化方面的交流拓展了更加广阔的空间。在此，我衷心感谢法国卢浮宫博物馆精心挑选、筹备了如此精致的展品，并预祝展览圆满成功。

（《卢浮宫·拿破仑一世文物珍品集》出版祝词，紫禁城出版社，2008年）

经典的创造

　　法国巴黎是世界时尚之城，凡登广场更是一个神奇的地方，一直吸引热爱稀世之美的各国人士。160多年来，卡地亚在这个以优雅与购物闻名的花都中心创造着奇迹和辉煌。

　　1847年，才华横溢的年轻珠宝设计师路易·法朗索瓦·卡地亚以"珠宝、饰品、时尚与新品工作坊"的名称创立卡地亚品牌，几年后便以时尚设计和精湛、细腻的工艺博得享誉国际的声誉。当拿破仑三世美丽的妻子欧仁妮在1859年成为卡地亚第一位王室客户后，卡地亚便与各国王室结下不解之缘，成为希腊、英国、西班牙、俄罗斯、罗马尼亚、塞尔维亚、葡萄牙、比利时、意大利、摩纳哥，甚至埃及、印度等众多王室、宫廷贵族的御用珠宝商，卡地亚也因此博得英国国王爱德华七世"皇帝的珠宝商，珠宝商的皇帝"的赞誉。

　　在卡地亚创业过程中，始终坚持借鉴世界不同民族艺术精粹的理念，坚守不断创新的本质，赋予作品广泛而深刻的文化内涵。卡地亚是云游四海的旅者、是珠宝艺术的探险家，一代代才华横溢的设计师以简洁明朗的设计风格，以铂金花环、猎豹风情、色彩组合、异国情调、三环珠宝、奇花异兽、中国元素等主题，以及五彩缤纷的宝石与贵金属完美的结合，登峰造极的镶嵌技术，诠释着美丽、优雅和高贵，建立起卡地亚品牌特色与名望，并引领世界时尚潮流。随后，卡地亚不断拓展时尚领域，从珠宝饰品、钟表到香水、眼镜，并且不遗余力地赞助世界各地的文化与公益活动，扮演着亲善大使的角色，将同样融合多种文明的法兰西优雅风情与生活艺术播撒到世界各地。

1984年，卡地亚当代艺术基金会诞生，以让更多的民众接触、认识当代艺术为宗旨，举办各种艺术展览，鼓励艺术创作，成为法国赞助艺术活动的活跃机构之一。2006年，卡地亚启动"宣爱日"活动，此后每年的6月，卡地亚以著名的LEVE手镯为主角，高唱爱的颂歌，祈愿世界充满和平友爱。

卡地亚品牌已经遍及世界各地，而且在瑞士日内瓦建立了卡地亚博物馆，在法国巴黎建立的资料馆，收藏了超过1300件来自卡地亚的古董珠宝、钟表精品和数量可观的设计手稿、模具资料。经过故宫博物院与卡地亚公司的精心组织与筹备，"卡地亚珍宝艺术展"终于在午门展厅与广大观众见面。通过展览，我们不仅能够领略坚持创新，融会亚洲、非洲艺术风格的设计理念，追求精湛完美工艺的至高境界，而且还欣喜地看到中国文化元素对卡地亚作品的浸润和影响，从中读出卡地亚对中国文化的兴趣和诠释。为此，我们感到既亲切又自豪。穿越百年历史的卡地亚时尚精品所散发出的优雅、高贵气质和永恒魅力，将构成一场视觉文化盛宴，相信一定会带给观众审美的愉悦与享受。

感谢卡地亚和故宫博物院相关人员共同付出的巨大努力。

（《卡地亚珍宝艺术》出版祝词，紫禁城出版社，2009年）

英国历史上的一百年

　　1640年的英国资产阶级革命，使英国资本主义制度得以确立并迅速发展，这也是世界近代史的开端。英国的兴起无疑是近代世界最重大的事件之一。英国独立和相对强大的王权的出现，在近代初期对英国的兴旺发达起了决定性的作用。凭借着海洋探险和贸易，英国成功地从欧洲的一隅登上了世界舞台。18世纪的工业革命，更使英国脱颖而出，成为世界上第一个工业化国家，也让这个岛国一步步走向了世界舞台的中心位置。如果说，牛顿为工业革命打造了一把科学的钥匙，瓦特则拿着这把钥匙开启了工业革命的大门。对科学的重视，使英国国力得到迅速的发展。19世纪50年代至70年代，英国经济出现了空前的繁荣，发展到鼎盛时期。英国对外贸易的发展及在欧洲独特的地位和影响，带动了其他欧洲国家的经济发展。英国成为近代欧洲历史上最为强盛的国家之一。

　　本次在故宫午门城楼展厅举办的"英国与世界——1714—1830"展，所展示的是汉诺威王朝乔治一世至乔治四世时期（1714—1830年）百余年的历史文物和多姿多彩的古代世界文明大背景下各国文化的风姿。汉诺威王朝的百余年历史，在英国历史上占有重要位置，贸易繁荣，城市发展，铁路延伸，海上霸权，工业革命也发生在这个时期。为此，大英博物馆遴选出100余件文物，故宫博物院精选出10余件相关的文物，配合以独具匠心的设计形式，全面向观众展示英国的发展进程及英国与世界其他国家交往的历史，观众可从中领略到来自异国的文化魅力，感受东西方不同的文明形式对世界文明的发展所起到的推动作用。

大英博物馆是世界最大的综合性博物馆之一，藏品极为丰富。这次所陈列的展品来自世界各地，包括版画、素描、徽章、钱币、手稿、浮雕、书籍、青铜器等门类，涉及范围非常广泛。

大英博物馆藏品在故宫博物院展出，我们感到十分高兴。本次展览是大英博物馆与故宫博物院首次在故宫内联合举办展览。2006年6月26日，故宫博物院与大英博物馆签署了两馆合作意向书。两馆承诺在互办展览、文物研究、文物保护、教育宣传等各方面进行长期合作。意向书的签订进一步加深了两馆现有的友好合作关系，使两馆合作得到了全方位的发展。而这次展览的举办就是两馆间友好合作的切实体现。我们真诚地希望这种合作关系能够一直继续下去，为中英两国间的文化交流做出新的贡献。此次双方展品共同结集出版，也将为两馆合作留下永恒的记忆。

在此，我谨代表故宫博物院，并以我个人的名义祝展览取得圆满成功。

（《英国与世界（1714—1830年）》出版祝词，紫禁城出版社，2007年）

西班牙骑士文化与艺术展

　　位于欧洲西部的西班牙，以它绮丽、秀美的自然风光以及人类文化遗产众多而闻名遐迩。西班牙民族是一个极具个性，又富于张力与激情的民族。塞万提斯的文学巨著《堂吉诃德》，让我们对这个古老而美丽的国度有了初步的印象。印象中西班牙是那样的遥远与陌生，慢慢地，我们发现原来那遥远的西班牙与我们国家竟有着许多的相似，并曾有过擦肩而过的接触。

　　早在500多年前，东、西两个曾经的帝国在海上拥有着同样的荣光。明代郑和七下西洋尽显皇威，但是他没有走得太远、太长。继他之后，出于对东方的艳羡，哥伦布从西班牙出发，最终发现了新大陆。自此西班牙迅速崛起，成为海上强国，占据了世界舞台领舞者的位置，并将割裂的世界联系在一起，同时也把世界优秀的文化带回了自己的家。今天我们所看到的西班牙的古遗址、古文物、古建筑，其中都有很多外来文化的成分——它兼收了世界文化的精华。

　　纵观中国和西班牙发展的历史，虽然两国直接交流很少，但是两国的历史却有很多的相似之处——同样有着悠久的历史，有过耀眼的辉煌，也曾遭受屈辱，并且这两个具有古老文明的国家几乎都在同一个时候重新焕发了青春。

　　2007年，"西班牙文化年"在中国隆重举行，我们有幸与西班牙马德里皇家武器博物馆合作，在故宫午门城楼展厅共同举办"西班牙骑士文化与艺术展"。这是"西班牙文化年"的重要项目之一，同时也是马德里皇家武器博物馆第一次拿出皇家收藏的文物在国外展出。就是这第一次，西班牙文化署和马德里皇家武器博物馆选定故宫博物院成为合作伙伴。早年的多次擦肩而过，在今天有了真正的亲密接触。昔日的紫禁城皇宫与西班牙王宫有了直接的对话。这是一次非常有意义的合作。

对于西班牙的骑士文化，许多中国人已从流行于15世纪、16世纪的西班牙骑士小说中有了不少印象。西班牙的民族自信心，十字军的冒险精神，虔诚的宗教信念，都在小说中有生动的反映。但这毕竟是小说家言，而今"西班牙骑士文化与艺术展"，则通过盔甲、长矛、马鞍装饰等大量文物，向我们展现了西班牙骑士文化的发展过程，从中可以看到西班牙从15世纪到20世纪的发展历史，也可以了解西班牙骑士文化的丰富内容。

"西班牙骑士文化与艺术展"，是一个非常新颖、独特的选题，一定会让中国观众大开眼界，我热切期待这一展览的成功举办，希望我们之间的合作能够长期保持下去。

（《西班牙骑士文化与艺术》出版祝词，紫禁城出版社，2007年）

明式家具之内涵

　　中国古代家具历史相当悠久，早在3000多年前的商代墓葬中就已经出现了非常精美的青铜和石质家具。随着人们起居方式的变化，家具也经历了由低向高的发展，特别是到了宋代，家具品种和形式已经相当完备，工艺也日益精湛，结构的科学性和装饰上的多样化，都为明清家具艺术高峰的到来积累了经验。它从一个侧面体现了当时的生产发展、生活习俗、思想感情以及审美情趣，在一定程度上反映了一个国家和民族的历史特点和文化传统。中国的家具艺术不但被国人所珍视，在世界家具史上也享有极高的声誉。

　　中国古代家具，尤其是明清以来的家具，以其精湛的工艺价值、极高的欣赏价值和深远的历史价值对东西方许多国家产生过深远的影响。

　　明式家具可以说是中国家具史上最辉煌的一页。明代后期，除漆木家具普遍使用外，社会上开始崇尚硬木家具（即细木家具），人们开始追寻古朴之风。明人范濂在《云间据目抄》中记载："隆万（隆庆、万历，明穆宗、神宗年号，1567—1620年）以来，虽奴隶快甲之家皆用细器。"从这条史料可知使用硬木家具之风，蔚然兴起，争购细木家具已成为当时的时尚。在明代有大量文人热衷于家具的设计和制作，给明式家具平添了更多的文人审美情趣。他们把中国传统家具历史和艺术融会贯通，并把美学、力学、哲学、人体工学以及礼教等文化融入家具制作中，赋予了家具更深、更大、更美的文化内涵，使家具更富有文化气息。明式家具的简约、古雅、空灵，柔婉而不失厚重，以及方正的造型、匀称的比例，被后世研究学者尊为"实用的美学理念"。在装饰方面，明式家具一般都较为简约，或干脆不加装饰，或者是多取材于自然界的植物、动物、风景题材和带有吉祥寓意的图案，总体上给人以简洁明快、素雅大方之感。

清式家具则是继承了明式家具的风格特点，又向前发展了一步，它讲究华丽繁缛的装饰，多种工艺结合运用，复杂的雕饰和镶嵌，做工细腻，整体家具粗大、厚重，到乾隆时期达到顶峰。乾隆时期的家具，尤其是宫廷家具，材质优良，是清式家具的典型代表。清代家具在装饰方面大多取材于富有吉祥意义的图案，如龙、凤、蝙蝠等显示出华丽富贵，还有的是利用物象谐音企盼平安幸福。清代家具制作，皇帝竟要亲自过问，反映了当时对家具制作的重视。

明清家具有如此的成就，除了社会经济的稳步发展，其主要原因还是明清宫廷的重视。

明清家具具有极高的美学价值，王世襄先生曾说过："明及清前的家具陈置在我国传统的建筑中最为适宜，自不待言，不过出乎意料的是见到几处非常现代化的欧美住宅，陈设着明代家具，竟也十分协调，为什么明式家具和现代生活这样合拍呢？不难设想，正是由于西方现代生活所追求的简练明快的格调在本质上和明式家具有相同之处的缘故，事实证明明及清前期的家具造型艺术已经成为世界人民共同财富。"

15世纪中国家具开始进入西方，初期只流入欧洲各国，18世纪以后大量涌入美国，虽只限于漆家具和竹藤家具，但对西方家具的发展产生了相当程度的影响。20世纪30年代德国人艾克出版了第一部介绍中国古典家具的著作《中国花梨家具图考》，让世界认识了中国古典家具之美。

比利时菲利普·德·巴盖先生长期以来致力于中国家具的收藏，

其收藏的大量精美的中国硬木家具更是独具特色。其中，明式家具是其收藏品中最为重要的一部分，还有一部分是清代早期的作品，这些作品延续了明式家具的风格特征，从某种意义上讲仍然属于明式家具的范畴。菲利普先生的藏品不仅数量丰富，而且做工精细，材质精良，大部分都是用黄花梨制作而成，它们的结构相当合理，加上做工精良，历数百年时间，至今仍然严丝合缝，十分坚固。菲利普先生的藏品种类也相当丰富，箱柜、床榻、椅凳、桌案以及小件的文房用具等，几乎涵盖了中国古代家具的所有种类。

2003年10月15日，比利时王子劳伦斯殿下到故宫参观，他的随行人员之一就是菲利普先生。王子在与我会谈时，介绍了菲利普先生热爱中国文化并收藏有140余件中国明清家具的情况，推荐在北京故宫办个展览，以了却菲利普先生的心愿。而后，在经过与故宫博物院长时间的精心筹备和挑选之后，菲利普先生确定了79件精品家具，构成一个明式家具精品展，并将于2006年4月在故宫博物院永寿宫展出。故宫是明清两代的皇宫，更是明清硬木家具的重要源头。这些明清时期的古典家具在故宫展出，也正是其原位性回归的很好表现，可以更好地展示、发掘出中国古代家具所具有的深刻文化内涵。而今年又是中国与比利时建交35周年，菲利普先生的家具展，则成为中比文化交流的一项重要活动。

（《永恒的明式家具》序言，紫禁城出版社，2006年）

来自克里姆林宫的珍宝

　　2004年10月，中华人民共和国主席胡锦涛和俄罗斯联邦总统普京共同决定，2006年在中国举办"俄罗斯年"，2007年在俄罗斯举办"中国年"，意在促进中俄两国人民的相互了解，加强中俄两国的全面交往与合作。举办"国家年"活动，是中俄两国领导人富有开创性的英明决策，是中俄关系史上的伟大创举，为中俄两国彼此展示自身成就提供了机会，掀开了中俄两国友好关系的新篇章。

　　"克里姆林宫珍品展"是2006年在中国举办的"俄罗斯年"的重要文化活动之一。故宫博物院受文化部的重托，在故宫午门城楼展厅举办这个展览，我们感到非常荣幸。一方面，此次展览是俄罗斯珍宝首次在故宫展出，也是故宫博物院与克里姆林宫博物馆的首次合作；另一方面，作为"俄罗斯年"的重要展览之一，不仅受到中俄两国领导人的重视和关心，同时也是中俄两国人民的一大盛事。通过克里姆林宫收藏的文物珍品，一定能加深中国观众对俄罗斯历史、文化、艺术、宗教信仰等方面的了解。

　　俄罗斯民族在漫长的历史发展过程中，创造出辉煌灿烂的文化，取得了非凡的艺术成就，在世界文化艺术的天幕上大放异彩，成为世界艺术宝库中重要的组成部分。位于俄罗斯首都莫斯科的克里姆林宫，不仅建筑宏伟，气度非凡，是世界闻名的古代宫殿建筑群之一，而且它更是俄罗斯的象征和骄傲，长期以来是俄罗斯政治、宗教的中心。克里姆林宫过去曾经是历代沙皇的皇宫，现在是历史的瑰宝，文化艺术的宝库。"克里姆林宫珍品展"浓缩了16世纪到20世纪初俄罗斯沙皇宫廷生活的方方面面，向中国观众展现了俄罗斯沙皇宫廷生活的富贵、奢华，同时折射出俄罗斯艺术虽然深受西欧艺术思潮和艺术风格的影响，但始终保持和显现民族性的特点，展品代表了俄罗斯艺术品精美、高超的工艺水平。

克里姆林宫和故宫都曾是古代帝王的皇宫，都曾是国家的政治中心，也同样有着丰富的古代艺术品收藏。克里姆林宫博物馆与故宫博物院的合作无疑为两种不同文化的交流沟通架起了桥梁，对增加两国间文化交流将大有裨益。

这次展览撷取了克里姆林宫博物馆馆藏珍品200件，按照不同时代排序，呈现出俄罗斯宫廷数百年的辉煌。我相信本次展览必将取得圆满成功。与此同时，这批珍贵的古代文物珍品的结集出版，必将使更多的人了解俄罗斯古代文物的风采，也将为广大研究者提供一份珍贵的资料。

（《克里姆林宫珍品集》出版祝词，紫禁城出版社，2007年）

金龙银鹰

　　17世纪至18世纪的中国历史是清王朝走向鼎盛的历史，广袤的疆域，众多的民族，繁荣的文化，富裕的生活是中国当时社会的基本写照。17世纪至18世纪的历史也是欧洲思想革命和工业革命的历史，人文主义和理性主义的思想潮流以及巨大的社会变革浪潮席卷整个欧洲大陆，其余波遍及全世界。远在亚洲大陆东端的清王朝也有所感受。

　　欧洲突然加快的前进步伐，使它比以前任何时候都更快地接近这个东方文明富庶的古国，更清晰地观察着这个国家。应当说，当时中国对于西方国家的了解，多半是通过宫廷中的西洋传教士和他们的贡品而得到的；与此对应的是，西方对于中国的了解，也主要是通过在中国的传教士的信件往来、经典翻译和中国的工艺品。我们不禁要问，双方在各自心目中究竟是什么样的形象呢？

　　此次中国故宫博物院与德国德累斯顿国家艺术收藏馆共同推出的"金龙银鹰1644—1795：故宫博物院、德累斯顿艺术收藏馆文物联展"就是想通过两个博物馆收藏的200余件17世纪、18世纪的珍贵宫廷文物，展示出两个国家的宫廷政治、文化和艺术的面貌，描绘出一个相对清晰的18世纪的欧洲萨克森·波兰王朝与中国清王朝的肖像。

　　预祝展览取得成功！

　　（2008年10月11日在"金龙银鹰1644—1795：故宫博物院、德累斯顿艺术收藏馆文物联展"开幕式上的祝词）

萨克森王朝的艺术珍品

　　德国萨克森州的首府——德累斯顿，是一座有着800余年历史的美丽迷人的城市，素有"北方佛罗伦萨"的美誉。

　　在17世纪，萨克森王国显赫一时的奥古斯特一世及后来的奥古斯特三世，把这个中欧的小王国带入到大规模的巴洛克风格兴建浪潮中。有着浪漫血统的他们一心想把这里建成理想中的城市，便重金招募意大利及法国的建筑家、艺术家，为其梦想进行设计和创作。一时间，这里成了艺术家创作的乐园，涌现出众多的建筑艺术精品。外来的艺术被充分地借鉴和吸收，德累斯顿也成为展示建筑艺术的最好的"博物馆"。现在人们提到反映17世纪至18世纪巴洛克艺术风格最完美的地方时，自然少不了德累斯顿。

　　今天的德累斯顿风景如画，建筑精美，并收藏展示着大量无与伦比的艺术瑰宝。浓郁的艺术风情与优美的城市相得益彰。一切都是那样的清幽闲适。静寂中蕴含着奔放与激情，绽放出幸福与美丽。

　　德累斯顿在"二战"时遭遇轰炸，几乎夷为平地，精雕细琢的城市在顷刻间不复存在了。"二战"结束后，德国人民发挥他们坚忍的民族性格，怀着神圣的精神与信念，忠实历史，讲究科学，精益求精，在残垣断壁上，把找寻到的一块残石、一片碎瓦，重新复原到原来的位置，把一座几乎不复存在的城市重新恢复起来。重建后的德累斯顿已经看不到昔日的伤痕与泪水。新与旧的搭配浑然一体，自然协调，擦干泪水的古城依旧还是那样美丽迷人。

德累斯顿不愧为一座艺术的城市，众多博物馆云集，收藏有各个门类的艺术珍品，人们来到这里就如同穿越时空的隧道，看到往昔的辉煌，徜徉在艺术殿堂中。2008年，故宫博物院与德国德累斯顿国家艺术收藏馆在美丽的德累斯顿茨温格宫合作，举办了清代皇宫与德国萨克森宫廷在同一时期收藏的艺术品对比展，产生了良好的效果。现在德累斯顿国家艺术收藏馆珍品来到北京故宫博物院展览，是两馆合作成果的又一次体现。

德累斯顿国家艺术收藏馆是德国三大博物馆之一，藏品丰富，研究能力广博深厚。很多的中国艺术品在德累斯顿都有收藏，德累斯顿的茨温格宫有陶瓷艺术品达2万余件，其中中国明清时期瓷器就有1万多件，反映了那个时期的中西方贸易往来，见证了曾经有过的交往历史，它是目前西方最大的陶瓷馆。18世纪欧洲开始创烧瓷器，第一家瓷厂正是建在德累斯顿的迈森，而创建人就是萨克森王国的强者——奥古斯特。他一生钟爱中国瓷器，在王宫中还建有专门的陶瓷馆，那时的中国瓷器深受欧洲各国王室及权贵的喜爱，很多王宫都建有中国宫，用来陈设来自中国的各类艺术品。

艺术是相通的。这次德累斯顿国家艺术收藏馆遴选出近200件17世纪、18世纪萨克森王朝的艺术珍品到故宫博物院展览，展品涵盖众多文物门类，内容丰富，相信中国观众定会大开眼界，从政治、文化、外交、科技、建筑、宗教、艺术、日常生活等方面去领略和了解萨克森王朝鲜为人知的历史和精美绝伦的艺术珍品。

衷心祝愿展览取得圆满成功。

（《白鹰之光——萨克森-波兰宫廷文物精品集（1670—1763年）》出版祝词，紫禁城出版社，2009年）

瑞典藏中国陶瓷

　　精美珍贵的中国瓷器自古以来名扬海外，中国因此更获得了"瓷国"的美誉。可以说，瓷器是中华传统文化的重要象征，是千百年来博大精深的中华文明沉淀出的精华。

　　早在汉代，中国古陶瓷就通过陆路和海路开始销往东南亚、印度次大陆及西亚各地区。此时，瓷器的外销还以陆路为主，享誉中外的"丝绸之路"将中国与世界连接。唐代以后，随着中国经济的繁荣，文化的昌盛，中国航海业快速发展，瓷器则更多以海运的方式远销海外，销售的国家范围也更为广泛。宋元以来，中国的航海技术得到进一步提高，政府更是采取了一系列政策鼓励海外贸易，中国的外销瓷数量因此大大增加。明末清初，荷兰东印度公司成立后，中国瓷器大量涌向欧洲市场，成为外销贸易的主流商品。18世纪，在欧洲更是掀起了一股"中国热"，精致的中国瓷器成为皇室显贵、巨商富贾争相购买的珍品。

　　本次展览就是以17世纪下半叶到18世纪初期，这一中国外销瓷贸易最为活跃的时期为时代背景，将目光锁定远在北欧却与中国世代友好的瑞典。通过中国与瑞典的外销瓷贸易，带您走进这段辉煌灿烂的历史中。展览特别遴选了165件瑞典藏中国瓷器及16件故宫博物院藏的西洋风格瓷器。通过这些珍宝为您展现中西方文化在这一时期的交流融合，讲述260年前神秘的瑞典商船"哥德堡号"在海上丝路的传奇历险，介绍把中国考古事业推向新领域的瑞典著名科学家——安特生在中国的特殊贡献。

2005年正值中瑞建交55周年，又恰逢故宫博物院建院80周年，在此时我们欣喜地迎来了"瑞典藏中国陶瓷展"。在此，我谨代表故宫博物院表示热烈祝贺，预祝展览圆满成功。并借此机会向中、瑞双方促成这次展览的朋友们表示衷心的感谢！愿展览能为这一特殊时刻锦上添花，愿中瑞人民的友谊万古流芳。

（《瑞典藏中国陶瓷》出版祝词，紫禁城出版社，2005年）

玉缘

　　玉石文化源远流长，玉器之作精工美雅。中国自古就有崇玉、尚玉、藏玉之风。玉器作为一种具有中华民族传统、承载历史文化内涵的高层次文化载体，从古至今一直为人们所珍爱。

　　德安堂主人何柱国先生身为香港泛华集团董事局主席、全国政协常委、著名爱国人士、收藏家，公暇之余，致力于收藏中国古代文物，特别对中国古代玉器情有独钟。多年来，大量收藏流散于民间的古代玉器，与玉结缘，显示了何先生对祖国传统文化的深厚感情。此次何柱国先生从收藏玉器中遴选出百余件精品结集梓行，并在故宫博物院举行专门展览与世人共享共参，实为藏界盛事，可喜可贺。

　　在此，我谨代表故宫博物院，并以我个人的名义预祝展览取得圆满成功，并祝何柱国先生"玉缘"永续。

（《玉缘——德安堂藏玉》出版祝词，紫禁城出版社，2004年）

小物件中的"西风"

　　中国和西方有着各自不同的发展历史、社会状况以及政治背景，孕育了不同的文化形态。大航海时代的到来，带动了中国与西方世界的交流。人员的往来，贸易的发展，令两个截然不同的世界在一次次或友好或对立的交往中，渐渐揭开了彼此传说中的神秘面纱。强劲的"中国风"吹向欧洲，"中国制造"一度受到欧洲宫廷及上流社会的追捧，中国元素也渗透到欧洲的设计之中。步入近代，西方的舶来品渐渐敲开古老中国紧闭的大门，直至渗透到人们的日常生活，进而成为时尚的代表。在东西方文化的交流与碰撞中，它们相互融合却又彼此保持着鲜明的特色。

　　东西方文化对比与融合，向来是学术界探讨的热点，对于这个问题的研究既是对历史的回顾，又具有深刻的现实意义。以东西方文化对比与融合为主题的精品展览和相关著作很多，而此次故宫与香港两依藏博物馆合作，在斋宫展厅举办的"交融——两依藏珍选粹展"，从东西方贵族女性生活角度入手，通过向观众展示西方贵族女性在社交活动中随身携带的粉盒，以及多件中式百宝匣、镜箱、官皮箱等木器，以小见大，从一个侧面诠释这一主题。19世纪到20世纪初，当西方贵族女性雍容华贵地出席于各个艺术沙龙和宫廷舞会时，中国大部分女性的观念仍旧受到封建礼教的严重束缚，很少有机会参加公众活动，百宝匣、镜箱多置于闺阁内室之中。从宋代镜箱演变而来的体量较小、制作精美的小型奁具官皮箱，也只是居家、旅行中的存贮用具，无法时时随身携带。此次透过西式金属粉盒与中式小型化妆奁具的展示，反映出东西方社会中女性生活观念、起居习俗的差异，可以使人们从中看到西方文化时尚的彰显与热烈和中国文化的内敛与文雅，其中的意义不言而喻。

香港两依藏博物馆馆藏精美，收藏品兼容并蓄。此次展览集中展示的馆藏精品130件，是经过双方细致遴选与研究后才最终呈现在观众面前的。我相信通过精美的展品，定会使大家充分感受到东西方不同文化的魅力所在，享受到审美的愉悦。

衷心祝愿"交融——两依藏珍选粹展"取得圆满成功。

（《交融——两依藏珍选粹集》出版祝词，紫禁城出版社，2011年）

《郑欣淼文集》书目